人気作家のとっておきレシピ

ハンドメイドアクセサリー BOOK 303

Tinkcreate編

西東社

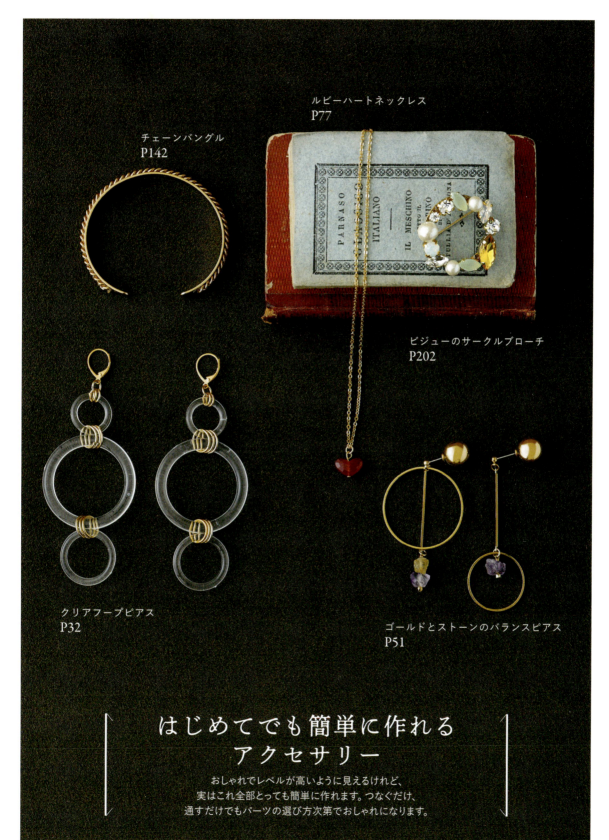

チェーンバングル
P142

ルビーハートネックレス
P77

ビジューのサークルブローチ
P202

クリアフープピアス
P32

ゴールドとストーンのバランスピアス
P51

はじめてでも簡単に作れる
アクセサリー

おしゃれでレベルが高いように見えるけれど、
実はこれ全部とっても簡単に作れます。つなぐだけ、
通すだけでもパーツの選び方次第でおしゃれになります。

シェルのフラワーブレスレット
P137

ラブラドライトと
ラピスラズリの
ドロップピアス
P30

シトリンのスターネックレス
P79

パールフラワーピアス
P36

エメラルドネックレス
P76

飽きのこない人気アクセサリー

流行に左右されないのは、やっぱりシンプルで上品なデザインのアクセサリー。アクセントとなるパーツが引き立つようなデザインです。デイリー使いにもぴったり。

華奢チェーンの
フリンジリング
P109

パールと
ディスクのリング
P109

マーキスフープピアス
P30

グリーンアメジストと
ハーフムーンのピアス
P29

ジオメトリックブレスレット
P144

天然石の小枝ピアス
P31

カラフル・ファーのバレッタ
P183

ダイヤレーンの
ビーズ刺繍風ブローチ
P199

モスとフロッキービーズのイヤリング
P59

周りと差がつく個性派 アクセサリー

パッと目を引くパーツが入った、印象に残るアクセサリー。その日のファッションの一番のポイントになるような、ハイセンスなアイテムを作ってみませんか？

チュールヘッドアクセ
P173

チェーン・リボンの
ネックレス
P81

チェコビーズと
パールのフラワーピアス
P66

ワイヤーネックレス
P89

カラフルクリスタル
イヤリング
P66

ブラック×ゴールドサークルの
ブレスレット
P152

CONTENTS

はじめてでも簡単に作れるアクセサリー ———— 2
飽きのこない人気アクセサリー ———— 4
周りと差がつく個性派アクセサリー ———— 6

本書で使う基本の材料 ———— 12
本書で使う基本の道具 ———— 14
基本テクニックをマスター ———— 15

UVレジンに必要な道具＆使い方 ———— 20

Chapter 2

Pierce Earring
ピアス イヤリング ————21

Everyday 毎日使う　完成写真は P22・P23
01 パール×ゴールドのピアス　26
02 星座のピアス　26
03 トライアングルゴールドピアス　27
04 ジオメトリックシンプルピアス　27
05 ホワイト＆ゴールドデザインピアス　28
06 スクエアチェーンゴールドスティックピアス　28
07 グリーンアメジストとハーフムーンのピアス　29
08 ヌードカラーのレインピアス　29
09 マーキスフープピアス　30
10 ラブラドライトとラピスラズリのドロップピアス　30
11 ブルーレースのアメリカンピアス　31

Special day 特別な日に使う　完成写真は P24・P25
12 天然石の小枝ピアス　31
13 クリスタルゴールドピアス　32
14 クリアフープピアス　32
15 アシンメトリーイヤリング　33
16 ビジューのイヤーカフ　34
17 アメジストとパールのピアス　34
18 ゴールドリーフとビーズのシャワーピアス　35
19 ロングラインストーンピアス　35
20 パールイヤリング　36
21 パールフラワーピアス　36
22 パールキャッチのピアス　36
23 お花とパールのシャワーピアス　37

Playful 遊ぶ　完成写真は P38・P39
24 ファーのバックピアス　40
25 リボンとファーのドレープイヤリング　40
26 サンカクのピアス　41
27 月と星のイヤーカフ　42
28 お花畑のピアス　43
29 タツノオトシゴのノンホールピアス　44
30 ハートのアメリカンピアス　44
31 ウッドビーズのアシンメトリー幾何学ピアス　45
32 ガラスドームのファーピアス　45

Swaying 揺れる　完成写真は P46・P47
33 星とパールのフープピアス　48
34 チェコガラスのエキゾチックピアス　48
35 パールのフープピアス　49
36 ガラスパールとチェコビーズのイヤリング　49
37 ドロップ型のビーズピアス　50
38 ガラスのドロップピアス　50
39 コットンパールのボリュームピアス　51
40 ゴールドとストーンのバランスピアス　51
41 花形パールのひらひらピアス　52
42 リーフキャッチのコットンパールピアス　52
43 ボヘミアンタッセルピアス　53
44 チェコビーズのイヤリング　53

Confine 閉じ込める　完成写真は P54・P55
45 ゴールドフレームのゆらゆらピアス　56
46 ゴールドとパールのダイヤ形ピアス　56
47 長方形のビーズ入り三連ピアス　57
48 オーバルとスクエアのカラフルイヤリング　57
49 押し花（ノースポール）のクリアイヤリング　58
50 ワイヤーとパール入りサークルピアス　58
51 モスとフロッキービーズのイヤリング　59
52 ブロンズ竹ビーズのラウンドピアス　59
53 ストライプリボンのイヤリング　60
54 透けるお花のレースピアス　60
55 フラワーカプセルのイヤーカフ　61
56 アンティークフレームのイヤーカフ　61

Brilliant 華やぐ　完成写真は P62・P63
57 グラスボトルデザインピアス　64
58 ビジューキャッチのパールピアス　64
59 スクエアクリスタルファーイヤリング　65
60 ビジューのロングピアス　65
61 カラフルクリスタルイヤリング　66
62 チェコビーズとパールのフラワーピアス　66
63 ビジューのフラワー耳飾り　67
64 フラワーブーケピアス　67
65 ビジューの揺れるピアス　68
66 真っ赤なビジューピアス　68

Chapter 2

Necklace ネックレス —— 69

Birthday Stone 誕生石　完成写真は P70・P71

- 01　1月 ガーネットネックレス　74
- 02　2月 アメジストネックレス　74
- 03　3月 アクアマリンネックレス　75
- 04　4月 ダイヤとホースシューネックレス　75
- 05　5月 エメラルドネックレス　76
- 06　6月 パール＆ムーンストーンネックレス　76
- 07　7月 ルビーハートネックレス　77
- 08　8月 ペリドットのさざれネックレス　77
- 09　9月 サファイアネックレス　78
- 10　10月 トルマリンネックレス　78
- 11　11月 シトリンのスターネックレス　79
- 12　12月 ターコイズとフラワーネックレス　79

Double&Triple design　2連＆3連デザイン
完成写真は P86・P87

- 21　ゴールドスパークルの2連ネックレス　88
- 22　クレセントムーンの3連ネックレス　89
- 23　ワイヤーネックレス　89

Opera オペラ　完成写真は P90

- 24　コットンパールの大人モードネックレス　92
- 25　ガラスドームのオーシャンネックレス　92
- 26　ゴールドビーズのネックレス　93
- 27　ターコイズと淡水パールのロングネックレス　93

Ribbon リボン　完成写真は P72・P73

- 13　ワンポイントチョーカー　80
- 14　ふわふわネックレス　80
- 15　ウッドパーツのリボンネックレス　81
- 16　チェーン・リボンのネックレス　81
- 17　コットンパールと幾何学リボンのネックレス　82
- 18　お花のレースとグログランリボンのネックレス　83
- 19　ラッピングネックレス　84
- 20　ぶどうの房のネックレス　85

Princess プリンセス　完成写真は P91

- 28　チェコビーズのネックレス　94
- 29　バブルスネックレス　95
- 30　スワロフスキーの一粒ネックレス　95
- 31　コットンパールとチェーンのネックレス　95

Chapter 3

Ring リング —— 97

Gorgeous ゴージャス　完成写真は P98・P99

- 01　トライアングルリング　102
- 02　カットガラスのシルバーリング　102
- 03　ビジューのゴージャスリング　103
- 04　スワロフスキーの大粒リング　103
- 05　リボンリング　104
- 06　クリスタルとシトリンのフォークリング　104
- 07　ターコイズとトルマリンのダブルリング　105
- 08　パールのモーニングドロップリング　105
- 09　ドロップスワロフスキーとパールの小枝リング　106
- 10　ドロップスワロフスキーとビーズとパールのリング　106
- 11　スターフラワーリング　107
- 12　フラワーリング　107

Unique ユニーク　完成写真は P112

- 21　月と星のリング　114
- 22　花とパールのフォークリング　114
- 23　コットンパールとビジュータッセルのリング　115
- 24　ビジューと星のチャームつきリング　115

Feminine フェミニン　完成写真は P113

- 25　ピンクトルマリンのリング　116
- 26　パールのUリング　116
- 27　3種のフォークリング　116

Simple シンプル　完成写真は P100・P101

- 13　ラウンドモチーフのリング　108
- 14　ツイストリング　108
- 15　パールとディスクのリング　109
- 16　華奢チェーンのフリンジリング　109
- 17　パールとジルコニアのリング　110
- 18　ハウライトのサークルリング　110
- 19　ドライフラワーのレジンリング　111
- 20　スワロフスキーリング　111

9

Feature セットで作るアクセサリー
完成写真は P118・P119・P120・P121

01	ピンクチェーンのロックなブレスレット&ピアス	122
02	三角メタルプレートのブレスレット&ピアス	122
03	チェーンタッセルネックレス&ピアス	123
04	ふたつ星のネックレス&ブレスレット&ピアス	124
05	ビジューとパールのブレスレット&ピアス	125
06	ラピスラズリのスティックネックレス&ピアス	126
07	チュールのリボンバレッタ&リボンピアス	127
08	メタルビーズとパールの2連ブレスレット&ピアス	128
09	ブラックビーズのネックレス&ブレスレット	128
10	ビジュー×ゴールドの大人ブレスレット&ピアス	129
11	大粒パールのロングネックレス&ピアス	130
12	淡水パールとゴールドパイプのネックレス&ピアス	130

Chapter 4
Bracelet Bangle Ankle
ブレスレット バングル アンクレット ——131

Elegant エレガント　完成写真は P132・P133

01	パール×ゴールドの3連ブレスレット	136
02	ビーズとパールのロマンティックブレスレット	136
03	シェルのフラワーブレスレット	137
04	コットンパールのチェーンブレスレット	137
05	パールとリボンのブレスレット	138
06	パールとメタルリーフのシャワーブレスレット	138
07	ゴールドビーズとパールのリングブレスレット	139
08	コットンパールとメタルリングのブレスレット	140
09	コットンパールのワイヤーバングル	140
10	コットンパールと天然石のキラキラバングル	141

Stylish スタイリッシュ　完成写真は P134・P135

11	ピンクトルマリンのブレスレット	141
12	チェーンバングル	142
13	チェーンブレスレット	142
14	スクエアパーツのブレスレット	143
15	ボックスチェーンブレスレット	143
16	ジオメトリックブレスレット	144
17	リーフチェーンのアンクレット	144
18	パールボタンのブレスレット	145
19	シェルのバングル	145

Mode モード　完成写真は P146・P147

20	ねじり編みのブレスレット	150
21	ヴィンテージパーツのブレスレット	151
22	ブラックリボンブレスレット	151
23	ブラックビーズのシルバーブレスレット	152
24	ブラック×ゴールドサークルのブレスレット	152
25	大きなリングのブレスレット	153
26	3連モノトーンブレスレット	153
27	ブラック×ゴールドビーズのブレスレット	154
28	スワロフスキーのカットガラスブレスレット	154

Pop ポップ　完成写真は P148・P149

29	パールとカラーコードのブレスレット	155
30	ラッキーチャームのブレスレット	155
31	ビジューのミサンガ	156
32	カラフル天然石とバタフライブレスレット	157
33	カラフルビジューの幾何学ブレスレット	158
34	カラフルビーズのイルミネーション・ブレスレット	158

Chapter 5
Hair accessories
ヘアアクセサリー ——159

Daily style デイリースタイル　完成写真は P160・P161

01	ビッグパールとバブルストーンのヘアゴム	164
02	ラウンドストーンのバレッタ	164
03	シェルのシャンデリアピン	165
04	ビジューバレッタ	165
05	ビジューのピン	166
06	キラキラコーム	166
07	モコモコヘアゴム	167
08	天然石のヘアポニー	168
09	メタルリーフとビーズの揺れるヘアゴム	168
10	ターコイズチェーンのマジェステ	169
11	さざれストーンのヘアフォーク	169

Dress style ドレススタイル　完成写真は P162・P163

12	フェザーのパーティーヘッドドレス	170
13	三つ編みビーズのヘアバンド	171
14	大粒パールのクラシックバレッタ	172
15	スパンコールカチューシャ	172
16	お花のカケラのバレッタ	173
17	チュールヘッドアクセ	173
18	ナイトスター	174
19	パールクリップ	174
20	ホワイトフラワービーズコーム	175
21	つぶつぶ小枝のヘアコーム	175
22	パールカラーのバレッタ	176
23	ベロアチェーンヘッドリボン	176
24	あじさいたっぷりヘアコーム	177
25	パールカラーのマジェステ	177

Idea style　アイデアスタイル　完成写真はP178・P179

26	小花のバレッタ	180
27	樹脂粘土のお花ヘアゴム	181
28	ファーのヘアゴム	182
29	揺れるハートのポニーフック	182
30	2WAYヘアバトン	183
31	カラフルファーのバレッタ	183
32	ツバメとビジューのヘアピン	184
33	クラウンヘアコーム	184
34	もくもくヘアゴム	185

Up style　アップスタイル　完成写真はP186

35	クラシカルモードなリボンクリップ	188
36	シルキーパールのシュシュ	188

Down style　ダウンスタイル　完成写真はP187

37	トライアングルヘアピン	189
38	カラフルタッセルのヘアピン	190
39	2種のヘアピン	191
40	ビジューのカチューシャ	192

Chapter 6

Charm Brooch
チャームブローチ ——————193

Kirakira　きらきら　完成写真はP194・P195

01	リボンとビジューのブローチ	198
02	ダイヤレーンのビーズ刺繍風ブローチ	199
03	ワイヤーメッセージボトル	200
04	クリアツリーのブローチ	201
05	ビジューとブーケブローチ	201
06	ビジューのサークルブローチ	202
07	パールとスワロフスキーのタックピン	202
08	バイカラーのスターブローチ	203
09	フェザーとビジューのブローチ	203

Yurayura　ゆらゆら　完成写真はP196・P197

10	ターコイズのエスニックブローチ	204
11	タッセルのバッグチャーム	204
12	オーガンジーリボンのシューズクリップ	205
13	ビジューハットピン	206
14	カメオブローチ	206
15	ベリーカラーブローチ	207
16	モビール風バッグチャーム	207
17	宇宙ブローチ	208
18	ゴールドカラーのお花とパールのチャーム	208
19	リボン×コットンパールのハットピン	209

Wakuwaku　わくわく　完成写真はP210・P211

20	リボンとボタンのブローチ	212
21	カラーレジンバーのブローチ	213
22	アネモネ風レジンフラワーブローチ	213
23	いろいろリボンのカラフルバッグチャーム	214
24	ラビットファーのバッグチャーム	215
25	チェリーとコットンパールのバッグチャーム	216
26	ツバメと星の襟ブローチ	216
27	エスニックビーズのバッグチャーム	217
28	星とカラフル・ファーのバッグチャーム	218
29	3色ファーのキルトピン	218
30	フェザーのバッグチャーム	219

Column はじめてのアクセサリー作りのコツ

NO.1	どんなパーツがあるのかリサーチしてみよう！	96
NO.2	簡単に作れるデザインからチャレンジしてみよう！	117
NO.3	おしゃれなアクセサリーデザインのポイント	220

Designer's Profile　　222

Basic materials
本書で使う基本の材料

ピアスやネックレスなど、アクセサリーを作るために必要な基本の材料を紹介します。

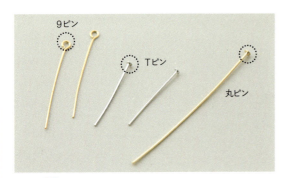

ピン類
ビーズなどを通して先端を丸め、パーツとして使用する。ピンの先端にクリスタルを埋め込んだり、先端が星形になったデザインピンもある。

カン類
パーツをつなぐ際に使用。線型が細いと目立ちにくく、華奢な作品に向く。パーツが太い、デザインのポイントにしたいときは線型の太いものやデザインカンを。

留め金具
ネックレスやブレスレットなどの端の処理で使う。ヒキワとカニカンは板ダルマとセットで使用。磁力でくっつくマグネットクラスプは片手で着脱できる。

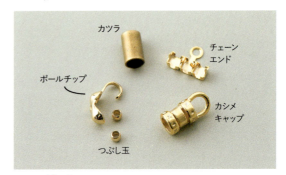

エンドパーツ
テグスやワイヤーの端の処理にはボールチップやつぶし玉、連爪にはチェーンエンド、ひもやリボンにはカシメキャップやカツラを使用する。

石座
型番や大きさが対応するビジューをはめ、ツメをヤットコで折ってビジューを固定する。石座には穴が開いているので、テグスなども通せる。

スカシパーツ
ビーズなどを貼り付ける土台にしたり、ピンで作ったパーツをぶら下げたり、このままパーツとして使うなど、いろいろな用途がある。

チェーン
主に、ネックレスやブレスレットを作る際に使用。P81やP142で使用しているようなデザインチェーンは、そのまま作品に活かすこともできる。

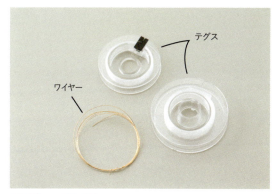

テグス、ワイヤー
ビーズを通したり、結ぶときに使う。テグスは透明なので目立ちにくい。ワイヤーは形を作りやすく、ステンレスや真鍮など素材もいろいろ。

ピアス・イヤリング金具
ピアスやイヤリングを作るための金具。種類が多いので、デザインや好みに合わせて選ぶとよい。

リング台
指輪を作るための金具。C字型のフォークリングや、関節にはめるファランジリング、小指用のピンキーリングなどの種類がある。

ヘア金具
ヘアアクセサリーを作るための金具。バレッタやピン、コム、カチューシャなどがある。

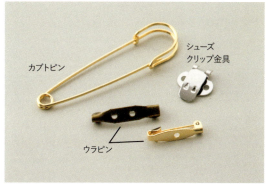

その他の金具
カブトピンやブローチ、シューズクリップなどを作るためのさまざまな金具がある。

Basic tool

本書で使う基本の道具

これさえあればアクセサリー作りもお手のもの。はじめにそろえたい基本の道具を紹介します。

平ヤットコ
`つぶす` `カンの開閉`

こんなときに役立つ！

ボールチップを閉じる

先端が平たいヤットコ。つぶし玉をつぶす、ボールチップを閉じる、丸ヤットコとセットでカンの開閉などに使う。

丸ヤットコ
`丸める` `カンの開閉`

こんなときに役立つ！

ピンを丸める

先端が丸いヤットコ。刃先を利用してピンの先端を丸めたり、平ヤットコとセットでカンの開閉などに使う。

ニッパー
`切る`

こんなときに役立つ！

ピンを切る

連爪を切る

ワイヤーやチェーン、ピン類、連爪といった金具類や、テグスを切る際に使用する。

接着剤 `貼る`

パーツを接着する際に使用。多用途のものだとあらゆる素材に使える。布や紙の接着に適した手芸用、接着力が強いエポキシ系など、数種類あると便利。

目打ち `穴を開ける` `穴を広げる`

パーツに穴を開けたり、チェーンのコマを広げたりする際に使用する。

こんなときに役立つ！

コマを広げる

ハサミ、カッター `切る`

布や紙、糸を切る際に使う。

ピンセット `つまむ`

ビーズを配置するなど、指ではやりにくい細かい作業に使う。

つまようじ `塗る`

小さいパーツに接着剤を塗るのに使う。接着剤の量も調整しやすく、仕上がりもキレイに。

こんなときに役立つ！

接着剤を塗る

> このほかに針や糸など、作品によって必要になる道具もあります。作品ごとに必要な道具を記載していますので、製作の際は参考にしてください。

Basic technique
基本テクニックをマスター

アクセサリー作りでよく使われる基本的なテクニックをまとめました。
これらをマスターするだけで、ほぼどんなアクセサリーでも作れます。

🎀 パーツを作る

Tピンを丸める
Tピンにビーズを通して先端を丸めると、パーツになります。

ここで使う！

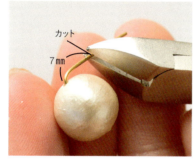

1 Tピンにビーズを通し、根元を指で押さえて折り曲げ、7mmほど残して余分をニッパーでカットする。

2 Tピンの先端に丸ヤットコをあて、手首を手前に返しながらピンを丸める。

3 パーツのできあがり。これを丸カンなどでつなぐ。

※他のパーツとつなぐときは丸めたあと少し開き、つないだあとに再び閉じる。

9ピンを丸める
9ピンを使うと、両サイドにパーツがつなげます。

ここで使う！

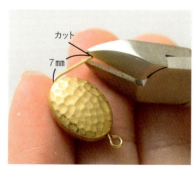

1 9ピンにビーズを通し、根元を指で押さえて折り曲げ、7mmほど残して余分をニッパーカットする。

2 9ピンの先端に丸ヤットコをあて、9ピンのもともとのカンと逆向きになるようにピンを丸める。

3 パーツのできあがり。これを丸カンなどでつなぐ。パーツのできあがり。これを丸カンなどでつなぐ。

※他のパーツとつなぐときは丸めたあと少し開き、つないだあとに再び閉じる。

15

メガネ留めをする　パーツの根元にワイヤーをグルグル巻きつけるため、強度がアップします。

ここで使う！

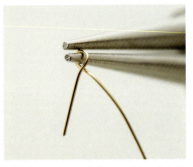

1 丸ヤットコの先端でワイヤーを丸める。7mmほど残して余分をニッパーでカットする。

2 平ヤットコに持ち替えて1で作ったカンを押さえ、カンの根元に丸ヤットコでワイヤーを2〜3回巻きつける。

3 メガネ留めの出来上がり。

つなぐ

ここで使う！

丸カンの開閉　パーツをつなぐときは、丸カンやCカンなどのカン類を使います。

左右に開こうとしても動かないので注意。

1 ヤットコを2本使い、丸カンをしっかり挟んで持つ。

2 ヤットコを前後にずらすように動かして、丸カンを開く。

メガネ留めしながらチェーンをつなぐ　ビーズにワイヤーを通してパーツを作ると同時に、チェーンもつないでしまう方法です。

ここで使う！

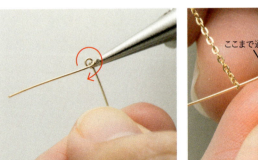

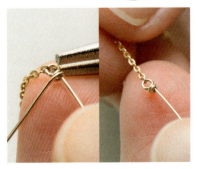

ここまで通す

1 上記「メガネ留めをする」1と同様に丸ヤットコの先端でワイヤーを丸める。

2 チェーンの穴にワイヤーを通し、1で作ったワイヤーのカンまでチェーンを通していく。

3 メガネ留めの要領で、カンの根元にワイヤーを巻きつける。

くっつける

ここで使う！

接着剤を使う
小さいパーツに接着剤を塗る際は、つまようじを使って接着剤の量を調整します。

1 つまようじに接着剤を適量とり、内側全体に接着剤を薄く伸ばす。

2 パーツをのせる。乾くまで動かさない。

面積が広い場合は、直接チューブから出してたっぷりと塗る。

レジンを使う
UVレジン液はすぐに硬化して、仕上がりもきれい。接着剤の代わりに使っても◎。

1 パーツを貼りつけたい場所にUVレジン液をたっぷり塗り、パーツを配置する。

2 UVライトを照射して、硬化させる。

照射時間は2～10分ほどが目安。UVライトのワット数やレジンの厚みによって変わるので、様子を見て調整する。

シャワー金具を使う
シャワー金具は、シャワーヘッドのように小さな穴がたくさん空いた金具とふたからなります。穴にテグスを通してテグスでパーツを結び留めていきます。

1 金具にテグスを通し、パーツを結び留めていく。パーツは1つ留めるごとにテグスを後ろで固く結ぶ。

2 パーツを留め終えたら、テグスを結び、余分なテグスをカットしたら、接着剤を塗り固めて補強する。

3 金具のふたをはめてツメを折る。ヤットコと金属の間に布やティッシュをはさんで行うと傷がつかない。

17

通す

テグスやコードの端を処理する
テグスはボールチップとつぶし玉を使って端を処理します。

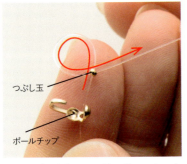

【つぶす前】　【つぶした後】

1 テグスまたはコードにボールチップ、つぶし玉を通す。輪を作るようにテグスをもう一度つぶし玉に通し、引っ張って引き締める。

2 平ヤットコでつぶし玉をつぶして固定する。テグスは2mmほど残して余分をカットする。

3 ボールチップでつぶし玉を挟み、平ヤットコではさんで閉じる。

4 ボールチップのフックを平ヤットコで引っ張り、先端が根元につくように閉じる。これでボールチップが完成。この後にビーズを通していく。

通しにくいときは…
チェーンのコマを広げる

チェーンのコマが細くて丸カンが通らないときは、目打ちで広げます。

1 チェーンをカッターマットの上に置き、端のコマに目打ちを刺す。

2 そのまま押し当てるとコマが広がる。

留める

カツラで留める
ひもやコードの端の処理で使われるカツラ。接着剤のみで留めます。

1 カツラの内側かひもの先端に接着剤を塗る。

2 ひもにカツラをかぶせて接着する。

カシメで留める
ひもやフェザー、細いチェーンの端の処理で使われるカシメ。平ヤットコで押さえるので、強度が高い留め方です。

1 カシメの内側か、フェザーの先端に接着剤を塗り、カシメにのせる。

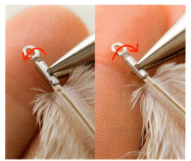

2 カシメを片側ずつ折りたたみ、平ヤットコで強く押さえて固定する。

石座で留める
ビジュー自体には穴が開いていないので、対応する石座にはめて使います。

1 ビジューを、対応する石座にのせる。ビジューが水平になるようにセットすること。

2 石座のツメの1か所を平ヤットコで押さえて倒し、対角にあるツメも同様に倒す。

3 残りのツメも同様に倒す。

19

Special tecqnique

UVレジンに必要な道具＆使い方

UVレジンとは、紫外線で固まる樹脂のこと。
UVライトで紫外線を照射したり、窓際で太陽光にあてると硬化します。

UVライトでの照射時間の目安
2〜4分

UVレジン
本書では固まるとプラスチックのように固くなる「ハードタイプ」を使用。LEDライトでも硬化するタイプのUVレジンもある。

調色スティック（左）・調色パレット（右）・
パレットの中にUVレジンを入れ、着色料を混ぜるのに使う。混ぜるときは調色スティックのほか、つまようじでも可。

UVライト（上）・UV-LEDライト（下）
UVレジンに紫外線を照射して硬化するのに使う。36Wが推奨とされる。UV-LEDライトはUVライトよりもコンパクトで、硬化時間がやや短い。硬化したいパーツの上にかぶせて照射する。

粘着面

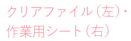

クリアファイル（左）・作業用シート（右）
クリアファイルは作業中にUVレジンが垂れても拭き取れるように作業台として使う。作業用シートはクリアファイルを小さく切って、マスキングテープの粘着面を上にして貼ったもの。ここに空枠などを固定し、UVレジンを流し込む。

ピンバイス（左）・ルーター（右）
UVレジンで作ったパーツに丸カンなどの金具を通すための穴をあける道具。ピンバイスは手動、ルーターは電動。

市販の型（モールド）
円や四角、ハートなどの形がある、やわらかい型。UVレジンを流し込んで硬化させるとアクセサリーパーツになる。

着色料
UVレジンを着色するときに使う。UVレジン専用着色料のほか、アクリル絵の具でもOK。

UVレジンの基本の使い方

UVレジンを流す → **硬化させる** → **型から外す**

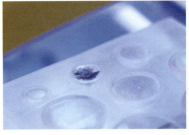

1 ノズルからUVレジンを少しずつ型に流し込む。（小さい型は、調色スティックを使って流し込む）。

2 作業用シート（またはクリアファイル）にのせたままUVライトを照射する。

3 UVレジンが硬化したら型から外す。

Chapter 1
Pierce Earring
ピアス イヤリング

Everyday
毎日使う —————————— 22
Specialday
特別な日に使う —————————— 24
Playful
遊ぶ —————————— 38
Swaying
揺れる —————————— 46
Confine
閉じ込める —————————— 54
Brilliant
華やぐ —————————— 62

01

パール×ゴールドのピアス
P26

パールとメタルビーズを通してつなぐだけ。チェーンの長さを少し変えたシンプルなピアス。

Everyday
毎日使う

華奢なチェーンや繊細な雰囲気のビーズを使ったアイテムは、毎日のさりげないおしゃれにぴったり。どれもシンプルで作りやすいデザインばかりです。

Special day
特別な日に使う

プライベートのお出かけや、パーティーシーンで使える
デザイン。カラフルなビジューや大ぶりパーツが存在感
を放ちます。

23
お花とパールのシャワーピアス
P37

シャワー金具にテグスでビーズを
編み込んで作ります。
クリアなお花とパールで清楚な雰囲気に。

ARRANGE

No. 01 パール×ゴールドのピアス

▶完成写真 P22

材料
- Ⓐ シルキーパール（2㎜・ホワイト）…24個
- Ⓑ メタルビーズ（2㎜・ゴールド）…8個
- Ⓒ チェーン（ゴールド）…3㎝×2本
- Ⓓ チェーン（ゴールド）…2㎝×2本
- Ⓔ Tピン（0.6×30㎜・ゴールド）…4本
- Ⓕ 丸カン（0.6×3㎜・ゴールド）…2個
- Ⓖ ピアス金具（カンつき・ゴールド）…1ペア

道具
- 平ヤットコ
- 丸ヤットコ
- ニッパー
- 目打ち

作り方
① Tピンに Ⓑ2個、Ⓐ6個を通し、先端を丸める（→P14）。
② ①の先にそれぞれ Ⓒ、Ⓓ をつなぐ。
③ ②2本とピアス金具を丸カンでつなぐ（→P16）。
①〜③を繰り返し、計2個作る。

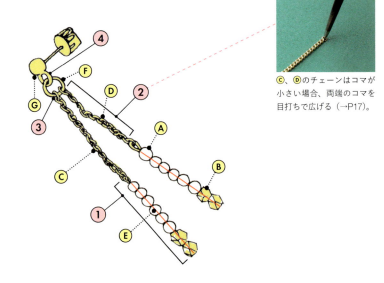

POINT
Ⓒ、Ⓓのチェーンはコマが小さい場合、両端のコマを目打ちで広げる（→P17）。

No. 02 星座のピアス

▶完成写真 P23

材料
- Ⓐ スワロフスキー・クリスタルAB（#5328・4㎜・ターコイズ）…4個
- Ⓑ メタル直パイプ（1×20㎜・ゴールド）…4個
- Ⓒ Tピン（0.7×75㎜・ゴールド）…2本
- Ⓓ ピアス金具（カンつき・ゴールド）…1ペア

道具
- 平ヤットコ
- 丸ヤットコ
- ニッパー

作り方
① Tピンに Ⓑ、Ⓐ、Ⓑ の順にパーツを通し、先端を丸める（→P15）。
② ①と同様にして、Tピンに Ⓐ3個、Ⓑ2個を交互に通し、先端を丸める（→P15）。
③ ①と②のTピンを曲げる。
④ ③のTピンとピアス金具をそれぞれつなぐ。

ARRANGE アレンジ
Ⓐをスワロフスキー・クリスタル（4㎜・#5328・ホワイトオパール）に変えて作る。

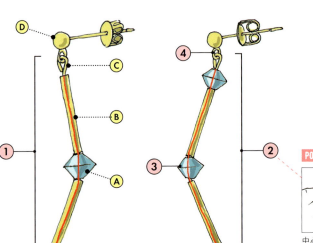

POINT
中心にくるビーズ部分で折れ曲がるデザインになるように手でゆっくり曲げる。

マークは初心者におすすめのアイテムです。

03 トライアングルゴールドピアス

▸完成写真 P23

材料
- Ⓐ スワロフスキー・クリスタル
 （4㎜・#1088・ゴールデンシャドウ）…2個
- Ⓑ 石座（#1088用・ミル打ち・ゴールド）…2個
- Ⓒ メタルプレート（ポイント・ゴールド）…2個
- Ⓓ 丸カン（0.6×3㎜・ゴールド）…4個
- Ⓔ ピアス金具（カンつき・ゴールド）…1ペア

道具
- ・平ヤットコ
- ・丸ヤットコ
- ・接着剤
- ・つまようじ

作り方
① 石座に接着剤を薄く塗り、Ⓐを貼りつける（→P17）。
② ①とⒸを丸カンでつなぐ（→P16）。
③ ②とピアス金具を丸カンでつなぐ（→P16）。
①〜③を繰り返し、計2個作る。

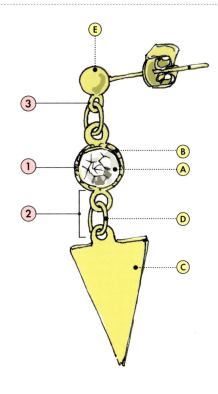

04 ジオメトリックシンプルピアス

▸完成写真 P23

材料
- Ⓐ 石留めチャーム（ラウンド・ゴールド）…2個
- Ⓑ ジョイントワイヤー（0.4×15㎜・ゴールド）…2本
- Ⓒ 丸カン（0.6×3㎜・ゴールド）…2個
- Ⓓ デザインピアス金具（ラインストーンつき・ゴールド）…1ペア

道具
- ・平ヤットコ
- ・丸ヤットコ

作り方
① ジョイントワイヤーの先にⒶを丸カンでつなぐ（→P16）。
② ピアス金具の針に①のジョイントワイヤーのもう一方の先を通し、ピアスのキャッチを留める。①〜②を繰り返し、計2個作る。

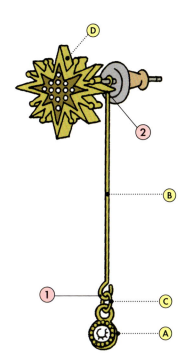

05 ホワイト＆ゴールドデザインピアス

▶完成写真 P23

材料
- Ⓐ スクエアホワイトパーツ（カンつき）…2個
- Ⓑ メタルプレート（ダイヤ・ゴールド）…2個
- Ⓒ スカシパーツ（ラウンド・ゴールド）…2個
- Ⓓ 石留めチャーム（ラウンド・ゴールド）…2個
- Ⓔ Cカン（0.45×2.5×3㎜・ゴールド）…4個
- Ⓕ 丸カン（0.6×3㎜・ゴールド）…2個
- Ⓖ ピアス金具（丸皿・ゴールド）…1ペア

道具
- ・平ヤットコ
- ・丸ヤットコ
- ・接着剤
- ・つまようじ

作り方
① ピアス金具の皿に接着剤を薄く塗り、Ⓐの裏側につける（→P17）。
② Ⓑの上下にCカンを通す（→P16）。
③ ②の一方のCカンにⒸとⒹをつなぐ（→P16）。
④ ②のもう一方のCカンと①のⒶを丸カンでつなぐ（→P16）。①～④を繰り返し、計2個作る。

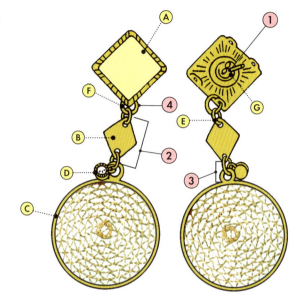

06 スクエアチェーンゴールドスティックピアス

▶完成写真 P23

材料
- Ⓐ デザインチェーン（スクエア・ゴールド）…2本
- Ⓑ メタルスティック（ゴールド）…2個
- Ⓒ Cカン（0.45×2.5×3㎜・ゴールド）…2個
- Ⓓ ピアス金具（U字・ゴールド）…1ペア

道具
- ・平ヤットコ
- ・丸ヤットコ

作り方
① Ⓐの先にピアス金具のカンを通して閉じる。
② ①のチェーンのもう一方の先とⒷをCカンでつなぐ（→P16）。①～②を繰り返し、計2個作る。

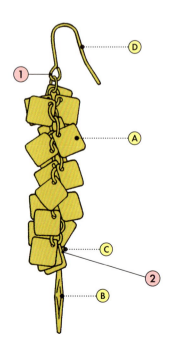

No. 07 グリーンアメジストとハーフムーンのピアス

▸完成写真 P23

材料
- Ⓐ グリーンアメジスト（ラフカット）…2個
- Ⓑ メタルプレート（半円1穴・ゴールド）…2個
- Ⓒ 丸カン（0.6×3㎜・ゴールド）…4個
- Ⓓ ピアス金具（丸皿・ゴールド）…1ペア

道具
- ・平ヤットコ
- ・丸ヤットコ
- ・接着剤
- ・つまようじ

作り方
1. ピアス金具の皿に接着剤をつけ、Ⓐを貼りつける（→P17）。
2. Ⓑに丸カンを通す（→P16）。
3. ②の丸カンとピアス金具のキャッチを丸カンでつなぐ（→P16）。①～③を繰り返し、計2個作る。

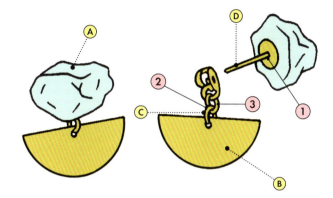

No. 08 ヌードカラーのレインピアス

▸完成写真 P23

材料
- Ⓐ リバーストーン（3㎜・ラウンド）…14個
- Ⓑ メタルスティック（60㎜・ウェーブ・ゴールド）…2個
- Ⓒ チェーン（ゴールド）…4㎝×2本
- Ⓓ チェーン（ゴールド）…6㎝×2本
- Ⓔ アーティスティックワイヤー（#26）…10㎝×2本
- Ⓕ 丸カン（0.5×2.3㎜・ゴールド）…2個
- Ⓖ ピアス金具（キドニー・ゴールド）…1ペア

道具
- ・平ヤットコ
- ・丸ヤットコ
- ・ニッパー
- ・目打ち

作り方
1. Ⓒ、Ⓓのチェーンの端のコマをそれぞれ目打ちで広げる（→P18）。
2. アーティスティックワイヤーの端をメガネ留めしたら（→P16）Ⓐ7個を通し、①でコマを広げたⒸのチェーンとメガネ留めでつなぐ（→P15）。
3. ①でコマを広げたⒹのチェーンと②、Ⓑをまとめて1つの丸カンにつなぐ（→P16）。
4. ピアス金具と③をつなぐ。もう一方のピアスはⒷの向きを反転させて、計2個作る。

ARRANGE アレンジ

Ⓐをサンゴ（3㎜・ラウンド）に変えて作る。

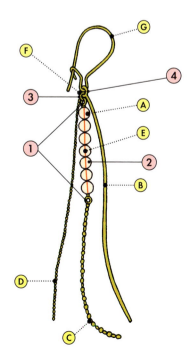

No. 09 マーキスフープピアス

▶完成写真 P23

材料
- Ⓐ アマゾナイト（3㎜・ラウンド）…14個
- Ⓑ スモーキークォーツ（2㎜・ラウンド）…12個
- Ⓒ メタルビーズ（3×3㎜・ゴールド）…14個
- Ⓓ メタルビーズ（2×2㎜・ゴールド）…12個
- Ⓔ アーティスティックワイヤー（#28）…50㎝×2本
- Ⓕ ピアス金具（オリーブ・ゴールド）…1ペア

道具
- ・ニッパー
- ・接着剤
- ・つまようじ

作り方
① アーティスティックワイヤーを、ピアス金具の上部に5周ほど巻きつける。
② ①のワイヤーの先にⒶ1個を通したら、ワイヤーをひと巻きしてピアス金具に固定する。
③ 続いてⒹ1個を通し、②と同様にして固定する。
④ ②〜③を繰り返し、ピアス金具の半周分までⒶとⒹを交互に固定する。
⑤ ②〜④と同様に、ⒷとⒸも交互に通して先まで固定する。
⑥ ①で巻いたワイヤー部分と巻き終わり部分に接着剤をつける。巻き終わりもワイヤーを5周ほど巻きつけ、余分な部分をカットする。①〜⑥を繰り返し、計2個作る。

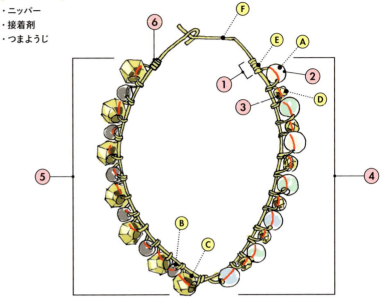

※イラストのエメラルドグリーン、水色の天然石もⒶのアマゾナイトを表す。

No. 10 ラブラドライトとラピスラズリのドロップピアス

▶完成写真 P23

材料
- Ⓐ ラブラドライト（8㎜・ラウンドカット）…2個
- Ⓑ ラピスラズリ（4㎜・キューブ）…2個
- Ⓒ チェーン（ゴールド）…10㎝×2本
- Ⓓ カシメ（ゴールド）…2個
- Ⓔ ピアス金具（U字・ゴールド）…1ペア

道具
- ・平ヤットコ
- ・ニッパー
- ・接着剤
- ・つまようじ

作り方
① チェーンにⒶ1個とⒷ1個を通す。
② ①のチェーンの両端をまとめ、カシメで固定する（→P19）。
③ ②のカシメのカンにピアス金具のカンを通す。もう一方のピアスは①のパーツを通す順番を逆にして、計2個作る。

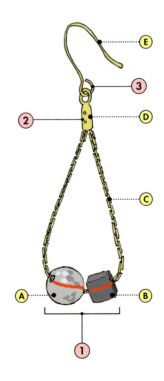

No.11 ブルーレースのアメリカンピアス

▸ 完成写真 P23

材料
- Ⓐ ブルーレース（サザレ）…12個
- Ⓑ メタルビーズ（0.5×2.5㎜・ゴールド）…6個
- Ⓒ 丸ピン（0.3×40㎜・ゴールド）…2本
- Ⓓ ピアス金具（アメリカン・ゴールド）…1ペア

※チェーンの端についている丸カンは外して使う。

道具
- ・平ヤットコ
- ・丸ヤットコ
- ・ニッパー

作り方
① 丸ピンにⒶ3個、Ⓑ2個、Ⓐ2個、Ⓑ1個、Ⓐ1個の順に通す。
② ①の丸ピンの先をメガネ留めしながら、ピアス金具のチェーンの端につなぐ（→P16）。①～②を繰り返し、計2個作る。

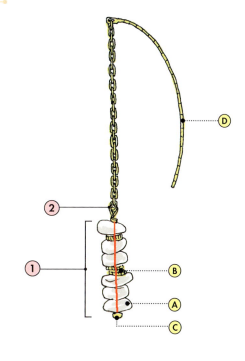

No.12 天然石の小枝ピアス

▸ 完成写真 P24

材料
- Ⓐ ラピスラズリ（3㎜・ラウンドカット）…74個
- Ⓑ アーティスティックワイヤー（#26）…80㎝×2本
- Ⓒ 丸カン（0.7×4㎜・ゴールド）…2個
- Ⓓ ピアス金具（U字・ゴールド）…1ペア

道具
- ・平ヤットコ
- ・丸ヤットコ
- ・ニッパー

作り方
① アーティスティックワイヤーの中央にⒶ3個を通したら、ワイヤーを1つに束ねて1㎝ねじる。このパーツがピアスの一番下にくる。
② POINTを参考に、①で通したワイヤーの一方に8㎜空けてⒶ1個を通す。①と同様に8㎜ねじる。さらに①のもう一方のワイヤーと1つに束ね、8㎜ねじる。
③ ②と同様にⒶ1個の枝を作る。
④ ①～③を繰り返し、完成イラストを参考に、左右対象になるようにⒶを留めて小枝を作る。
⑤ ④の2本のワイヤーの先を合わせて3～4回ねじる。一方の先は丸め、もう一方の先はねじった部分に巻きつけ、余分をカットする。
⑥ ⑤の丸めたワイヤーとピアス金具を丸カンでつなぐ（→P16）。①～⑥を繰り返し、計2個作る。

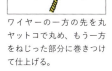

POINT

ワイヤーの一方の先を丸ヤットコで丸め、もう一方をねじった部分に巻きつけて仕上げる。

POINT

Ⓐ3個を通してワイヤーをねじった状態。

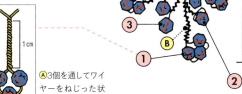

POINT

まず、①でねじったところのつけねから8㎜残してⒶを通す。

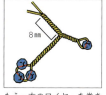

もう一方のワイヤーを巻きつけて合わせる。その後、もう一方のワイヤーと合わせて8㎜ねじる。

No.13 クリスタルゴールドピアス

▶ 完成写真 P24

材料
- Ⓐ チェコ製ファイヤーポリッシュクリスタルビーズ
  （4㎜・クリア）…40個
- Ⓑ 花座（10㎜・ゴールド）…2個
- Ⓒ 銅玉（10㎜・ゴールド）…2個
- Ⓓ ジョイントバー（ゴールド）…8本
- Ⓔ アーティスティックワイヤー（#24）
  …9㎝×2本
- Ⓕ Tピン（0.5×20㎜・ゴールド）…10個
- Ⓖ 丸カン（0.8×4.5㎜・ゴールド）…4個
- Ⓗ 丸カン（0.6×4.5㎜・ゴールド）…8個
- Ⓘ デザイン丸カン
  （1.2×8㎜・スターダスト・ゴールド）…2個
- Ⓙ ピアス金具（U字・ゴールド）…2個

道具
- 平ヤットコ
- 丸ヤットコ
- ニッパー

POINT
ワイヤーの先は見えないようにビーズの穴に通すと仕上りがきれい。

作り方
① アーティスティックワイヤーにⒶ16個を通す。ワイヤーの両端を1回ねじったら余分な部分をカットし、POINTを参考にワイヤーの先をビーズの穴に通して円形のパーツを作る。
② TピンにⒷ、Ⓒの順で通したら、先端を丸めて①とつなぐ（→P15）。
③ ②のⒷの左右にⒹを2本ずつⒽの丸カンでつなぐ（→P16）。
④ Ⓐ4個にTピンを通したら、先端を丸めて③のⒹ4本の下部にそれぞれつなぐ（→P15）。
⑤ ④をデザイン丸カンで束ねる。
⑥ ①の上部とピアス金具をⒼの丸カン2個でつなぐ。①～⑥を繰り返し、計2個作る。

No.14 クリアフープピアス

▶ 完成写真 P24

材料
- Ⓐ フープ（4㎝・クリア）…2個
- Ⓑ フープ（2.3㎝・クリア）…2個
- Ⓒ フープ（1.8㎝・クリア）…2個
- Ⓓ 丸カン（1×10㎜・ゴールド）…12個
- Ⓔ 丸カン（1×6㎜・ゴールド）…6個
- Ⓕ ピアス金具（フレンチフック・ゴールド）…1ペア

道具
- 平ヤットコ
- 丸ヤットコ

作り方
① ⒶとⒸをⒹの丸カン3個でつなぐ（→P16）。
② ①のⒶとⒷをⒹの丸カン3個でつなぐ（→P16）。
③ ①のⒸにⒺの丸カン2個を通す。
④ ③とピアス金具をⒺの丸カンでつなぐ（→P16）。①～④を繰り返し、計2個作る。

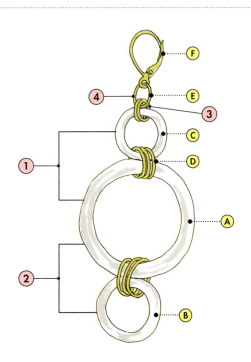

No. 15 アシンメントリーイヤリング

▶ 完成写真 P24

材料

Ⓐ スワロフスキー・クリスタル
　（8㎜・#1088・パシフィックオパール）…2個
Ⓑ 石座（#1088用・ゴールド）…2個
Ⓒ コットンパール（8㎜・片穴・ホワイト）…1個
Ⓓ コットンパール（8㎜・両穴・ホワイト）…1個
Ⓔ コットンパール（6㎜・両穴・ホワイト）…1個
Ⓕ シルキーパール（4㎜・両穴・ホワイト）…2個
Ⓖ シルキーパール（3㎜・両穴・ホワイト）…4個
Ⓗ シルキーパール（2㎜・両穴・ホワイト）…8個
Ⓘ スカシパーツ（10㎜・花八弁・ゴールド）…2個
Ⓙ アーティスティックワイヤー（#28）…7㎝×2本
Ⓚ デザインピン
　（0.6×30㎜・ラインストーン・ゴールド）…1本
Ⓛ イヤリング金具
　（丸皿・蝶バネゴムつき・ゴールド）…1ペア

道具

・平ヤットコ
・丸ヤットコ
・ニッパー
・接着剤
・つまようじ

作り方

① Ⓐを石座に留める（→P19）。
② アーティスティックワイヤーにⒼ1個、Ⓗ2個、Ⓕ1個、Ⓗ2個、Ⓖ1個の順に通す。
③ POINTを参考に、②のワイヤーの両端を、①の石座の上部の穴に通す。
④ ③のワイヤーの両端をねじる。余分なワイヤーはカットし、表側から見て両端が見えないように内側に折り曲げる。
⑤ スカシパーツに接着剤を薄く塗り、Ⓐを1個貼りつける。これを2個作る。
⑥ イヤリング金具の丸皿に接着剤を薄く塗り、⑤を1個貼りつける。これで一方のイヤリングは完成。
⑦ デザインピンに、Ⓔ、Ⓓの順に通したら、もう1個の⑤を通す。
⑧ POINTを参考に、⑦のデザインピンに接着剤を塗り、Ⓒを通す。
⑨ POINTを参考に、Ⓔ、Ⓓ、⑤、Ⓒのパーツの間に接着剤を塗り、それぞれ固定する。
⑩ イヤリング金具の丸皿に、接着剤を薄く塗り、⑨を貼りつける。

POINT
接着剤で固定する前に一度コットンパールをかぶせてみて、ピンが長ければ余分な部分をカットする。

POINT
丸ヤットコでクルクルとねじって固定する。

POINT
裏側から見たところ。石座の側面にある4つの穴のうち、上部の2つにワイヤーを通す。

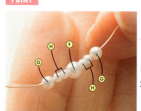

POINT
ワイヤーにⒻ1個、Ⓖ2個、Ⓗ4個を通したところ。Ⓕが中心にくるように配置する。

POINT
表から見えないように少量の接着剤をつまようじで各パーツの間につける。

No.16 ビジューのイヤーカフ

▶ 完成写真 P24

材料

- Ⓐ スワロフスキー・クリスタル
  （#4228・ブラッシュローズ）…1個
- Ⓑ 石座（#4228用・ゴールド）…1個
- Ⓒ コットンパール（8㎜・両穴・ホワイト）…1個
- Ⓓ コットンパール（6㎜・両穴・ホワイト）…3個
- Ⓔ 石留スクエアチャーム（7×5㎜・丸カンつき）…1個
- Ⓕ キュービックジルコニア（4㎜・石座つき）…1個
- Ⓖ Tピン（0.6×30㎜・ゴールド）…2本
- Ⓗ 丸カン（0.6×3㎜・ゴールド）…1個
- Ⓘ イヤリング金具（バネ式おわん型・ゴールド）…1個

道具

- ・平ヤットコ
- ・丸ヤットコ
- ・ニッパー
- ・接着剤
- ・つまようじ

穴を左右に向ける
Ⓒの穴が左右にくるように貼りつける。

接着剤を塗る
④、⑤で残したTピンをⒸ、Ⓓのパールに差し込むイメージ。

Ⓐがくる位置に接着剤を塗る
Tピンは石座の左右にある穴に通す。

作り方

① イヤリング金具のおわんに接着剤を薄く塗り、Ⓒを貼りつける（→P17）。
② Ⓐを石座に留める（→P19）。
③ Tピンに薄く接着剤を塗り、Ⓓ1個と②を通す。
④ ③のTピンを①のⒸの穴に通す。ピンを5㎜ほど残し、余分な部分をカットする。
⑤ もう1つのTピンに接着剤を塗り、Ⓓの残りの2個を通す。ピンを1㎝ほど残し、余分な部分をカットする。
⑥ ⑤のTピンの先に接着剤を塗り、④のコットンパールの穴に通す。
⑦ Ⓒの側面に接着剤を塗り、Ⓕを貼りつける。②の石座の穴にⒺを丸カンでつなぐ（→P16）。

No.17 アメジストとパールのピアス

▶ 完成写真 P24

材料

- Ⓐ ラベンダーアメジスト
  （12㎜・両穴・ラベンダー）…2個
- Ⓑ 淡水パール（2㎜・両穴・ホワイト）…76個
- Ⓒ 淡水パール（4〜5㎜・両穴・ホワイト）…10個
- Ⓓ テグス（3号）…80〜100㎝×1本
- Ⓔ ピアス金具
  （15㎜・シャワー金具つき・ゴールド）…1ペア

道具

- ・平ヤットコ
- ・ニッパー
- ・接着剤
- ・つまようじ

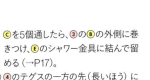

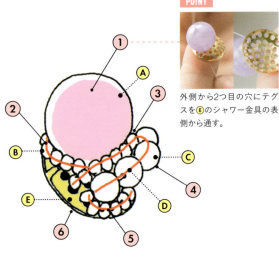
外側から2つ目の穴にテグスをⒺのシャワー金具の表側から通す。

作り方

① テグスの長さ1/3あたりの位置にⒶ1個を通したら、POINTを参考にⒺのシャワー金具に結んで留める（→P17）。
② ①のテグスの一方の先（長いほう）にⒷを16個通したら、①のⒶの周りに巻きつけ、Ⓔのシャワー金具に結んで留める（→P17）。
③ ②のテグスの一方の先（長いほう）にⒷを12個通したら、再びⒶの周りに巻きつけ、Ⓔのシャワー金具に結んで留める（→P17）。
④ ③のテグスの一方の先（長いほう）にⒸを5個通したら、③のⒷの外側に巻きつけ、Ⓔのシャワー金具に結んで留める（→P17）。
⑤ ④のテグスの一方の先（長いほう）にⒷを10個通したら、④のⒸの外側に巻きつけ、Ⓔのシャワー金具に結んで留める（→P17）。結び目に接着剤をつけて固定し、接着剤が乾いたら余分なテグスをカットする（→P17）。
⑥ ⑤のシャワー金具の裏側にピアス金具のふたを固定する（→P17）。①〜⑥を繰り返し、計2個作る。

No.18 ゴールドリーフとビーズのシャワーピアス

▶完成写真 P24

材料

- Ⓐ ドイツ製アクリルビーズ（10㎜・ホワイトマーブル）…2個
- Ⓑ マザーオブパール（3㎜・ラウンド）…16個
- Ⓒ 淡水パール（2～3㎜・ホワイト）…19個
- Ⓓ アーティスティックワイヤー（#28）…10㎝×1本
- Ⓔ 特小ビーズ（1㎜・ホワイト）…適量
- Ⓕ 竹ビーズ（4㎜・ゴールド）…72個
- Ⓖ アクリルビーズ（2㎜・ホワイト）…18個
- Ⓗ メタルパーツ（リーフ・ゴールド）…6個
- Ⓘ テグス（1号）…60㎝×2本
- Ⓙ ピアス金具（15㎜・シャワー金具つき・ゴールド）…1ペア

道具

- 平ヤットコ
- ニッパー
- 接着剤
- つまようじ

作り方

① テグスにⒶを1個通したら、Ⓙのシャワー金具の中央に結んで留める（→P17）。
② ①のⒶの周りを囲むように、Ⓑ1個、Ⓕ1個、Ⓖ1個をランダムにテグスに通していき、そのつど、Ⓙのシャワー金具に結んで留める（→P17）。
③ ②のテグスにⒽ1個を通し、②の外側に結んで留める（→P17）。同様に位置を決め、計3個のⒽをⒿのシャワー金具に結んで留める（→P17）。
④ ③のⒽ2個の間から垂れ下がるように、Ⓔ15個をテグスに通したら、裏側で結んで留める。これを3～4回繰り返す。①～④を繰り返し、計2個作る。
⑤ アーティスティックワイヤーの中央にⒸを通したら、ワイヤーを5㎜ねじる。同様にしてⒸをワイヤーにランダムに通しては5㎜ねじっていき、小枝を作る（→P31）。
⑥ ④のうちの1つのⒿのシャワー金具に⑤のワイヤーの先を通し、裏側でねじって留める。
⑦ ④と⑥の裏側に接着剤をつける（→P17）。接着剤が乾いたら、余分なテグスをカットする。
⑧ ⑦のⒿのシャワー金具の裏側にピアス金具のふたを固定する（→P16）。

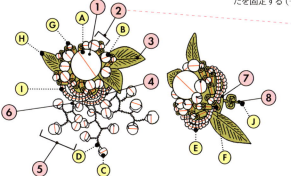

POINT

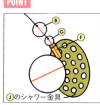

Ⓑ、Ⓕ、Ⓖをランダムにテグスに通したら、Ⓙのシャワー金具の穴に通し、裏で結んで固定していく。

No.19 ロングラインストーンピアス

▶完成写真 P24

材料

- Ⓐ ラインストーン連爪（3㎜・クリスタル）…18コマ分×6本
- Ⓑ チェーンエンド（#130・3連）…2個
- Ⓒ メタルパーツ（1穴・ラウンドプレート）…2個
- Ⓓ 丸カン（1×5㎜・シルバー）…2個
- Ⓔ ピアスポスト（丸皿・シルバー）…1ペア

道具

- 平ヤットコ
- 丸ヤットコ
- 接着剤
- つまようじ

作り方

① Ⓑに接着剤を塗り、Ⓐを貼りつける（→P17）。
② ピアスポストの丸皿に接着剤をつけ、Ⓒを貼りつける（→P17）。
③ ①と②を丸カンでつなぐ（→P16）。

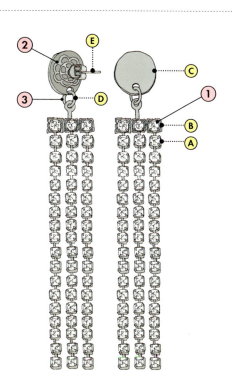

No. 20 パールイヤリング

▶完成写真はP24

材料
- Ⓐ アクリルパール（10㎜・ホワイト）…20個
- Ⓑ メタルビーズ（8㎜・スジ入り・シルバー）…2個
- Ⓒ ボールチップ（3㎜・シルバー）…4個
- Ⓓ つぶし玉（2㎜・シルバー）…4個
- Ⓔ ワックスコード（ホワイト）…適量
- Ⓕ Tピン（0.5×20㎜・シルバー）…2本
- Ⓖ 丸カン（1×5㎜・シルバー）…4個
- Ⓗ イヤリング金具（シルバー）…1ペア

道具
- ・平ヤットコ
- ・丸ヤットコ
- ・ニッパー
- ・接着剤
- ・つまようじ

作り方
① ワックスコードにⒶ10個を通し、ボールチップとつぶし玉で固定する（→P18）。
② ①とイヤリング金具を丸カンでつなぐ（→P19）。
③ TピンにⒷを通し、先端を丸める（→P15）。
④ ②と③を丸カンでつなぐ（→P16）。①～④を繰り返し、計2個作る。

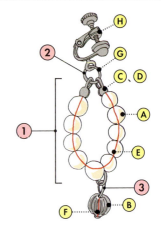

No. 21 パールフラワーピアス

▶完成写真P24

材料
- Ⓐ メタルパーツ（フラワー・ゴールド）…6個
- Ⓑ アクリルパール（8㎜・ホワイト）…6個
- Ⓒ デザインピン（0.6×30㎜・ゴールド）…6本
- Ⓓ 丸カン（0.7×4㎜・ゴールド）…2個
- Ⓔ ピアス金具（アメリカン・ゴールド）…1ペア

道具
- ・平ヤットコ
- ・丸ヤットコ
- ・ニッパー

作り方
① デザインピンにⒶ1個、Ⓑ1個を通し、先を丸める（→P15）。これを3個作る。
② ①3個を1つの丸カンにつなぐ。これを2個作る。
③ ②をⒺのチェーンの端の丸カンにつなげる。①～③を繰り返し、計2個作る。

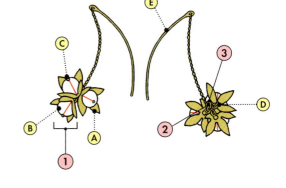

No. 22 パールキャッチのピアス

▶完成写真 P24

材料
- Ⓐ スワロフスキー・クリスタル（10㎜・#4745・クリスタル）…2個
- Ⓑ 石座（#4745用・ゴールド）…2個
- Ⓒ コットンパール（12㎜・片穴・ホワイト）…2個
- Ⓓ ピアスキャッチ（芯立つき・ゴールド）…1ペア
- Ⓔ ピアス金具（丸皿・ゴールド）…1ペア

道具
- ・平ヤットコ
- ・接着剤
- ・つまようじ

作り方
① Ⓐを石座に留める（→P19）。
② ピアス金具の丸皿に接着剤を薄く塗り、Ⓑを貼りつける（→P17）。
③ Ⓓのピアスキャッチの芯立に接着剤を薄く塗り、Ⓒを差し込んで固定する。①～③を繰り返し、計2個作る。

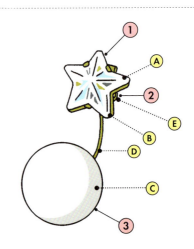

No. 23 お花とパールのシャワーピアス

▶ 完成写真 P25

材料

- Ⓐ アクリル花ビーズ（12㎜・クリスタル）…2個
- Ⓑ 特小ビーズ（1.5㎜・ゴールド）…2個
- Ⓒ チェコガラスビーズ（4×6㎜・クリスタル）…6個
- Ⓓ シルキーパール（4㎜・両穴・ホワイト）…12個
- Ⓔ チェコビーズ（3㎜・ゴールド）…8個
- Ⓕ 真鍮スカシ玉（6㎜・ゴールド）…2個
- Ⓖ テグス（2号）…60㎝×2本
- Ⓗ ピアス金具（15㎜・シャワー金具つき・ゴールド）…1ペア

道具

- 平ヤットコ
- ニッパー
- 接着剤
- つまようじ

作り方

① テグスにⒶ、Ⓑの順にそれぞれ1個ずつ通したら、POINTを参考にテグスの端を再びⒶの中心の穴に通して固定する。

② ①のテグスをⒽのシャワー金具に結んで留める（→P17）。

③ ②のテグスにⒸ3個を通したら、②のパーツの横に結んで留める（→P17）。

④ ③のテグスにⒹ6個を通したら、③のパーツの横に結んで留める（→P17）。

⑤ ④のテグスにⒺ4個を通したら、④で固定したパーツの内側に結んで留める（→P17）。

⑥ ⑤のテグスにⒻ1個を通したら、中央部分に結んで留める（→P17）。結び目に接着剤をつけて固定する。接着剤が乾いたら、余分なテグスをカットする（→P17）。

⑦ ⑥のⒽのシャワー金具の裏側にピアス金具のふたを固定する（→P17）。もう一方のピアスはパーツの位置が左右対称になるようにパーツを固定して、計2個作る。

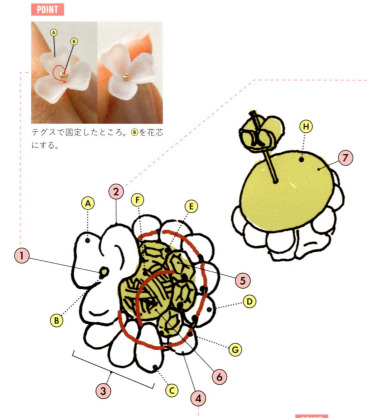

POINT
テグスで固定したところ。Ⓑを花芯にする。

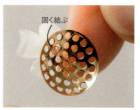

POINT
裏側から見たところ。1つパーツを通すたびにテグスの両端をシャワー金具の裏側で2〜3回固く結んで固定していく。

POINT
シャワー金具の外側を1周するようにパーツが固定されていればOK。

ARRANGE アレンジ

- 竹ビーズ
- チェコビーズ
- スワロフスキー・クリスタルパール（3㎜）
- スワロフスキー・クリスタルパール（5㎜）
- スワロフスキー・クリスタル（#4501）

作り方は同じ。好みのビーズやパーツをシャワー金具に留めていけばOK。

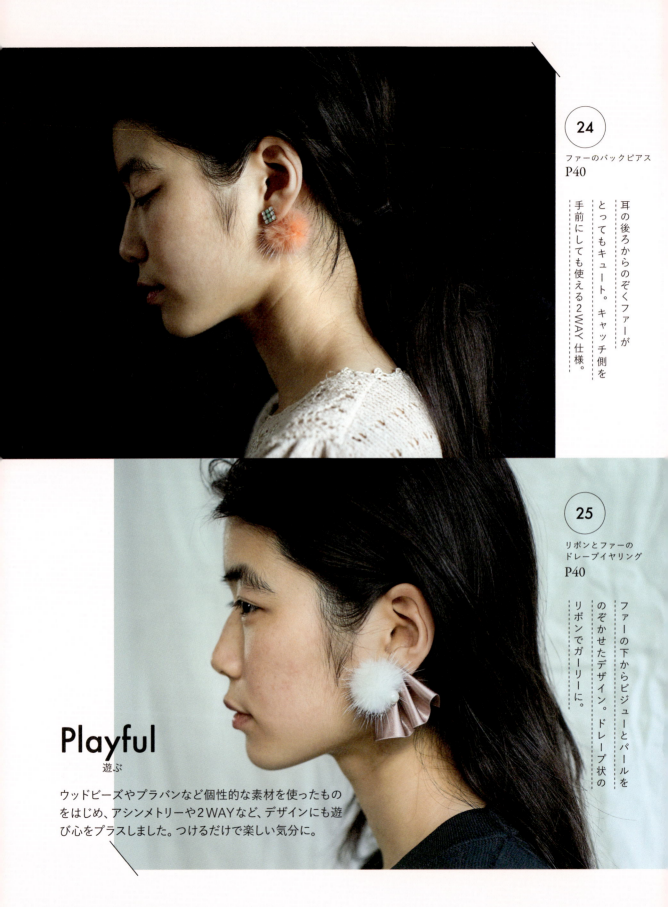

24
ファーのバックピアス
P40

耳の後ろからのぞくファーがとってもキュート。キャッチ側を手前にしても使える2WAY仕様。

25
リボンとファーのドレープイヤリング
P40

ファーの下からビジューとパールをのぞかせたデザイン。ドレープ状のリボンでガーリーに。

Playful
遊ぶ

ウッドビーズやプラバンなど個性的な素材を使ったものをはじめ、アシンメトリーや2WAYなど、デザインにも遊び心をプラスしました。つけるだけで楽しい気分に。

Chapter 1 Pierce Earring

26 サンカクのピアス P41

27 月と星のイヤーカフ P42

28 お花畑のピアス P43

29 タツノオトシゴの ノンホールピアス P44

30 ハートのアメリカンピアス P44

31 ウッドビーズの アシンメトリー幾何学ピアス P45

ガラスドームの中に花びらをつめ込んだピアス。
ブラウンやホワイトのファーでクラシカルに仕上げて。

32 ガラスドームのファーピアス P45

No. 24 ファーのバックピアス

▶ 完成写真 P38

材料
- Ⓐ ミンクファー
  （カンつき・サーモンピンク）…2個
- Ⓑ 樹脂連爪（3㎜・ミント）…3コマ分×2個
- Ⓒ スワロフスキー連爪（3㎜・#110・ホワイトオパール）
  …3コマ分×4個
- Ⓓ 丸カン（0.7×4㎜・ゴールド）…2個
- Ⓔ ピアス金具（丸皿・ゴールド）…1ペア

道具
- ・平ヤットコ
- ・丸ヤットコ
- ・接着剤
- ・つまようじ

作り方
① POINTを参考に、ⒷとⒸを接着剤で貼りつける（→P17）。
② ピアス金具の丸皿に接着剤を薄く塗り、①の裏側に貼りつける（→P17）。
③ ⒶとⒺのピアスのキャッチを丸カンでつなぐ（→P16）。①〜③を繰り返し、計2個作る。

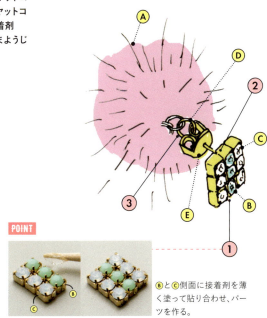

POINT
ⒷとⒸ側面に接着剤を薄く塗って貼り合わせ、パーツを作る。

No. 25 リボンとファーのドレープイヤリング

▶ 完成写真 P38

材料
- Ⓐ サテンリボン（幅36㎜・ピンク）…10㎝×2本
- Ⓑ コットンパール（8㎜・片穴・ホワイト）…2個
- Ⓒ ミンクファー（30㎜・カンつき・ホワイト）…2個
- Ⓓ スワロフスキー・クリスタル（#4320・
  クリスタルパラダイスシャイン）…2個
- Ⓔ 石座（#4320用・ゴールド）…2個
- Ⓕ イヤリング金具（ゴールド）…1ペア

道具
- ・平ヤットコ
- ・ハサミ
- ・針
- ・糸（ピンク）
- ・接着剤
- ・クリップ

作り方
① POINTを参考にⒶを蛇腹折りにし、布が重なる部分を縫う。
② POINTを参考に①で縫った部分を隠すようにⒸを縫い留める。
③ ⒹをⒺ石座に留めたら、裏側に接着剤をたっぷり塗り、②のⒸの近くに貼りつける。
④ ③と同様に、Ⓑも接着剤で貼りつける。
⑤ イヤリング金具の皿に接着剤をたっぷり塗り、④の裏側に貼りつける。①〜⑤を繰り返し、計2個作る。

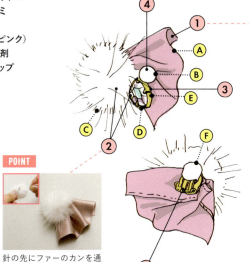

POINT
針の先にファーのカンを通して縫う。

折りはじめの端は裏側に5㎜ほど折り返しておく。ドレープを作るイメージ。

先をクリップで留めておくと縫いやすい。

No. 26 サンカクのピアス

▶ 完成写真 P39

材料

- Ⓐ プラバン（0.2mm厚）…適量
- Ⓑ 丸カン（0.7×5mm・ゴールド）…2個
- Ⓒ ピアス金具（丸皿・シルバー）…1ペア

道具

- 平ヤットコ
- 丸ヤットコ
- ハサミ
- 接着剤
- つまようじ
- ポスターカラーマーカー（パステルグリーン、白）
- オーブントースター
- マスキングテープ
- クッキングシート
- 紙ヤスリ
- ニス
- 筆
- 綿手袋
- 重し用の本

作り方

① Ⓐを型紙の上にのせ、マスキングテープで留める。型紙の図案をマーカーで写す。型紙（パーツA、パーツB）をそれぞれ2個ずつ写す。
② 写した線に沿って切る。まず内側をカッターで切り抜き、その後外側をハサミでカットする。
③ ②をオーブントースター（600W）で焼く。
④ ②が縮みきったら取り出し、重しをのせて20秒ほど置く。着色面にニスを塗り、乾燥させる。
⑤ 乾いた④を丸カンでつなぐ（→P16）。
⑥ ピアス金具の皿に接着剤を薄く塗り、④のパーツAの裏側（着色面側）に貼りつける（→P17）。①～⑥を繰り返し、計2個作る。

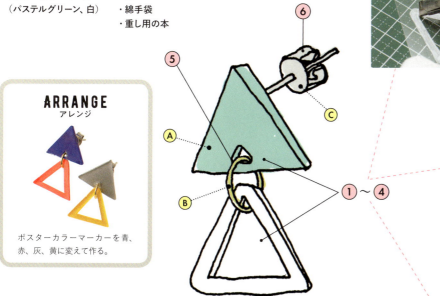

POINT 型紙の内側を抜くときは、マスキングテープでプラバンを固定し、刃先でカットする。2〜3回軽く滑らせるようにして切り、貫通し始めたら指で押して抜きとる。

POINT 一度に複数のプラバンをオーブントースターで焼くと、取り出す際にパーツが動いてくっついてしまい、失敗の原因に。パーツを作るときはサイズが小さくても1個ずつ焼くこと。

POINT プラバンのふちのざらつきが気になる場合は、ヤスリで整える。

ARRANGE アレンジ

ポスターカラーマーカーを青、赤、灰、黄に変えて作る。

型紙

パーツA

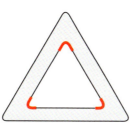
パーツB

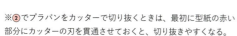

■ …パステルグリーン　□ …白

※②でプラバンをカッターで切り抜くときは、最初に型紙の赤い部分にカッターの刃を貫通させておくと、切り抜きやすくなる。

No. 27 月と星のイヤーカフ

▸完成写真 P39

材料
- Ⓐ プラバン（0.4㎜厚）…適量
- Ⓑ ノンホールピアス金具
  （丸皿・クリア）…3個

道具
- ・ハサミ
- ・接着剤
- ・つまようじ
- ・ポスターカラーマーカー
  （白、青、赤、金）
- ・油性ペン（黒）
- ・オーブントースター
- ・マスキングテープ
- ・クッキングシート
- ・紙ヤスリ
- ・ニス
- ・筆
- ・綿手袋
- ・重し用の本

作り方
① Ⓐを型紙の上にのせ、マスキングテープで留める。POINTを参考に、型紙の図案を油性ペンとマーカーで写す。
② 写した線に沿ってハサミでカットする。
③ ②をオーブントースター（600W）で焼く（→P41）。
④ ②が縮みきったら取出し、重しをのせて20秒ほど置く。着色面にニスを塗り、乾燥させる。
⑤ ノンホールピアス金具の皿に接着剤を薄く塗り、④の裏側（着色面側）の両端にそれぞれ1個ずつ貼りつける（→P17）。星形のパーツも①～④と同様に作り、仕上げる。

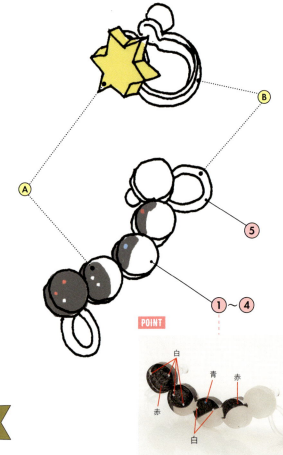

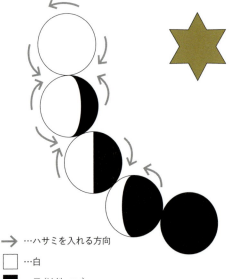

型紙

→ …ハサミを入れる方向
□ …白
■ …黒（油性ペン）
■ …金（ポスターカラーマーカー）

①の写し方の参考。模様は写真のようにペン先をチョンとのせるようにして描く。黒、白は裏面に、青、赤、金は表面に着色する。

ARRANGE アレンジ

カットガラス

材料にカットガラス（1～2mm・貼りつけタイプ）を2個プラス。ポスターカラーマーカーで星を描いていた部分に、③でプラバンを焼いた後、接着剤で貼りつける（→P17）。

No. 28 お花畑のピアス

▶▶ 完成写真 P39

材料

- Ⓐ アクリル花ビーズ（15㎜・ブルー）…2個
- Ⓑ 樹脂パール（3㎜・クリーム）…12個
- Ⓒ アクリル花ビーズ（15㎜・オレンジ）…2個
- Ⓓ チェコ葉ビーズ（1.2㎝・オリーブ）…2個
- Ⓔ ラインストーン
  （6㎜・ツメ枠つき・ホワイトオパール）…2個
- Ⓕ テグス（4号）…約30㎝×2本
- Ⓖ ピアス金具
  （15㎜・シャワー金具つき・ゴールド）…1ペア

道具

- 平ヤットコ
- ニッパー
- 接着剤
- つまようじ

作り方

① テグスにⒶ、Ⓑの順にそれぞれ1個ずつ通したら、POINTを参考にテグスの端を再びⒶの中心の穴に通して固定する（→P37）。

② ①のテグスをⒼのシャワー金具に結んで留める（→P17）。

③ ②の横に、①と同様にしてⒸとⒷ各1個ずつで作った花を、Ⓖのシャワー金具に結んで留める（→P17）。

④ ③のテグスにⒺ1個を通し、Ⓖのシャワー金具の中央に結んで留める（→P17）。

⑤ ④のテグスにⒷ4個を通し、Ⓖのシャワー金具のふちに結んで留める（→P17）。

⑥ ⑤のテグスにⒹを1個通し、②で留めたパーツの近くに結んで留める（→P17）。結び目に接着剤をつけて固定する。接着剤が乾いたら、余分なテグスをカットする（→P17）。

⑦ ⑥のⒼのシャワー金具の裏側にピアス金具のふたを固定する（→P17）。①～⑦を繰り返し、計2個作る。

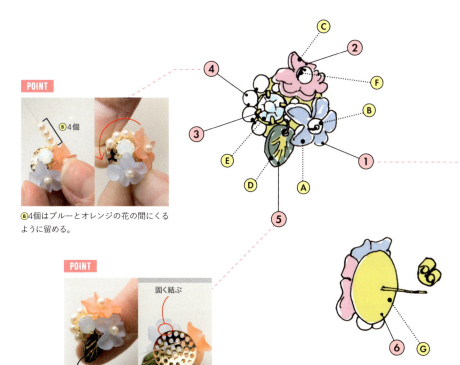

POINT
Ⓑ4個はブルーとオレンジの花の間にくるように留める。

POINT
外側から2列目の穴にシャワー金具の裏側からテグスを通す。

POINT
Ⓓのつけねがオレンジの花の下にくるように留める。

No. 29　タツノオトシゴのノンホールピアス

▶ 完成写真 P39

材料

- Ⓐ スワロフスキークリスタル
  （14㎜・#8116・アンティークグリーン）…2個
- Ⓑ タツノオトシゴ（21×8㎜・ゴールド）…1個
- Ⓒ 淡水パール（3.5～4㎜・両穴）…7個
- Ⓓ デザインピン（0.5×20㎜・ゴールド）…7本
- Ⓔ 丸カン（0.5×2.3㎜・ゴールド）…2個
- Ⓕ 丸カン（0.6×3㎜・ゴールド）…1個
- Ⓖ 丸カン（0.7×4㎜・ゴールド）…4個
- Ⓗ ピアスリング（15㎜・ゴールド）…1ペア

道具

- ・平ヤットコ
- ・丸ヤットコ
- ・ニッパー

作り方

1. Ⓖの丸カンをⒶの上部に通す。これを2個作る。
2. ①をそれぞれピアスリングとⒺの丸カンでつなぐ（→P16）。
3. デザインピンにⒸ1個を通し、先端を丸める（→P15）。これを7個作る。
4. ③7個をⒻの丸カンに通して閉じる（→P16）。
5. ②1個と④をⒼの丸カンでつなぐ（→P16）。これで一方のピアスは完成。
6. ②1個とⒷをⒼの丸カンでつなぐ（→P16）。これでもう一方のピアスも完成。

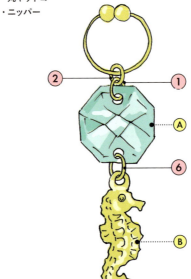
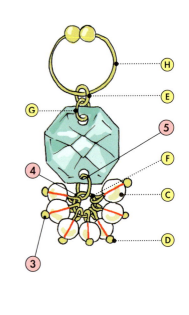

No. 30　ハートのアメリカンピアス

▶ 完成写真 P39

材料

- Ⓐ スワロフスキー・クリスタル
  （10.3×10㎜・#6228・Lt.シャム）…2個
- Ⓑ 樹脂パールキャッチ
  （10㎜・マットホワイト）…1ペア
- Ⓒ 三角カン（0.6×5×5㎜・ゴールド）…2個
- Ⓓ ピアス金具（アメリカン・ゴールド）…1ペア

道具

- ・平ヤットコ
- ・丸ヤットコ

作り方

1. Ⓐに三角カンを通す。
2. ピアス金具のチェーンの端の丸カンに①をつなぐ（→P16）。
3. ②のピアス金具のフックの先にⒷをつける。

ここをピアスホールに通して使う。

パールキャッチはつけなくても使えるが、アクセントとして◎。

ARRANGE　アレンジ

Ⓐをスワロフスキー・クリスタル（10.3×10mm・#6228・Lt.トパーズ）、Ⓑを樹脂パールキャッチ（10mm・グレー）に変えて作る。

No. 31 ウッドビーズのアシンメトリー幾何学ピアス

▶完成写真 P39

材料
- Ⓐ ウッドパーツ（15㎜・フラットラウンド・ブルーグリーン）…3個
- Ⓑ シードビーズ（丸小ビーズ・ツヤ消黒）…4個
- Ⓒ ウッドパーツ（15㎜・フラットラウンド・ピンク）…1個
- Ⓓ ウッドパーツ（21×10.5㎜・ハーフラウンド・ネイビー）…1個
- Ⓔ ウッドビーズ（6×8㎜・ソロバン型・ナチュラル）…1個
- Ⓕ Tピン（0.7×60㎜・ゴールド）…2本
- Ⓖ ピアス金具（フレンチフック・ゴールド）…1ペア

道具
- 平ヤットコ
- 丸ヤットコ
- ニッパー

作り方
① POINTを参考にTピン2本にⒶ、Ⓑ、Ⓒ、Ⓓ、Ⓔを通す（→P15）。
② ①のTピンの先をそれぞれ丸める（→P15）。
③ ②のTピンの先にピアス金具をつなぐ。

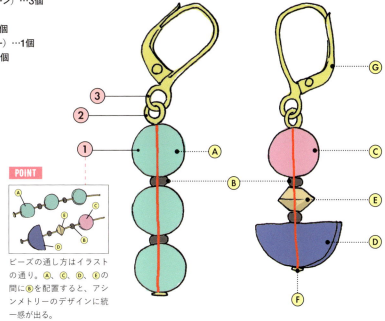

POINT
ビーズの通し方はイラストの通り。Ⓐ、Ⓒ、Ⓓ、Ⓔの間にⒷを配置すると、アシンメトリーのデザインに統一感が出る。

No. 32 ガラスドームのファーピアス

▶完成写真 P39

材料
- Ⓐ ミニチュアフラワー（約9〜13㎜・パープル／ホワイト／ピンク）…各1個
- Ⓑ ガラスドーム（10㎜・クリア）…2個
- Ⓒ ラウンドプレート（12㎜・ゴールド）…2個
- Ⓓ 連爪（3㎜・クリスタル）…11コマ分×2個
- Ⓔ ミンクファー（カンつき・ブラウン）…2個
- Ⓕ 丸カン（1×6㎜・ゴールド）…2個
- Ⓖ ピアス金具（丸皿・ゴールド）…1ペア

道具
- 平ヤットコ
- 丸ヤットコ
- ハサミ
- 接着剤
- つまようじ

作り方
① Ⓐをハサミで小さくカットし、Ⓑに詰める。
② Ⓒに接着剤を塗り、中央に①を貼りつける（→P17）。
③ ②のガラスドームを囲うようにⒹを巻きつけ、貼りつける（→P17）。
④ 接着剤が乾いたらピアス金具の裏側に薄く接着剤を塗り、③を貼りつける（→P17）。
⑤ Ⓔに丸カンを通す。これを丸カンでピアス金具のキャッチとつなぐ（→P16）。①〜⑤を繰り返し、計2個作る。

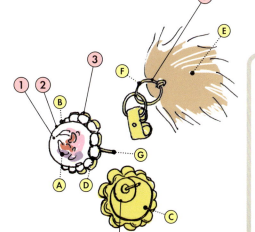

POINT
ピアス金具のキャッチの下部の穴に丸カンを通してつなぐ。

ARRANGE アレンジ
Ⓓをパール（3㎜・クリーム）12個、Ⓔの色をグレーに変えて作る。

43
ボヘミアンタッセルピアス
P53

耳もとで揺れるタッセルがインパクト大。ターコイズでエスニックなスパイスを。

Swaying
揺れる

耳もとでキュートに揺れる、フープやチェーンを使ったピアスとイヤリング。ゆらゆら揺れて、顔まわりを華やかに演出します。

ニュアンスのあるチェコビーズを使った大人っぽいデザイン。つなぐだけで簡単に作れるところも魅力。

44
チェコビーズのイヤリング
P53

No. 33 星とパールのフープピアス

▶ 完成写真 P46

材料
- Ⓐ コットンパール（6㎜・両穴・キスカ）…8個
- Ⓑ チェコビーズ（3㎜・ゴールド）…14個
- Ⓒ 星のメタルパーツ（9×8㎜・ゴールド）…2個
- Ⓓ 星のメタルパーツ（6㎜・ゴールド）…4個
- Ⓔ Tピン（0.5×20㎜・ゴールド）…22本
- Ⓕ チェーン（ゴールド）…1.5㎝×2本
- Ⓖ チェーン（ゴールド）…1㎝×4本
- Ⓗ 丸カン（0.6×3㎜・ゴールド）…6個
- Ⓘ 丸カン（0.5×2.3㎜・ゴールド）…6個
- Ⓙ ピアス金具（フープ・ゴールド）…1ペア

道具
- 平ヤットコ
- 丸ヤットコ
- ニッパー

作り方
1. TピンにⒶ1個を通し、先端を丸める（→P15）。これを4個作る。
2. ①と同様にTピンにⒷ1個を通し、先端を丸める（→P15）。これを7個作る。
3. ⒻのチェーンのⓏ方の先とⒸをⒾの丸カンでつなぐ（→P16）。Ⓕのチェーンのもう一方の先にⒽの丸カンを通す（→P16）。
4. Ⓖのチェーンの一方の先とⒹをⒾの丸カンでつなぐ（→P16）。Ⓖのチェーンのもう一方の先にⒽの丸カンを通す（→P16）。これを2個作る。
5. 右上の完成イラストを参考に①～④のパーツをピアス金具のフープに通す。①～⑤を繰り返し、計2個作る。

POINT
ⒸとⒻのチェーンをつないだところ。

POINT
ⒹとⒼのチェーンをつないだところ。

No. 34 チェコガラスのエキゾチックピアス

▶ 完成写真 P46

材料
- Ⓐ チェコビーズ（4㎜・エメラルドブルー）…24個
- Ⓑ チェコビーズ（4㎜・シャムAB）…8個
- Ⓒ メタルパーツ（8×4㎜・ゴールド）…8個
- Ⓓ 中間バー（24㎜・7連・ゴールド）…2個
- Ⓔ Tピン（0.6×25㎜・ゴールド）…14本
- Ⓕ 9ピン（0.6×25㎜・ゴールド）…18本
- Ⓖ 丸カン（0.6×3㎜・ゴールド）…14個
- Ⓗ ピアス金具（フレンチフック・ゴールド）…1ペア

道具
- 平ヤットコ
- 丸ヤットコ
- ニッパー

作り方
1. TピンにⒶ6個、Ⓑ1個を通し、先端を丸める（→P15）。
2. 9ピンにⒶ6個、Ⓑ3個を通し、先端を丸める（→P15）。
3. POINTを参考に、①と②をつなぐ。
4. ③で作ったパーツの端（9ピン側）を中間バーにつなぐ。
5. Ⓒを2個ずつ丸カンでつないだら（→P16）、Ⓓの中間バーの両端に丸カンでつなぐ（→P16）。
6. ⑤のⒸの両端の丸カン2個とピアス金具を別の丸カンでつなぐ（→P16）。①～⑥を繰り返し、計2個作る。

POINT
①と②のパーツのつなげ方は写真の通り。

POINT
メタルパーツを2個ずつ丸カンでつなぎ、中間バーの両端につないだ状態。

No. 35 パールのフープピアス

▶ 完成写真 P46

材料
- Ⓐ 淡水パール（1.5～2㎜・両穴・ホワイト）…180個
- Ⓑ アーティスティックワイヤー（#28）…30㎝×2本
- Ⓒ ピアス金具（フープ・ゴールド）…1ペア

道具
・平ヤットコ
・ニッパー

作り方
① アーティスティックワイヤーをピアス金具のフープの端に5回ほど巻きつける。
② ①で巻きつけたワイヤーにⒶ90個を通す。
③ ②をⒸのピアス金具のフープに隙間なくグルグルと巻きつけていく。
④ ピアス金具の端まで巻き終えたら、①と同様にしてワイヤーを5回ほど巻きつける。①～④を繰り返し、計2個作る。

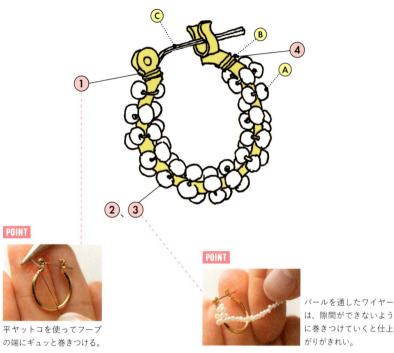

POINT 平ヤットコを使ってフープの端にギュッと巻きつける。

POINT パールを通したワイヤーは、隙間ができないように巻きつけていくと仕上がりがきれい。

No. 36 ガラスパールとチェコビーズのイヤリング

▶ 完成写真 P46

材料
- Ⓐ ガラスパール（4㎜・両穴・ホワイト）…16個
- Ⓑ チェコビーズ（10×6㎜・両穴・グリーン）…2個
- Ⓒ メタルビーズ（2.5×3㎜・両穴・ゴールド）…8個
- Ⓓ チェーン（ゴールド）…7㎝×2本
- Ⓔ アーティスティックワイヤー（#26・ゴールド）…7㎝×2本
- Ⓕ 丸カン（0.6×3㎜・ゴールド）…4個
- Ⓖ ピアス金具（フープ・ゴールド）…1ペア
- Ⓗ イヤリング金具（ゴールド）…1ペア

道具
・平ヤットコ
・丸ヤットコ
・ニッパー

作り方
① Ⓑにアーティスティックワイヤーを通し、メガネ留めをする（→P16）。
② ピアス金具のフープに、完成イラストを参考に、①、Ⓐ8個、Ⓒ4個、Ⓓを通す。
③ ②のピアス金具の端の穴に、反対側のワイヤーを差し込む。ワイヤーの先端を丸める。
④ ③とイヤリング金具を丸カン2個でつなぐ（→P16）。①～④を繰り返し、計2個作る。

POINT Tピンや9ピンの先端を丸める（→P15）要領で、丸ヤットコを使って手前に返すように丸める。

POINT この順に通す パーツは写真の並びで通す。

ARRANGE アレンジ
作り方③からアレンジ。フープピアス金具の先端を丸めずに曲げればピアスに。

No. 37 ドロップ型のビーズピアス

▶ 完成写真は P46

材料
- Ⓐ メタルパーツ（シズク・ゴールド）…2個
- Ⓑ メタルビーズ（2㎜・ゴールド）…6個
- Ⓒ デリカビーズ（約1.6㎜・ラベンダー）…32個
- Ⓓ ウッドビーズ（3～4㎜）…22～24個
- Ⓔ チェコビーズ（3㎜・ブラック）…18個
- Ⓕ デリカビーズ（約1.6㎜・ブラウン）…44個
- Ⓖ アーティスティックワイヤー（#28）…30㎝×2本
- Ⓗ 丸カン（0.6×3㎜・ゴールド）…2個
- Ⓘ ピアス金具（U字・ゴールド）…1ペア

道具
- 平ヤットコ
- 丸ヤットコ
- ニッパー

作り方
1. POINTを参考にⒶのふちの中央あたりにアーティスティックワイヤーを4回ほど巻きつける。
2. ①のワイヤーにⒷ3個、Ⓒ16個を通す。通し終わったら、巻き始めと同様にⒶのふちにワイヤーを4回ほど巻きつける。これで1段目の模様の完成。
3. さらに②のワイヤーにⒹ11～12個を通したら、Ⓐのふちにワイヤーを巻きつけて固定する。これで2段目の模様の完成。
4. ③と同様に、Ⓔ9個をワイヤーに通してⒶに固定する。これで3段目の模様の完成。
5. ④と同様に、Ⓕ22個をワイヤーに通してⒶに固定する。これで4段目の模様の完成。
6. ⑤とピアス金具を丸カンでつなぐ（→P16）。①～⑥を繰り返し、計2個作る。

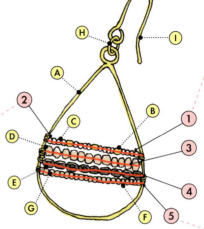

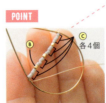

ⒷとⒸの配置は写真の通り。

ワイヤーはメタルパーツの上部から2.5㎝程度の位置に巻きつける。

巻き終わりはワイヤーの余分をカットし、平ヤットコで先を押さえて仕上げる。

ARRANGE アレンジ

Ⓔをデリカビーズ（ブラウン、44個）、Ⓒをデリカビーズ（ホワイト、62個）に変えて、5段で編む。

No. 38 ガラスのドロップピアス

▶ 完成写真は P46

材料
- Ⓐ カットガラス（10×13㎜・カンつき・ピンク）…2個
- Ⓑ メタルパーツ（リーフ・ゴールド）…2個
- Ⓒ チェーン（ゴールド）…2㎝×2本
- Ⓓ メタルパーツ（ウェーブ・ゴールド）…2個
- Ⓔ 丸カン（0.7×4㎜・ゴールド）…6個
- Ⓕ ピアス金具（カンつき・ゴールド）…1ペア

道具
- 平ヤットコ
- 丸ヤットコ

作り方
1. Ⓐとピアス金具を丸カンでつなぐ（→P16）。
2. Ⓑとチェーンを丸カンでつなぐ（→P16）。
3. ②のチェーンの先とⒹを丸カンでつなぐ。
4. ③をピアス金具のキャッチにつなぐ。①～④を繰り返し、計2個作る。

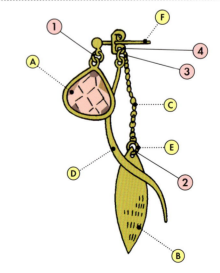

No. 39 コットンパールのボリュームピアス

▶ 完成写真は P46

材料

- Ⓐ コットンパール（8㎜・両穴・ホワイト）…16個
- Ⓑ コットンパール（10㎜・両穴・ホワイト）…8個
- Ⓒ コットンパール（12㎜・両穴・ホワイト）…6個
- Ⓓ コットンパール（14㎜・両穴・ホワイト）…4個
- Ⓔ クリスタルビジュー（5㎜・4穴・クリア）…8個
  ※裏が縫いつけられるタイプを使用。
- Ⓕ チェーン（コマが広いもの・ゴールド）…4㎝×2本
- Ⓖ Tピン（0.6×15㎜・ゴールド）…16本
- Ⓗ Tピン（0.6×20㎜・ゴールド）…18本
- Ⓘ 丸カン（0.7×4㎜・ゴールド）…2個
- Ⓙ 丸カン（0.8×5㎜・ゴールド）…8個
- Ⓚ ピアス金具（カンつき・ゴールド）…1ペア

道具

・平ヤットコ
・丸ヤットコ
・ニッパー

作り方

① ⒼのTピンにⒶ1個を通し、先端を丸める（→P15）。これを8個作る。
② ⒽのTピンにⒷ1個、Ⓒ1個、Ⓓ1個をそれぞれ通し、先端を丸める（→P15）。Tピンは余分をカットし、丸めた先がすべて同じくらいの穴になるようにする。これをⒷを4個、Ⓒを3個、Ⓓを2個作る。
③ Ⓙの丸カンにⒺ1個を通す（→P16）。これを4個作る。
④ ③1個とチェーン、ピアス金具をⒾの丸カンでつなぐ（→P16）。
⑤ POINTを参考に、④のチェーンのもう一方の端に②のⒸ1個をつなぐ。
⑥ ①8個と②（Ⓑ4個、Ⓒ2個、Ⓓ2個）、③3個を⑤のチェーン部分にランダムにつなげる。
④～⑥を繰り返し、計2個作る。

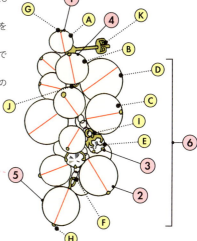

POINT

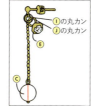

ピアス金具にⒺとチェーンの一方の先をつなぎ、チェーンのもう一方の先にⒸをつないだ状態。

No. 40 ゴールドとストーンのバランスピアス

▶ 完成写真は P46

材料

- Ⓐ メタルビーズ（2×2㎜・ゴールド）…2個
- Ⓑ アメジスト（H9～13×W5～9㎜・ラフカット）…2個
- Ⓒ シトリン（H9～13×W5～9㎜・ラフカット）…1個
- Ⓓ メタルリング（ラウンド・25㎜・ゴールド）…1個
- Ⓔ メタルスティック（1×35㎜・ゴールド）…2個
- Ⓕ メタルリング（ラウンド・35㎜・ゴールド）…1個
- Ⓖ Tピン（0.5×35㎜・ゴールド）…2本
- Ⓗ 丸カン（0.7×4㎜・ゴールド）…4個
- Ⓘ ピアス金具（カンつき・ゴールド）…1ペア
- Ⓙ ボールキャッチ（12㎜・ゴールド）…1ペア

道具

・平ヤットコ
・丸ヤットコ
・ニッパー

作り方

① Tピン1本にⒶ、Ⓑの順に1個ずつ通してメガネ留めをする（→P16）。
② ①と同様に、もう1本のTピンにⒶ、Ⓑ、Ⓒの順に1個ずつ通して、メガネ留めをする（→P16）。
③ ①とⒹ、Ⓔを丸カンでつなぐ（→P16）。
④ ②とⒺを丸カンでつなぐ（→P16）。
⑤ ④をⒻと丸カンでつなぐ（→P16）。
⑥ ③、④とⒺとピアス金具をそれぞれ丸カンでつなぐ（→P16）。
⑦ ⑥のピアス金具にそれぞれボールキャッチをつける。

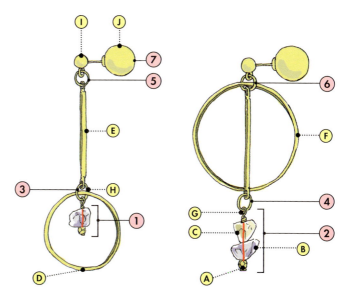

No. 41 花形パールのひらひらピアス

▸ 完成写真は P46

材料
- Ⓐ アクリルパール（4㎜・半丸・ホワイト）…2個
- Ⓑ アクリルパール（2.5㎜・半丸・ホワイト）…18個
- Ⓒ メタルパーツ（スターダスト・四角・ゴールド）…2個
- Ⓓ ミール皿（10㎜・ラウンド・ゴールド）…2個
- Ⓔ 丸カン（0.6×3㎜・ゴールド）…2個
- Ⓕ ピアス金具（U字・ゴールド）…1ペア

道具
- 平ヤットコ
- 丸ヤットコ
- 接着剤
- つまようじ

作り方
① Ⓓの中央にⒶ1個を接着剤で貼りつける（→P17）。
② ①のⒶを囲むようにⒷ9個を接着剤で貼りつける（→P17）。
③ ②のミール皿とⒸを丸カンでつなぐ（→P16）。
④ ③のミール皿のもう一方のカンをピアス金具とつなぐ（→P16）。①～④を繰り返し、計2個作る。

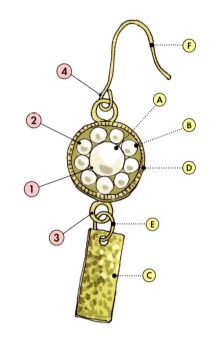

No. 42 リーフキャッチのコットンパールピアス

▸ 完成写真は P46

材料
- Ⓐ メタルパーツ（スターダストリーフ・ゴールド）…2個
- Ⓑ コットンパール（8㎜・片穴・ホワイト）…2個
- Ⓒ デザイン丸カン（6㎜・ツイスト・ゴールド）…2個
- Ⓓ ピアス金具（芯立つき・ゴールド）…1ペア

道具
- 平ヤットコ
- 丸ヤットコ
- 接着剤
- つまようじ

作り方
① ピアス金具の芯立に接着剤を薄く塗り、Ⓑを差し込み貼りつける（→P17）。
② Ⓐとピアス金具のキャッチを、デザイン丸カンでつなぐ（→P16）。①～②を繰り返し、計2個作る。

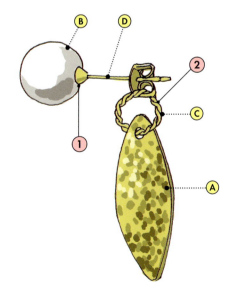

No. 43　ボヘミアンタッセルピアス

▸ 完成写真は P47

材料
- Ⓐ デザインコネクターバー（約1×25㎜・上下カンつき・ゴールド）…4本
- Ⓑ ターコイズ（2〜4㎜）…10個
- Ⓒ タッセル（クリーム）…8本
- Ⓓ 丸カン（0.6㎜×3㎜・ゴールド）…2個
- Ⓔ 丸カン（0.7㎜×3.5㎜・ゴールド）…2個
- Ⓕ ワイヤーフープ（30㎜・ゴールド）…1ペア
- Ⓖ ピアス金具（U字・ゴールド）…1ペア

道具
- 平ヤットコ
- 丸ヤットコ
- 接着剤
- つまようじ

作り方
① ワイヤーフープにⒶを1本通す。
② ①に、さらにⒷとⒸを交互に通し、最後にⒶをもう1本通す。
③ POINTを参考に、②のⒸのフープに通していないほうの先を丸カンでつなぐ（→P16）。
④ フープにⒺの丸カンを通し、Ⓖとつなぐ。フープの先端に接着剤をつけ、フープが開かないように固定する。
⑤ ④のフープのカンにピアス金具を通す。①〜⑤を繰り返し、計2個作る。

POINT 平ヤットコで閉じる
ピアス金具が取れないように、丸カンに引っかけたあと平ヤットコで閉じる。

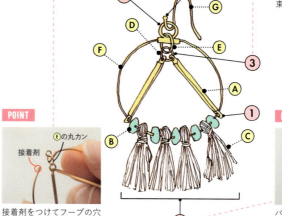

POINT Ⓓの丸カン
2本のⒸの先をⒹの丸カンで束ねて三角形を作る。

POINT Ⓔの丸カン・接着剤
接着剤をつけてフープの穴に差し込む。

POINT パーツをすべてフープに通したところ。

No. 44　チェコビーズのイヤリング

▸ 完成写真は P47

材料
- Ⓐ チェコボタンカット（4×7㎜・両穴・アイボリー×青）…2個
- Ⓑ チェコダガーブロンズ（11×3㎜・両穴・茶）…2個
- Ⓒ メタルパーツ（リーフ・ゴールド）…2個
- Ⓓ アーティスティックワイヤー（#26・ゴールド）…適宜×2本
- Ⓔ 丸カン（0.6×3㎜・ゴールド）…2個
- Ⓕ 9ピン（0.6×25㎜・ゴールド）…2個
- Ⓖ イヤリング金具（ゴールド）…1ペア

道具
- 平ヤットコ
- 丸ヤットコ
- ニッパー

作り方
① 9ピンにⒶを通して、先端を丸める（→P15）。
② Ⓑにアーティスティックワイヤーを通して、メガネ留めをする（→P16）。
③ ①と②をつなぐ。
④ ①のもう一方とⒸをつなぐ。
⑤ ④とイヤリング金具を丸カンでつなぐ（→P16）。①〜⑤を繰り返し、計2個作る。

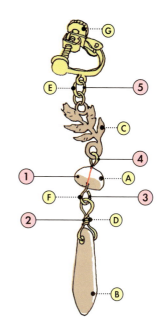

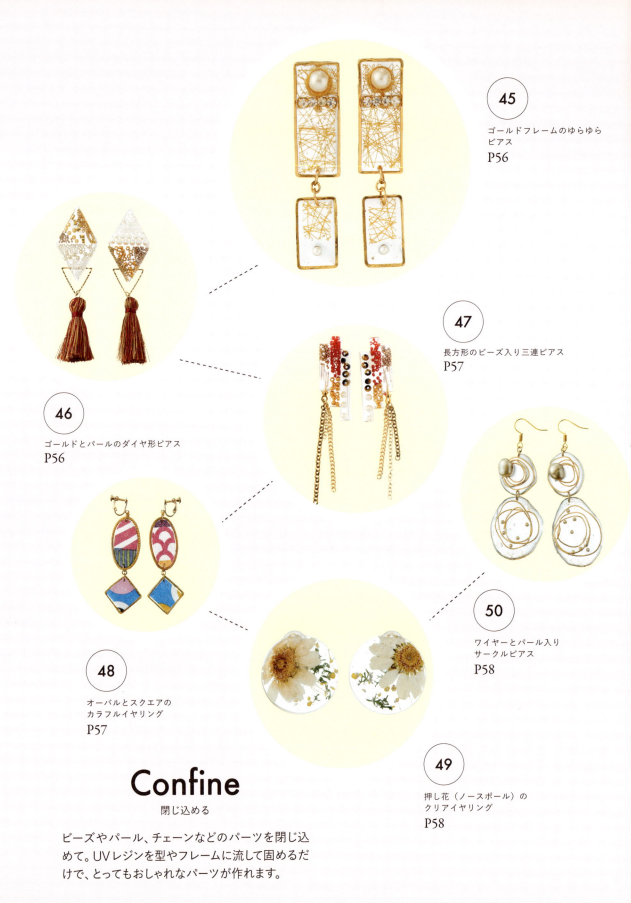

45
ゴールドフレームのゆらゆらピアス
P56

46
ゴールドとパールのダイヤ形ピアス
P56

47
長方形のビーズ入り三連ピアス
P57

48
オーバルとスクエアのカラフルイヤリング
P57

50
ワイヤーとパール入りサークルピアス
P58

49
押し花(ノースポール)のクリアイヤリング
P58

Confine
閉じ込める

ビーズやパール、チェーンなどのパーツを閉じ込めて。UVレジンを型やフレームに流して固めるだけで、とってもおしゃれなパーツが作れます。

No.45 ゴールドフレームのゆらゆらピアス

▶完成写真は P54

材料

Ⓐ レジンパーツ
UVレジン…適量
空枠a（1.5×3.5㎝・ゴールド）…2個
空枠b（1.5×2.2㎝・ゴールド）…2個
連爪チェーン（3㎜・クリスタル）…4コマ分×2個
アクリルパール（3㎜・穴なし・ホワイト）…2個
アクリルパール（6㎜・穴なし・ホワイト）…2個
シャインネット（ゴールド）…適量
Ⓑ 丸カン（0.7×5㎜）…4個
Ⓒ 丸カン（0.8×3㎜）…2個
Ⓓ イヤリング金具（ゴールド）…1ペア

道具

・UVライト
　（またはUV-LEDライト）
・クリアファイル
・マスキングテープ
・調色スティック
　（またはつまようじ）
・ピンバイス
・平ヤットコ
・丸ヤットコ
・接着剤

作り方

① 作業用シート（→P20）に空枠a、bを置く。
② ①の空枠にそれぞれUVレジンを流したら調色スティックで薄くのばし、シャインネットを置く。UVライトを照射する（2〜4分）。
③ ②にさらにUVレジンを流して薄くのばし、アクリルパール、連爪を置く。UVライトで照射する（2〜4分）。
④ 作業用シートから空枠を外す。これでレジンパーツは完成。
⑤ ④にそれぞれ1か所ずつピンバイスで穴をあける。
⑥ イヤリング金具の皿に接着剤を薄く塗り、⑤のレジンパーツ（大きいほう）の裏側に貼りつける。
⑦ 乾いたら、⑥の裏面にUVレジンを薄く塗り、UVライトを照射する（2〜4分）。
⑧ ⑦と⑤のレジンパーツ（小さいほう）の穴にⒷの丸カンを通し、それぞれⒸの丸カンでつなぐ。①〜⑧を繰り返し、計2個作る。

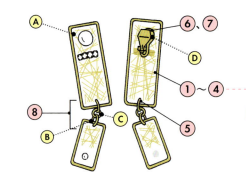

POINT
アクリルパールは空枠の大きさに合わせて、大きいほうを大きな空枠に、小さいほうを小さな空枠に置く。

No.46 ゴールドとパールのダイヤ形ピアス

▶完成写真は P54

材料

Ⓐ レジンパーツ
UVレジン…適量
アクリルパール（3㎜／2㎜／1㎜・穴なし・ホワイト）
　…適量
竹ビーズ（ゴールド）…適量
ブリオン（ゴールド）…適量
モス（ホワイト）…適量
チェーン（ゴールド）…適量
Ⓑ メタルフレーム（三角・ゴールド）…2個
Ⓒ タッセル（カンつき・ブラウン／レッド）…2個
Ⓓ ピアス金具（丸皿・クリア）…1セット

道具

・UVライト
　（またはUV-LEDライト）
・型（シリコンモールド・
　三角形）
・調色スティック
　（またはつまようじ）
・平ヤットコ
・丸ヤットコ
・接着剤

作り方

① 型にUVレジンを半分くらいまで流し込み、竹ビーズ、ブリオン、アクリルパール、モス、チェーンなどを入れる。型のかどにも調色スティックを使って隙間なく流し込む。
② 型のふちまでUVレジンを流し込み、UVライトを照射する（2〜4分）。
③ 型の熱が冷めたら取り出す。①〜③を繰り返し、レジンパーツを計4個作る。
④ POINTを参考に、③を2個ずつ、ダイヤ形になるように並べる。上から全体にUVレジンを流して薄くのばし、UVライトを照射する（2〜4分）。これでレジンパーツは完成。
⑤ ④の裏面の中央にピアス金具の皿を、下のほうにⒷを接着剤で貼りつける。
⑥ 接着剤が乾いたら、⑥の裏面にUVレジンを薄く塗り、UVライトを照射する（2〜4分）。
⑦ ⑥とⒸを丸カンでつなぐ（→P16）。①〜⑦を繰り返し、計2個作る。

POINT
互い違いのデザインになるように三角のレジンパーツを組み合わせる。

POINT
Ⓑにタッセルの丸カンをつなぐ。

No. 47　長方形のビーズ入り三連ピアス

▶ 完成写真は P54

材料

Ⓐ レジンパーツ
　UVレジン…適量
　パールビーズ（3㎜・穴なし・ホワイト）…6個
　アクリルビーズ（2㎜・穴なし・ブロンズ）…5個
　丸小ビーズ（ゴールド）…適量
　特小ビーズ（レッド）…適量
　ブリオン（ゴールド）…適量
Ⓑ チェーン（ゴールド）…2〜3.5㎝×6本
Ⓒ ヒートン（ゴールド）…2個
Ⓓ 丸カン（0.8×2㎜・ゴールド）…2個
Ⓔ ピアス金具（皿つき・クリア）…1ペア

道具

・UVライト
　（またはUV-LEDライト）
・型（シリコンモールド・長方形）
・調色スティック
　（またはつまようじ）
・ピンバイス
・平ヤットコ
・丸ヤットコ
・接着剤

作り方

① 型にUVレジンを半分くらいまで流し込み、ビーズ、ブリオン、パールなどを入れる。型のかどにも調色スティックを使って隙間なく流し込む。
② 型のふちまでUVレジンを流し込み、UVライトを照射する（2〜4分）。
③ 型の熱が冷めたら取り出す。①〜③を繰り返し、長方形のレジンパーツを計3個作る。
④ ③を少しずらして並べる。上から全体にUVレジンを流して薄くのばし、UVライトを照射する（2〜4分）。これでレジンパーツは完成。
⑤ ④の端にピンバイスで穴を開け、ヒートンを接着剤で固定する。裏面にはピアス金具の皿を接着剤で貼りつける。
⑥ 接着剤が乾いたら、⑤の裏面にUVレジンを薄く塗り、UVライトを照射する（2〜4分）。
⑦ ⑤でつけたヒートンにⒷをそれぞれ3本ずつつなぐ。①〜⑦を繰り返し、計2個作る。

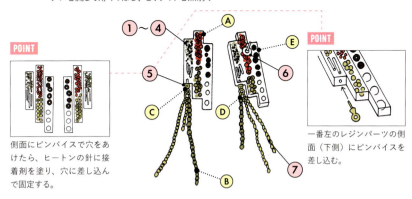

POINT　側面にピンバイスで穴をあけたら、ヒートンの針に接着剤を塗り、穴に差し込んで固定する。

POINT　一番左のレジンパーツの側面（下側）にピンバイスを差し込む。

No. 48　オーバルとスクエアのカラフルイヤリング

▶ 完成写真は P54

材料

Ⓐ レジンパーツ
　UVレジン…適量
　空枠a（2×3.5㎝・オーバル・ゴールド）…2個
　空枠b（2×2㎝・ゴールド）…2個
　ペーパーナプキン…適量
　※好みの柄で。
Ⓑ 丸カン（0.7×6㎜）…6個
Ⓒ 丸カン（0.8×3㎜）…4個
Ⓓ イヤリング金具（ゴールド）…1ペア

道具

・UVライト
　（またはUV-LEDライト）
・クリアファイル
・マスキングテープ
・調色スティック
　（またはつまようじ）
・ピンバイス
・平ヤットコ
・丸ヤットコ
・接着剤

作り方

① 作業用シート（→P20）に空枠a、bを置く。
② ①の空枠にそれぞれUVレジンを流したら、調色スティックで薄くのばし、ペーパーナプキン（空枠の形にカットしたもの）を置く。UVライトを照射する（2〜4分）
③ 作業用シートから空枠を外す。裏面にUVレジンを流して薄くのばし、UVライトを照射する（2〜4分）これでレジンパーツは完成。
④ ③にそれぞれピンバイスで穴をあける。
⑤ ④で空けた穴にすべてⒷの丸カンを通す。
⑥ ⑤のレジンパーツ同士（オーバル形と正方形）をⒸの丸カンでつなぐ。
⑦ ⑥の上部（オーバル形のレジンパーツの上部）の丸カンとイヤリング金具をⒸの丸カンでつなぐ。①〜⑦を繰り返し、計2個作る。

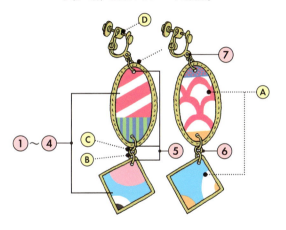

No. 49 押し花(ノースポール)のクリアイヤリング

▶︎ 完成写真はP54

材料

Ⓐ レジンパーツ
　UVレジン…適量
　押し花(ノースポール、かすみ草、モス)…適量
Ⓑ イヤリング金具(丸皿・ゴールド)…1ペア

道具

・UVライト
　(またはUV-LEDライト)
・型(シリコンモールド・円)
・調色スティック
　(またはつまようじ)
・平ヤットコ
・丸ヤットコ
・接着剤

作り方

① 型にUVレジンを半分くらいまで流し込み、押し花を入れる。
② 型のふちまでUVレジンを流し込み、UVライトを照射する(2〜4分)。
③ 型の熱が冷めたら取り出す。これでレジンパーツは完成。
④ イヤリング金具の皿に接着剤を薄く塗り、③の裏側に貼りつける。
⑤ 乾いたら、④の接着面にUVレジンを薄く塗り、UVライトを照射する(2〜4分)。①〜⑤を繰り返し、計2個作る。

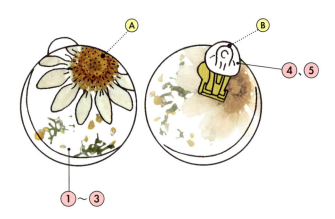

No. 50 ワイヤーとパール入りサークルピアス

▶︎ 完成写真はP54

材料

Ⓐ レジンパーツ
　UVレジン…適量
　アーティスティックワイヤー(#26・ゴールド)
　…20cm×2本、10cm×2本
　アクリルパール(8㎜・穴なし・ホワイト)…2個
　パールビーズ(2㎜・穴なし・ホワイト)…12個
　ラメ…適量
Ⓑ 丸カン(0.7×6㎜・ゴールド)…2個
Ⓒ 丸カン(0.8×3㎜・ゴールド)…4個
Ⓓ ピアス金具(フック・ゴールド)…1ペア

道具

・UVライト
　(またはUV-LEDライト)
・クリアファイル
・調色スティック
　(またはつまようじ)
・ピンバイス
・平ヤットコ
・丸ヤットコ
・接着剤

作り方

① クリアファイルの上に、丸めた2種類の長さのアーティスティックワイヤーを置く。
② ①をそれぞれ覆うようにUVレジンを流し、UVライトで照射する(2〜4分)。
③ クリアファイルからレジンパーツをはがす。
④ ③のレジンパーツの裏面にUVレジンを流して全体に薄くのばし、パールビーズとラメをランダムに置き、UVライトを照射する(2〜4分)。
⑤ ④のレジンパーツの小さいほう(短いワイヤーを封入したパーツ)の表面にUVレジンを流し、アクリルパールを置く。UVライトを照射する(2〜4分)。これでレジンパーツは完成。
⑥ レジンパーツにピンバイスで穴を開け、それぞれをⒷの丸カンでつなぐ。
⑦ ⑥の上部とピアス金具をⒸの丸カン2個でつなぐ。①〜⑦を繰り返し、計2個作る。

POINT

小さいほうのレジンパーツには上下に穴を、大きいほうのレジンパーツには上に穴をあける。

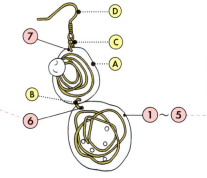

POINT

ワイヤー全体にUVレジンをかける。液がたれないように、できるだけ平らにして行う。

No. 51 モスとフロッキービーズのイヤリング

▶完成写真はP55

材料

- Ⓐ レジンパーツ
  - UVレジン…適量
  - モス（ホワイト・グリーン）…適量
  - 着色料（ホワイト・ブラック）…適量
- Ⓑ フロッキービーズ（10㎜・グリーン）…2個
- Ⓒ メタルフレーム（サークル・ゴールド）…2個
- Ⓓ Tピン（0.7×2.5㎜・ゴールド）…2本
- Ⓔ イヤリング金具（丸皿・ゴールド）…1ペア

道具

- ・UVライト（またはUV-LEDライト）
- ・型（シリコンモールド・オーバル）
- ・調色パレット
- ・調色スティック（またはつまようじ）
- ・平ヤットコ
- ・丸ヤットコ
- ・接着剤

作り方

① 型にUVレジンを半分くらいまで流し込み、モス（ホワイト・グリーン）をそれぞれ1個ずつ入れる。
② 型のふちまでUVレジンを流し込み、UVライトを照射する（2〜4分）。
③ 型の熱が冷めたら取り出す。
④ UVレジンに着色料を混ぜて、2色（ホワイト、ブラック）のUVレジンを作る。
⑤ ④を③のレジンパーツの裏側にそれぞれ薄く塗り、UVライトを照射する（2〜4分）。これでレジンパーツは完成。
⑥ イヤリング金具の皿に接着剤を薄く塗り、⑤の裏側にそれぞれ貼りつける。
⑦ 接着剤が乾いたら、⑥の接着面にUVレジンを薄く塗り、UVライトを照射する（2〜4分）。
⑧ Tピンに⑧を通し、先端を丸める（→P15）。これを2個作る。
⑨ Ⓒと⑧を丸カンでつなぐ（→P16）。
⑩ ⑥でつけたイヤリング金具に⑨をはさんで固定する。計2個作る。

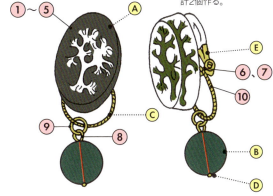

No. 52 ブロンズ竹ビーズのラウンドピアス

▶完成写真はP55

材料

- Ⓐ レジンパーツ
  - UVレジン…適量
  - 竹ビーズ（ゴールド）…適量
  - ブリオン（ゴールド）…適量
- Ⓑ メタルフレーム（サークル・ゴールド）…2個
- Ⓒ 竹ビーズ（4㎜・ゴールド）…6個
- Ⓓ 丸小ビーズ（1㎜・ゴールド）…6個
- Ⓔ Tピン（0.7×2.5㎜・ゴールド）…2本
- Ⓕ ピアス金具（丸皿・クリア）…1ペア

道具

- ・UVライト（またはUV-LEDライト）
- ・型（シリコンモールド・三角形）
- ・調色スティック（またはつまようじ）
- ・平ヤットコ
- ・丸ヤットコ
- ・接着剤

作り方

① 型にUVレジンを半分くらいまで流し込み、竹ビーズ、ブリオンを入れる。
② 型のふちまでUVレジンを流し込み、UVライトを照射する（2〜4分）。
③ 型の熱が冷めたら取り出す。これでレジンパーツは完成。
④ ③の裏面の上部にピアス金具の皿を、その下にⒷをそれぞれ接着剤で貼りつける。
⑤ 接着剤が乾いたら、④の接着面にUVレジンを薄く塗り、UVライトを照射する（2〜4分）。
⑥ TピンにⒸ、Ⓓを3個ずつ交互に通し、先端を丸める（→P15）。
⑦ ④でつけたⒷに⑥のカンをつなぐ。①〜⑦を繰り返し、計2個作る。

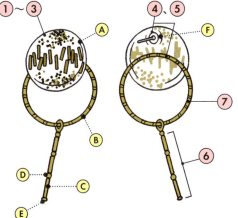

No.53 ストライプリボンのイヤリング

▸ 完成写真はP55

材料

Ⓐ レジンパーツ
　UVレジン…適量
　着色料（ホワイト・ブラック）…適量
　チェーン（好みで3種類・ゴールド）…各3本
Ⓑ メタルフレーム（サークル・ゴールド）…2個
Ⓒ ヒモ留め（9㎜・ゴールド）…2個
Ⓓ グログランリボン（ストライプ）…2㎝×2本
Ⓔ 丸カン（0.7×5㎜・ゴールド）…2個
Ⓕ イヤリング金具（丸皿・ゴールド）…1ペア

道具

・UVライト
　（またはUV-LEDライト）
・型（シリコンモールド・オーバル）
・調色パレット
・調色スティック（またはつまようじ）
・平ヤットコ
・丸ヤットコ
・接着剤

作り方

① 型にUVレジンを半分くらいまで流し込みチェーン（3種類）をそれぞれ1個ずつ並べて入れる。
② 型のふちまでUVレジンを流し込み、UVライトを照射する（2～4分）。
③ 型の熱が冷めたら取出す。
④ UVレジンに着色料（ホワイト・ブラックを混ぜたもの）を混ぜ、クリーム色のUVレジンを作る。
⑤ ④を③のレジンパーツの裏側に薄く塗り、UVライトを照射する（2～4分）。これでレジンパーツは完成。
⑥ ⑤の裏面の上部にイヤリング金具の皿を接着剤で貼りつける。
⑦ 接着剤が乾いたら、⑥の接着面にUVレジンを薄く塗り、UVライトを照射する（2～4分）。
⑧ グログランリボンにひだをよせ、上にヒモ留めをつける（→P19）。
⑨ ⑧と⑦を丸カンでつなぐ（→P16）。
⑩ ⑨をイヤリング金具にはさむ。①～⑩を繰り返し、計2個作る。

No.54 透けるお花のレースピアス

▸ 完成写真はP55

材料

Ⓐ レジンパーツ
　UVレジン…適量
　空枠（2×2㎝・ゴールド）…2個
　レース（1.8×1.8㎝・花柄）…2枚
Ⓑ ファブリックビーズ（12㎜・ブラウン）…2個
Ⓒ Tピン（0.7×2.5㎜・ゴールド）…2本
Ⓓ 丸カン（0.7×6㎜・ゴールド）…2個
Ⓔ 丸カン（0.8×3㎜・ゴールド）…4個
Ⓕ ピアス金具（フック・ゴールド）…1ペア

道具

・UVライト
　（またはUV-LEDライト）
・クリアファイル
・マスキングテープ
・調色スティック（またはつまようじ）
・ピンバイス
・平ヤットコ
・丸ヤットコ
・接着剤

作り方

① 作業用シート（→P20）に空枠を置く。
② ①にUVレジンを流したら調色スティックで薄くのばし、レースを置く。UVライトを照射する（2～4分）。
③ 作業用シートから空枠を外す。裏面にUVレジンを流して薄くのばし、UVライトを照射する（2～4分）。これでレジンパーツは完成。
④ ③にピンバイスで穴を上と下の2個あけ、Ⓓの丸カンを通す。
⑤ TピンにⒷを通し、先端を丸める（→P15）。これを2個作る。
⑥ ④と⑤をつなぐ（→P16）。
⑦ ⑥とピアス金具をⒺの丸カンでつなぐ（→P16）。①～⑦を繰り返し、計2個作る。

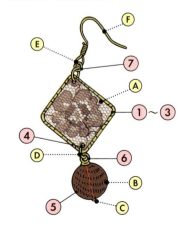

No.55 フラワーカプセルのイヤーカフ

▶完成写真はP55

材料
- Ⓐ レジンパーツ
  - UVレジン…適量
  - モス（ホワイト・グリーン）…適量
  - ドライフラワー（ローズ）…適量
- Ⓑ チェーン（ゴールド）…4㎝×1本
- Ⓒ チェーン（ゴールド）…2.8㎝×1本
- Ⓓ チェーン（ゴールド）…1.6㎝×1本
- Ⓔ チェーン（ゴールド）…1㎝×1本
- Ⓕ キャップ（カンつき・ゴールド）…4個
- Ⓖ 丸カン（0.8×3㎜・ゴールド）…8個
- Ⓗ イヤーフック（カンつき・ゴールド）…1個

道具
- UVライト（またはUV-LEDライト）
- 型（シリコンモールド・球体）
- 平ヤットコ
- 丸ヤットコ
- 接着剤

作り方
① 型にUVレジンを半分くらいまで流し込み、モス、ドライフラワーを入れる。
② 型のふちまでUVレジンを流し込み、UVライトを照射する（2～4分）。
③ 型の熱が冷めたら取り出す。これでレジンパーツは完成。2種類くらいの大きさで計4個作る。
④ Ⓕ4個に接着剤を塗り、③の上部に貼りつける。
⑤ 接着剤が乾いたら、④のⒻの周りにUVレジンを薄く塗り、UVライトを照射する（2～4分）。
⑥ ⑤とⒷ～Ⓔのチェーンとイヤーフックのカンをそれぞれ丸カンでつなぐ（→P16）。

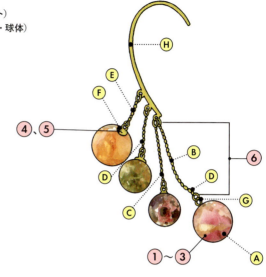

No.56 アンティークフレームのイヤーカフ

▶完成写真は P55

材料
- Ⓐ レジンパーツ
  - UVレジン…適量
  - 空枠（2×2㎝・ゴールド）…2個
  - 洋書の切れはし（1.8×1.8㎝）…2枚
  - チュール（ブラック）…適量
  - 着色料（ゴールド）…適量
- Ⓑ パールビーズ（10㎜・ホワイト）…1個
- Ⓒ チェーン（ゴールド）…5.7㎝×1本
- Ⓓ チェーン（ゴールド）…1.8㎝×1本
- Ⓔ チェーン（ゴールド）…1.7㎝×1本
- Ⓕ Tピン（0.7×2.5㎝・ゴールド）…1本
- Ⓖ 丸カン（0.7×6㎜・ゴールド）…2個
- Ⓗ 丸カン（0.8×3㎜・ゴールド）…4個
- Ⓘ イヤーフック（カンつき・ゴールド）…1個

道具
- UVライト（またはUV-LEDライト）
- クリアファイル
- マスキングテープ
- 調色スティック（またはつまようじ）
- ピンバイス
- 平ヤットコ
- 丸ヤットコ
- 接着剤

作り方
① 作業用シート（→P20）に空枠を置く。
② ①の空枠にそれぞれUVレジンを流したら調色スティックで薄くのばし、洋書の切れはし、チュールを置く。UVライトを照射する（2～4分）
③ 作業用シートから空枠をはずす。裏面にUVレジンを流して薄くのばし、UVライトを照射する（2～4分）。
④ ③の枠のかどを着色料で汚れた感じにペイントする。①～④を繰り返し、計2個作る。これでレジンパーツは完成。
⑤ ④にそれぞれピンバイスで穴を1個ずつあける。穴にⒼの丸カンを通し、Ⓒ、Ⓓとそれぞれつなぐ（→P16）。
⑥ TピンにⒷを通し、先端を丸める（→P15）。
⑦ ⑥とⒺのチェーンをⒼの丸カンでつなぐ（→P16）。
⑧ ⑤と⑦をそれぞれイヤーフックにⒽの丸カンでつなぐ（→P16）。

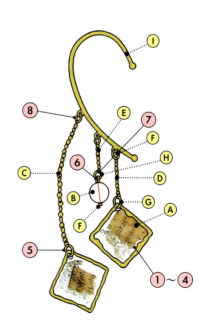

64 **65** **66**

フラワーブーケピアス
ビジューの揺れるピアス
真っ赤なビジューピアス

P67 〜 P68

ビジューやパールを
ふんだんにちりばめました。
つけるだけでレベルアップできそう。

Brilliant
華やぐ

大ぶりのスワロフスキーやビーズをあしらった、乙女心をくすぐるデザインです。光に反射して、耳元でキラキラと光ります。

Chapter 1 Pierce Earring

No. 57　グラスボトルデザインピアス

▶ 完成写真はP62

材料

- Ⓐ レクタングルガラスパーツ
  （14×10×5.5㎜・ブラウン）…2個
- Ⓑ クリスタルキューブ
  （4㎜×4㎜×4㎜・ゴールデンシャドウ）…2個
- Ⓒ 石留めチャーム（5×3㎜・ラウンド・ゴールド）…2個
- Ⓓ 9ピン（0.6×25㎜・ゴールド）…2本
- Ⓔ Cカン（0.6×3㎜・ゴールド）…2個
- Ⓕ ピアス金具（U字・ゴールド）…1ペア

道具

- 平ヤットコ
- 丸ヤットコ
- ニッパー

作り方

① 9ピンにⒷを通し、先端を丸める（→P15）。
② ①とピアス金具をつなぐ。
③ Ⓒと②のピアス金具をCカンでつなぐ（→P16）。①〜③を繰り返し、計2個作る。

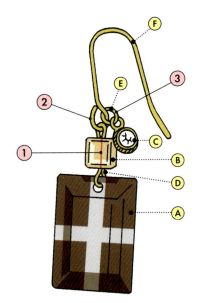

No. 58　ビジューキャッチのパールピアス

▶ 完成写真はP62

材料

- Ⓐ コットンパール（10㎜・片穴・ホワイト）…2個
- Ⓑ スワロフスキー・クリスタル
  （6×3㎜・#4228・パシフィックオパール）…4個
- Ⓒ スワロフスキー・クリスタル
  （4×2㎜・#4501・サファイヤ）…4個
- Ⓓ スワロフスキー・クリスタル
  （3㎜・#4228・インディコライト）…2個
- Ⓔ デザインバックキャッチ空枠
  （19×19㎜・ゴールド）…2個
- Ⓕ ピアス金具（芯立つき・ゴールド）…1ペア

道具

- 接着剤
- つまようじ

作り方

① デザインバックキャッチの空枠の内側に接着剤を薄く塗り、Ⓑ、Ⓒ、Ⓓをイラストのような並びで貼りつける（→P17）。
② ピアス金具の芯立に接着剤を薄く塗り、Ⓐを差し込む（→P17）。
③ ①のデザインバックキャッチの穴に②のピアス金具の針を通し、キャッチを留める。①〜③を繰り返し、計2個作る。

ARRANGE　アレンジ

Ⓑをスワロフスキー・クリスタル（6×3㎜・#4228・ホワイトオパール）、Ⓒをスワロフスキー・クリスタル（4×2㎜・#4501Lt.・ピーチ）、Ⓓをスワロフスキー・クリスタル（3㎜・#4228ローズピーチ）に変えて作る。

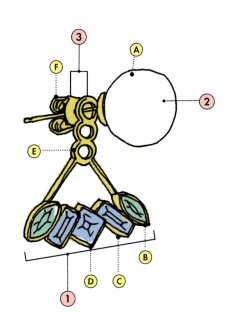

No. 59 スクエアクリスタルファーイヤリング

▶ 完成写真はP62

材料

- Ⓐ スワロフスキー・クリスタル（8㎜・#2493AB・オーロラ）…2個
- Ⓑ スカシパーツ（スクエア・ゴールド）…2個
- Ⓒ チェーン（ゴールド）…4㎝×2本
- Ⓓ ファー（カンつき・ホワイト）…2個
- Ⓔ Cカン（0.6×3㎜・ゴールド）…2個
- Ⓕ イヤリング金具（皿つき・ゴールド）…1ペア

道具

- ・平ヤットコ
- ・丸ヤットコ
- ・接着剤
- ・つまようじ

作り方

① スカシパーツに接着剤を薄く塗り、Ⓐを中央に貼りつける（→P17）。
② ①の周りにⒸを貼りつける（→P17）。
③ 乾いたら裏側にも接着剤を薄く塗り、イヤリング金具の皿を貼りつける（→P17）。
④ 乾いたら、Ⓓと③をCカンでつなぐ（→P16）。①〜④を繰り返し、計2個作る。

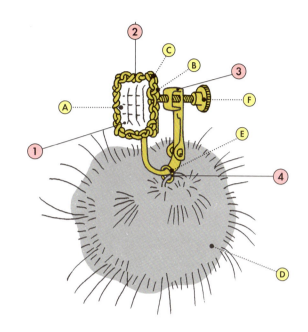

No. 60 ビジューのロングピアス

▶ 完成写真はP62

材料

- Ⓐ スワロフスキー・クリスタル（#1088・クリスタル）…2個
- Ⓑ スワロフスキー・クリスタル（#4428・スモーキーモーブ）…2個
- Ⓒ 石座（#4428用・ミル打ち・2カン・ゴールド）…2個
- Ⓓ スワロフスキー・クリスタル（#4428・タンザナイト）…2個
- Ⓔ 石座（#4428用・2カン・ゴールド）…2個
- Ⓕ スワロフスキー・クリスタル（#1088・ブラックダイヤ）…2個
- Ⓖ 石座（#1088用・ミル打ち・2カン・ゴールド）…2個
- Ⓗ スワロフスキー・クリスタル（#4288・Lt.コロラドトパーズシマー）…2個
- Ⓘ 石座（#4288用・2カン・ゴールド）…2個
- Ⓙ スターチャーム（クリスタル）…1個
- Ⓚ Tピン（0.5×30㎜・ゴールド）…2本
- Ⓛ 丸カン（0.6×3㎜・ゴールド）…10個
- Ⓜ ピアス金具（#1088用・石座つき・ゴールド）…1ペア

道具

- ・平ヤットコ
- ・丸ヤットコ
- ・ニッパー
- ・接着剤
- ・つまようじ

作り方

① Tピンにピアス金具の石座の穴を通し、先端を丸める（→P15）。
② Ⓐを①のピアスの石座に、ⒷをⒸの石座に、ⒹをⒺの石座に、ⒻをⒼの石座に、ⒽをⒾの石座にそれぞれ留める（→P19）。
③ イラストのような並びで、②とⒿ、ピアス金具をすべて丸カンでつなぐ（→P16）。①〜③を繰り返し、計2個作る。

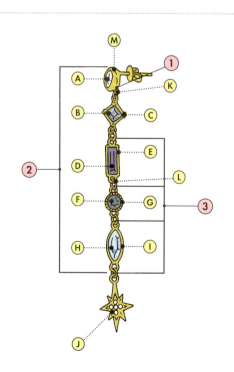

No. 61 カラフルクリスタルイヤリング

▶完成写真はP62

材料

- Ⓐ スワロフスキー・クリスタル
  （14×10㎜・#4120・ターコイズ）…2個
- Ⓑ 石座（#4120用・シルバー）…2個
- Ⓒ スワロフスキー・クリスタル
  （9×18㎜・#6020・クリスタルシルバー
  シェード）…2個
- Ⓓ 特小ビーズ（1㎜・クリア）…適量
  ※片耳約100個。
- Ⓔ テグス（1号）…60㎝×2本
- Ⓕ 9ピン（0.6×20㎜・シルバー）…1本
- Ⓖ デザインAカン（6×4㎜・ゴールド）…2個
- Ⓗ 丸カン（0.7×4㎜・シルバー）…2個
- Ⓘ イヤリング金具
  （10㎜・シャワー金具つき・シルバー）…1ペア

道具
- 平ヤットコ
- 丸ヤットコ
- ニッパー
- 接着剤
- つまようじ

作り方

① Ⓐを石座に留める（→P19）。
② テグスに①を通したら、Ⓘのシャワー金具に結んで留める（→P17）。
③ ②のシャワー金具の下部に9ピンを通し、先端を丸める（→P15）。
④ ②の周りに垂れ下がるように、ⒾのテグスにⒹを10〜15個ほど通したら、Ⓘのシャワー金具の裏で結んで留める（→P17）。これを10回ほど繰り返す。
⑤ ④の裏側に接着剤をつける（→P17）。接着剤が乾いたら、余分なテグスをカットする（→P17）。
⑥ Ⓒにデザインミカンをつけ、③でつけた9ピンと丸カンでつなぐ（→P16）。
⑦ ⑥のⒾのシャワー金具の裏側にイヤリング金具のふたを固定する（→P17）。①〜⑦を繰り返し、計2個作る。

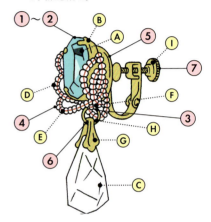

ARRANGE アレンジ

Ⓐをスワロフスキー・クリスタル（14×10㎜・#4120・コーラル）に変えて作る。

No. 62 チェコビーズとパールのフラワーピアス

▶完成写真はP62

材料

- Ⓐ アクリルパール（6㎜・両穴・ホワイト）…2個
- Ⓑ アクリルパール（4㎜・両穴・ホワイト）…2個
- Ⓒ 淡水パール（約4㎜・両穴・ホワイト）…約12個
- Ⓓ チェコビーズ（5×7㎜・ゴールド）…2個
- Ⓔ チェコビーズ（5×7㎜・グリーンレインボー）…8個
- Ⓕ 竹ビーズ（4㎜・ゴールド）…適量
- Ⓖ 特小ビーズ（1㎜・クリア）…適量
- Ⓗ アーティスティックワイヤー（#28）…8㎝×3本
- Ⓘ テグス（1号）…90㎝×2本
- Ⓙ ピアス金具（15㎜・シャワー金具つき・ゴールド）
  …1ペア

道具
- 平ヤットコ
- ニッパー
- 接着剤
- つまようじ

作り方

① テグスにⒷを通したら、Ⓙのシャワー金具の中央に結んで留める（→P17）。
② ①のテグスにⒶ、Ⓓ4個、Ⓔを通したら、Ⓑのまわりに結んで留める（→17）。
③ ②で編んだモチーフの周りを囲むように、②のテグスにⒻとⒼを交互に通し、Ⓙのシャワー金具に結んで留める（→P17）。
④ アーティスティックワイヤーの中央にⒸを通したら、5㎜ねじる。これを繰り返し、小枝を作る（→P31）。
⑤ ③のⒿのシャワー金具に④のワイヤーを通し、Ⓙのシャワー金具の裏側でねじって固定する。
⑥ ⑤の裏側に接着剤をつける（→P17）。接着剤が乾いたら、余分なテグスをカットする。
⑦ ⑥のⒿのシャワー金具の裏側にピアス金具のふたを固定する（→P17）。①〜⑦を繰り返し、計2個作る。

POINT

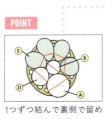

1つずつ結んで裏側で留めていく。Ⓑを花芯として、花のような形にする。

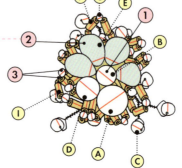
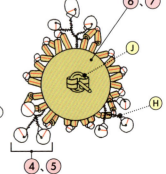

No. 63 ビジューのフラワー耳飾り

▶ 完成写真はP62

材料

- Ⓐ スワロフスキー・クリスタル
（14×10㎜・#4120・ローズ）…2個
- Ⓑ 石座（#4120用・ゴールド）…2個
- Ⓒ 竹ビーズ（4㎜・シルバー）…適量
- Ⓓ 特小ビーズ（1㎜・クリア）…適量
- Ⓔ 特小ビーズ（1㎜・シルキーピンク）…適量
- Ⓕ テグス（1号）…60㎝×2本
- Ⓖ ピアス金具（15㎜・シャワー金具つき・ゴールド）…1ペア

道具

- 平ヤットコ
- ニッパー
- 接着剤
- つまようじ

作り方

① Ⓐを石座に留める（→P19）。
② テグスに①を通したら、Ⓖのシャワー金具に結んで留める（→P17）。
③ ②で結んでモチーフの周りを囲むように、②のテグスにⒸとⒹを交互に通し、Ⓖのシャワー金具に結んで留める（→P17）。
④ ③の周りに垂れ下がるように、③のテグスにⒺを10～15個ほど通したら、Ⓖのシャワー金具の裏で結んで留める（→P17）。これを15回ほど繰り返す。
⑤ ④の裏側に接着剤をつける（→P17）。接着剤が乾いたら、余分なテグスをカットする（→P17）。
⑥ Ⓖのシャワー金具の裏側にふたを固定する（→P17）。①～⑥を繰り返し、計2個作る。

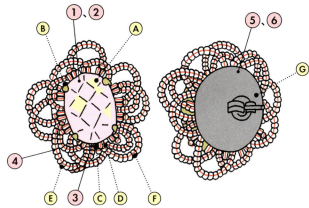

No. 64 フラワーブーケピアス

▶ 完成写真はP63

材料

- Ⓐ チェコビーズ（20×12㎜・クリスタルハニー）…2個
- Ⓑ 淡水パール（3.5～4㎜・ホワイト）…4個
- Ⓒ デイジーのメタルパーツ（4㎜・ゴールド）…2個
- Ⓓ 花座（10㎜・ゴールド）…2個
- Ⓔ 花座（8㎜・ゴールド）…4個
- Ⓕ 花座（6㎜・ゴールド）…4個
- Ⓖ スカシパーツ（ヘキサゴン・ゴールド）…2個
- Ⓗ 三角カン（ゴールド）…2個
- Ⓘ 丸ピン（0.5×20㎜・ゴールド）…10本
- Ⓙ ピアス金具（丸皿・ゴールド）…1ペア

道具

- UVライト（またはUV-LEDライト）
- UVレジン
- 平ヤットコ
- 丸ヤットコ
- ニッパー
- 接着剤
- つまようじ

作り方

① ⒶとⒽを三角カンでつなぐ。
② 丸ピンにⒸとⒹの花座を1個ずつ通し、先端を丸める（→P15）。Ⓓ、Ⓔの花座にもすべて丸ピンを通し、先端を丸める（→P15）。
③ ①のⒼの上にUVレジンをたらし全体に広げる。たっぷりたらしてつまようじで全体に広げる。
※次の工程で②のパーツを配置していくための接着剤がわり。
④ ③のⒼの上に②のパーツとⒷを配置する。UVライトを照射する（2～4分）。
⑤ ピアス金具の丸皿に接着剤を薄く塗り、④の裏面に貼りつける（→P17）。①～⑤を繰り返し、計2個作る。

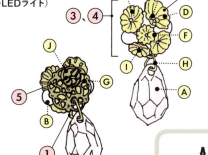

すべての花座に丸ピンを通した状態。花のパーツが5個できる。

POINT

スカシパーツの下3分の1ほどのところにつなぐ。

ARRANGE
アレンジ

Ⓐをスワロフスキー・クリスタル（#6202／#6228・クリスタルシルバーシェード）に変えて作る。

No. 65 ビジューの揺れるピアス

▶完成写真はP63

材料

- Ⓐ スワロフスキー・クリスタル（8㎜・#1088Lt.・アメジスト）…2個
- Ⓑ スワロフスキー・クリスタル（14×10㎜・#4320・タンザナイト）…2個
- Ⓒ 石座（#4320用・ゴールド）…2個
- Ⓓ スワロフスキー・クリスタル（8×4㎜・#4228・スモーキーモーブ）…4個
- Ⓔ 石座（#4228用・ゴールド）…4個
- Ⓕ スワロフスキー・クリスタル（10×5㎜・#4228・アメジスト）…2個
- Ⓖ 石座（#4228用・ゴールド）…4個
- Ⓗ スワロフスキー・クリスタルパール（5㎜・#5810・ホワイト）…4個
- Ⓘ アクリルパール（4㎜・無穴・ホワイト）…4個
- Ⓙ スカシパーツ（シズク・ゴールド）…2個
- Ⓚ 丸カン（0.6×3㎜・ゴールド）…4個
- Ⓛ ピアス金具（チタン石座つき・ラウンド・ゴールド）…1ペア

道具

- 平ヤットコ
- 丸ヤットコ
- 接着剤
- つまようじ

作り方

① Ⓐをピアス金具の石座に留める（→P19）。
② ⒷをⒸの石座に、ⒹをⒺの石座に、ⒻをⒼの石座に留める（→P19）。
③ ②の石座の裏、Ⓘにそれぞれ接着剤を薄く塗り、イラストのような配置でスカシパーツに貼りつける（→P17）。
④ ①のピアス金具の石座のカンと③のスカシパーツのカンを丸カン2個でつなぐ。①〜④を繰り返し、計2個作る。

POINT
石座のツメを折るときは、布などをはさんで行うとピアス金具の裏側に傷がつかなくてよい。

No. 66 真っ赤なビジューピアス

▶完成写真はP63

材料

- Ⓐ スワロフスキー・クリスタル（14×10㎜・#4320・ローズピーチ）…2個
- Ⓑ 石座（#4320用・ゴールド）…2個
- Ⓒ 連爪（ヴィンテージローズ）…4コマ×2本
- Ⓓ アクリルパール（4㎜・無穴・ホワイト）…4個
- Ⓔ アクリルパール（2㎜・無穴・ホワイト）…6個
- Ⓕ スカシパーツ（花六弁・ゴールド）…2個
- Ⓖ イヤリング金具（丸皿・蝶バネゴムつき・ゴールド）…1ペア

道具

- 平ヤットコ
- 接着剤
- つまようじ

作り方

① Ⓐを石座に留める（→P19）。
② Ⓕのスカシパーツ上部に接着剤を薄く塗り、①を貼りつける（→P17）。
③ Ⓒの側面と裏側に接着剤を塗り、②のスカシパーツに貼りつける（→P17）。
④ Ⓓのアクリルパールの裏側に接着剤を塗り、③のスカシパーツに貼りつける（→P17）。
⑤ Ⓔのアクリルパールの裏側に接着剤を塗り、④のスカシパーツに貼りつける（→P17）。
⑥ イヤリング金具の丸皿に接着剤を薄く塗り、⑤を貼りつける（→P17）。①〜⑥を繰り返し、計2個作る。

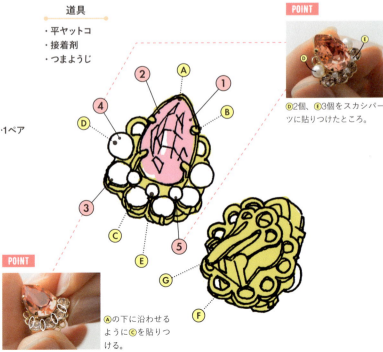

POINT Ⓓ2個、Ⓔ3個をスカシパーツに貼りつけたところ。

POINT Ⓐの下に沿わせるようにⒸを貼りつける。

Chapter 2
Necklace
ネックレス

Birthday Stone
誕生石 ——————— 70

Ribbon
リボン ——————— 72

Double & Triple design
2連＆3連デザイン ——————— 86

Opera
オペラ ——————— 90

Princess
プリンセス ——————— 91

Birthday Stone

誕生石

12か月分の誕生石カラーを取り入れたペンダントトップが主役のネックレス。カラーはそのままで、生まれた月と異なるデザインにアレンジしても。

February
2月
02
アメジストネックレス
P74

March
3月
03
アクアマリンネックレス
P75

January
1月
01
ガーネットネックレス
P74

August
8月
08
ペリドットのさざれネックレス
P77

July
7月
07
ルビーハートネックレス
P77

September
9月
09
サファイアネックレス
P78

Chapter 2 Necklace

May
5月
05
エメラルドネックレス
P76

April
4月
04
ダイヤとホースシューネックレス
P75

June
6月
06
パール＆ムーンストーンネックレス
P76

October
10月
10
トルマリンネックレス
P78

December
12月
12
ターコイズとフラワーネックレス
P79

November
11月
11
シトリンのスターネックレス
P79

Ribbon

リボン

素材やモチーフにリボンを使ってひとひねり。クラシカルなものや大人ガーリーなものなど、好きなリボンで作りましょう。

Chapter 2 Necklace

19
ラッピングネックレス
P84

20
ぶどうの房のネックレス
P85

ウッドビーズをひと粒ずつ包んで縫い留めたネックレスと、
ぶどうの実のようにコットンパールのパーツをあしらったネックレス。
どちらもオーガンジーのリボンでおめかし。

No.01　1月　ガーネットネックレス

▶ 完成写真 P70

材料

- Ⓐ カットガラス（11×8㎜・両穴・レッド）…8個
- Ⓑ メタルチャーム（バラ・ゴールド）…1個
- Ⓒ 9ピン（0.6×20㎜・ゴールド）…8本
- Ⓓ 丸カン（0.7×4㎜・ゴールド）…5個
- Ⓔ ヒキワ（6㎜・ゴールド）…1個
- Ⓕ アジャスター（60㎜・ゴールド）…1個
  ※アジャスター先のパーツは外して使う。
- Ⓖ チェーン（ゴールド）…14㎝×2本

道具

- ・平ヤットコ
- ・丸ヤットコ
- ・ニッパー

作り方

① 9ピンにⒶ1個を通して先端を丸める（→P15）。これを8個作る。
② ①をすべてつなげる。
③ ②の両端にチェーンを丸カンでつなぐ（→P16）。
④ ③の一方のチェーンの先にヒキワを丸カンでつなぐ（→P16）。もう一方のチェーンの先にアジャスターを丸カンでつなぐ（→P16）。
⑤ ④のアジャスターの先にⒷを丸カンでつなぐ（→P16）。

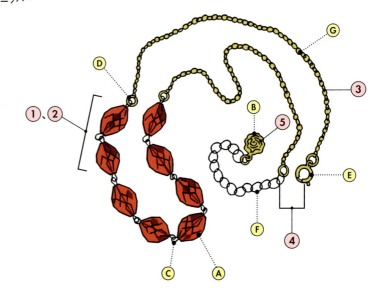

No.02　2月　アメジストネックレス

▶ 完成写真 P70

材料

- Ⓐ カットガラス（4㎜・両穴・パープル）…32個
- Ⓑ メタルスティック（20㎜・ゴールド）…1個
- Ⓒ 9ピン（0.5×12㎜・ゴールド）…32本
- Ⓓ デザイン丸カン
  （1.2×8㎜・スターダスト・ゴールド）…1個
- Ⓔ 丸カン（0.7×4㎜・ゴールド）…2個
- Ⓕ ヒキワ（6㎜・ゴールド）…1個
- Ⓖ アジャスター（60㎜・ゴールド）…1個
- Ⓗ チェーン（ゴールド）…15㎝×2本

道具

- ・平ヤットコ
- ・丸ヤットコ
- ・ニッパー

作り方

① 9ピンにⒶ1個を通して先端を丸める（→P16）。これを32個作る。
② ①を11個つないだものを2本、10個つないだものを1本作る。
③ ②の10個つないだほうの先にⒷをつなぐ。
④ ②の11個つないだもの2本の先にそれぞれチェーンをつなぐ。
⑤ ④の11個つないだもの2本の先と③の先をそれぞれデザイン丸カンにつなぐ（→P16）。
⑥ ④でつなげたチェーン1本の先にヒキワを丸カンでつなぐ（→P16）。もう1本のチェーンの先にアジャスターを丸カンでつなぐ（→P16）。

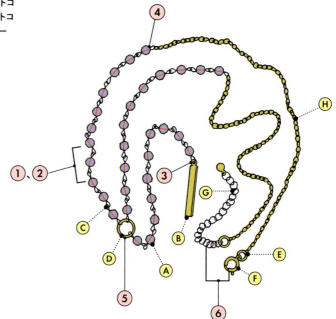

74　🟩マークは初心者におすすめのアイテムです。

№03　3月　アクアマリンネックレス

▶ 完成写真 P70

材料

- Ⓐ チェコガラス
  （6×10㎜・シズク・オーシャンブルー）…1個
- Ⓑ アクリルパール（3㎜・ホワイト）…6個
- Ⓒ メタルパーツ
  （ワイヤーフープ ドロップ・ゴールド）…1個
- Ⓓ アーティスティックワイヤー
  （#26・ゴールド）…5㎝×1本
- Ⓔ Tピン（0.6×15㎜・ゴールド）…6本
- Ⓕ Cカン（0.5×2×3㎜・ゴールド）…2個
- Ⓖ 丸カン（0.7×4㎜・ゴールド）…3個
- Ⓗ ヒキワ（6㎜・ゴールド）…1個
- Ⓘ アジャスター（60㎜・ゴールド）…1個
- Ⓙ チェーン（ゴールド）…45㎝×2本

道具

・平ヤットコ
・丸ヤットコ
・ニッパー

作り方

① Ⓐにアーティスティックワイヤーを通し、メガネ留めする（→P16）。
② チェーンの端にCカンをつなぎ（→P16）、さらにアジャスターを丸カンでつなぐ（→P16）。もう1本のチェーンの先にはヒキワを丸カンでつなぐ（→P16）。
③ ①と②とⒸを丸カンでつなぐ（→P16）。
④ ⒷにTピンを通し、先端を丸める（→P15）。これを6個作る。
⑤ ④を③のチェーンの丸いボールの間につなぐ。

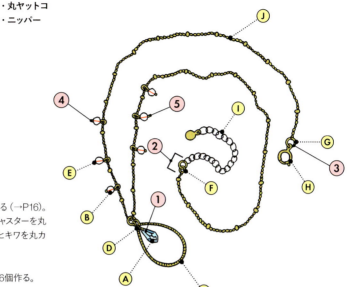

№04　4月　ダイヤとホースシューネックレス

▶ 完成写真 P71

材料

- Ⓐ スワロフスキー・クリスタル
  （#1088PP31・クリスタル）…1個
- Ⓑ 石座（#1088PP31用・ミル打ちラウンド2カン・ゴールド）…1個
- Ⓒ メタルチャーム（ホースシュー・ゴールド）…1個
- Ⓓ 丸カン（0.7×4㎜・ゴールド）…4個
- Ⓔ Vカップ（1㎜・ゴールド）…6個
- Ⓕ ヒキワ（6㎜・ゴールド）…1個
- Ⓖ アジャスター（60㎜・ゴールド）…1個
- Ⓗ ボールチェーン（ゴールド）…17㎝×2本
- Ⓘ ボールチェーン（ゴールド）…40㎝×1本

道具

・平ヤットコ
・丸ヤットコ
・ニッパー
・接着剤
・つまようじ

作り方

① POINTを参考に、ⒾのボールチェーンにⒸを通し、両端をVカップで留める。
② Ⓗのボールチェーンの両端をVカップで留める。
③ Ⓐを接着剤で石座に貼りつける（→P17）。
④ ③の両端に②を丸カンでつなぐ（→P16）。
⑤ ①で留めたVカップの一方と、②で留めたVカップの一方を、ヒキワと丸カンでつなぐ（→P16）。
⑥ ①で留めたもう一方のVカップと、②で留めたもう一方のVカップを、アジャスターと丸カンでつなぐ（→P16）。

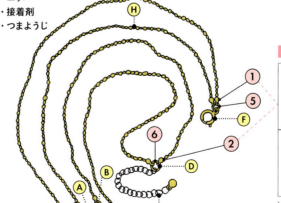

POINT

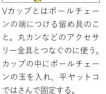

Vカップとはボールチェーンの端につける留め具のこと。丸カンなどのアクセサリー金具とつなぐのに使う。カップの中にボールチェーンの玉を入れ、平ヤットコではさんで固定する。

No.05 5月　エメラルドネックレス

▸ 完成写真 P71

材料
- Ⓐ カットガラス（2㎜・両穴・グリーン）…12個
- Ⓑ メタルパーツ（フープ・ゴールド）…1個
- Ⓒ アーティスティックワイヤー
  （#26・ゴールド）…15㎝×1本
- Ⓓ 丸カン（0.6×3㎜・ゴールド）…2個
- Ⓔ チェーンネックレス（ゴールド）…80㎝×1本

道具
- 平ヤットコ
- 丸ヤットコ
- ニッパー

作り方
① アーティスティックワイヤーをⒷの端に4回ほど巻きつける。
② ①のワイヤーにⒶ1個を通したら、ワイヤーの先を1回半ほどⒷに巻きつける。これを12回繰り返す。
③ ②のワイヤーの端を①と同様に巻きつけて、固定する。
④ チェーンネックレスを半分にカットする。カットした部分を③のワイヤーの巻き始めと巻き終わりの部分にそれぞれ丸カンでつなぐ（→P16）。

No.06 6月　パール＆ムーンストーンネックレス

▸ 完成写真 P71

材料
- Ⓐ 淡水パール（シズク・ホワイト）…1個
- Ⓑ 合成オパール（12×16㎜）…1個
- Ⓒ アクリルパール（6㎜・ホワイト）…1個
- Ⓓ アーティスティックワイヤー（#26）…5㎝×1本
- Ⓔ デザインピン（0.5×20㎜・ゴールド）…1本
- Ⓕ Tピン（0.6×15㎜・ゴールド）…1本
- Ⓖ 丸カン（0.7×5㎜・ゴールド）…1個
- Ⓗ 丸カン（0.7×4㎜・ゴールド）…2個
- Ⓘ チェーンネックレス（ゴールド）…45㎝×1本

道具
- 平ヤットコ
- 丸ヤットコ
- ニッパー

作り方
① ⒷにアーティスティックワイヤーⒹを通してメガネ留め（→P16）、先にⒼの丸カンをつなぐ（→P16）。
② デザインピンにⒶ、TピンにⒸを通して、それぞれ先端を丸める（→P15）。
③ ①と②をⒽの丸カンでつなぎ、さらにチェーンネックレスにⒽの丸カンでつなぐ（→P16）。

No.07　7月　ルビーハートネックレス

▸完成写真 P70

材料
- Ⓐ 天然石（1.2×8㎜・ハート）…1個
- Ⓑ アクリルパール（4㎜・ホワイト）…1個
- Ⓒ アクリルパール（5㎜・ホワイト）…1個
- Ⓓ Tピン（0.6×15㎜・ホワイト）…3本
- Ⓔ 丸カン（0.7×4㎜・ゴールド）…1個
- Ⓕ チェーンネックレス（ゴールド）…45㎝×1本

道具
- ・平ヤットコ
- ・丸ヤットコ
- ・ニッパー

作り方
① TピンにⒶ、Ⓑ、Ⓒをそれぞれを通し、先端を丸める（→P15）。
② ①のⒶをチェーンネックレスに丸カンでつなぐ（→P16）。
③ ①のⒷ、Ⓒを②のチェーンネックレスのCカン部分につなぐ。

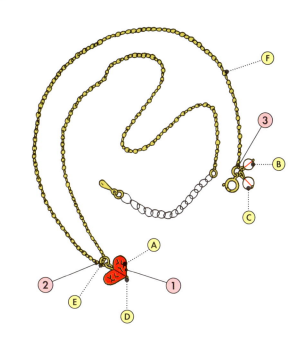

No.08　8月　ペリドットのさざれネックレス

▸完成写真 P70

材料
- Ⓐ ペリドット（サザレ石）…77個
- Ⓑ ナツメパール（8×4㎜・クリーム）…8個
- Ⓒ 9ピン（0.5×20㎜・ゴールド）…11本
- Ⓓ 9ピン（0.5×15㎜・ゴールド）…8本
- Ⓔ 丸カン（0.7×4㎜・ゴールド）…2個
- Ⓕ ヒキワ（6㎜・ゴールド）…1個
- Ⓖ アジャスター（60㎜・ゴールド）…1個
- Ⓗ チェーン（ゴールド）…10㎝×2本

道具
- ・平ヤットコ
- ・丸ヤットコ
- ・ニッパー

作り方
① Ⓒの9ピンにⒶを7個ずつ通し、先端を丸める（→P15）。これを11個作る。
② Ⓓの9ピンにⒷ1個を通し、先端を丸める（→P15）。これを8個作る。
③ ①を5個つないだものを1本作る。
④ ②4個と①3個を交互につないだものを2本作る。
⑤ ③の両端に④をつなぐ。
⑥ ⑤の両端にチェーンをつなぐ。
⑦ ⑥の一方の先にヒキワを、もう一方の先にアジャスターを、それぞれ丸カンでつなぐ（→P16）。

No. 09 9月　サファイアネックレス

▶ 完成写真 P70

材料
- Ⓐ カットガラス（4㎜・両穴・ブルー）…13個
- Ⓑ チェーン（ゴールド）2㎝×1本
- Ⓒ Tピン（0.6×15㎜・ゴールド）…13本
- Ⓓ Cカン（0.5×2×3㎜・ゴールド）…6個
- Ⓔ 丸カン（0.8×5㎜・ゴールド）…1個
- Ⓕ チェーンネックレス（ゴールド）…45㎝×1本

道具
- 平ヤットコ
- 丸ヤットコ
- ニッパー

作り方
① TピンにⒶを通し、先端を丸める（→P15）。これを13個作る。
② POINTを参考にチェーンの両端にCカンを1個ずつ通す。少し下寄りの中間部にCカンを4個通す。
③ ①5個を②で中間部につけたCカン4個と一方の端のCカンに通す。
④ ①8個を1つの丸カンにつなぎ（→P16）、②でつけた残りのCカンにつなぐ（→P16）。
⑤ ④の丸カンにチェーンネックレスを通す。

POINT

Cカンはチェーンの両端に1個ずつ、間に4個つなぐ。

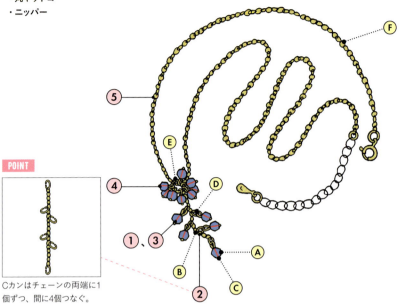

No. 10 10月　トルマリンネックレス

▶ 完成写真 P71

材料
- Ⓐ プチリング…1個
- Ⓑ イニシャルチャーム（ゴールド）…1個
- Ⓒ アクリルパール（5㎜・ホワイト）…1個
- Ⓓ チェーン（ゴールド）…1㎝×1本
- Ⓔ チェーン（ゴールド）…0.5㎝×2本
- Ⓕ Tピン（0.6×15㎜・ゴールド）…1個
- Ⓖ 丸カン（0.7×4㎜・ゴールド）…1個
- Ⓗ 丸カン（0.6×3㎜・ゴールド）…3個
- Ⓘ チェーンネックレス（ゴールド）…45㎝×1本

道具
- 平ヤットコ
- 丸ヤットコ
- ニッパー

作り方
① TピンにⒸを通し、先端を丸める（→P15）。
② Ⓔのチェーンの一方の先に①をつなぎ、もう一方の先をⒽの丸カンでⒶとつなぐ（→P16）。
③ Ⓓのチェーンの両端に②のⒶとⒷをⒽの丸カンでつなぐ（→P16）。
④ ③とチェーンネックレスをⒽの丸カンでつなぐ（→P16）。

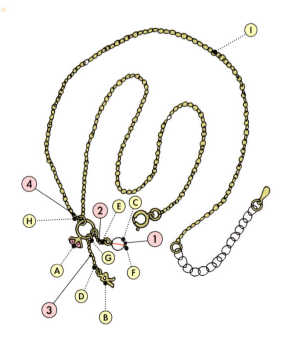

11月　シトリンのスターネックレス

▶ 完成写真 P71

材料
- Ⓐ シトリン（4㎜・ラウンドカット）…3個
- Ⓑ デザインチェーン（星・ゴールド）…5㎝×1本
- Ⓒ チェーン（ゴールド）…20㎝×2本
- Ⓓ 9ピン（0.5×20㎜・ゴールド）…1本
- Ⓔ 丸カン（0.7×4㎜・ゴールド）…2個
- Ⓕ チェーンネックレス（ゴールド）…40㎝×1本

道具
- 平ヤットコ
- 丸ヤットコ
- ニッパー

作り方
① チェーンネックレスの中央をカットする。
② 9ピンにⒶをすべて通し、先端を丸める（→P15）。
③ ②の9ピンに①でカットしたチェーンネックレスの先をそれぞれつなぐ。
④ デザインチェーンの両端にチェーン2本をそれぞれ丸カンでつなぐ（→P16）。
⑤ ③のチェーンネックレスの留め具（ヒキワ、板ダルマ）のCカン部分に④をそれぞれつなげる。

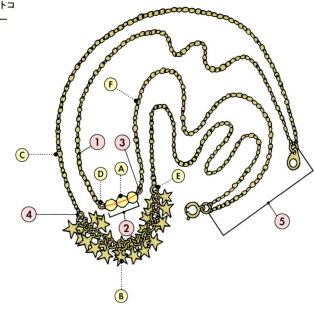

12月　ターコイズとフラワーネックレス

▶ 完成写真 P71

材料
- Ⓐ ターコイズ（14×18㎜）…1個
- Ⓑ メタルチャーム（フラワー・ゴールド）…1個
- Ⓒ アーティスティックワイヤー（#26・ゴールド）…5㎝×1本
- Ⓓ 丸カン（0.7×4㎜・ゴールド）…1個
- Ⓔ 丸カン（0.7×3㎜・ゴールド）…1個
- Ⓕ チェーンネックレス（ゴールド）…45㎝×1本

道具
- 平ヤットコ
- 丸ヤットコ
- ニッパー

作り方
① Ⓐにアーティスティックワイヤーを通し、メガネ留めする（→P16）。
② ①とⒷをⒺの丸カンでつなぐ（→P16）。
③ ②とチェーンネックレスをⒹの丸カンでつなぐ（→P16）。

ワンポイントチョーカー

▶完成写真 P72

材料
- Ⓐ ビジューバックル
  （1×15㎜・スクエア・ゴールド）…1個
- Ⓑ ヒモ留め（幅10㎜・ゴールド）…2個
- Ⓒ 丸カン（0.7×3.5㎜・ゴールド）…4個
- Ⓓ マンテル（ゴールド）…1ペア
- Ⓔ ベルベットリボン（幅9㎜・ワインレッド）
  …43㎝×1本

道具
- 平ヤットコ
- 丸ヤットコ

作り方
① POINTを参考にベルベットリボンにⒶを通す。
② POINTを参考に①のリボンの端にヒモ留めをつける。
③ ②のヒモ留めのカンに、マンテルを丸カンでつなぐ（→P16）。

POINT バックルの中央のバーにリボンを引っ掛けて通す。

POINT リボンの先にヒモ留めをかぶせたら、平ヤットコで押さえて固定する。

ふわふわネックレス

▶完成写真 P72

材料
- Ⓐ 糸（モヘアタム・ホワイト）…55㎝×4本
- Ⓑ 糸（ヒバナ・ホワイト）…55㎝×4本
- Ⓒ 糸（ポプリ・クリーム）…55㎝×4本
- Ⓓ 糸（トリノ・ホワイト）…55㎝×4本
- Ⓔ テグス（2号）…15㎝×2本
- Ⓕ カツラ（9㎜・ゴールド）…2個
- Ⓖ 丸カン（0.7×3.5㎜・ゴールド）…4個
- Ⓗ ヒキワ（6㎜・ゴールド）…1個
- Ⓘ 板ダルマ（3×8㎜・ゴールド）…1個
- Ⓙ チェーン（ゴールド）…31㎝×2本

道具
- 平ヤットコ
- 丸ヤットコ
- ニッパー

作り方
① Ⓐ～Ⓓの4種類の糸を1つに束ねる。
② ①を真ん中で折る
③ POINTを参考に①の両端をそれぞれテグスで結んで固定する。
④ ③の両端をカツラで留める（→P19）
⑤ ④とチェーンを丸カンでつなぐ（→P16）。
⑥ ⑤のチェーンの端にそれぞれヒキワと板ダルマを丸カンつなぐ（→P16）。

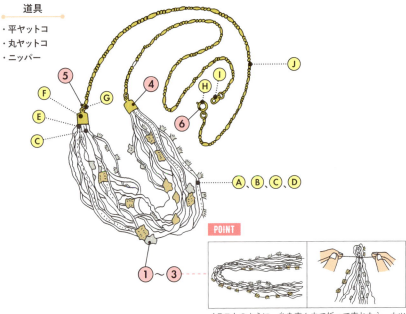

POINT イラストのように、糸を真ん中で折って束ねたら、カツラで留められるように両端をテグスで結ぶ。余分なテグスはカットする。

No. 15 ウッドパーツのリボンネックレス

▶完成写真 P72

材料
- Ⓐ ウッドパーツ
  （約26㎜・コイン・イエローウッド）…2個
- Ⓑ ウッドパーツ
  （約26㎜・コイン・バイヨンウッド）…3個
- Ⓒ ヒモ留め（幅13㎜・ゴールド）…4個
- Ⓓ 9ピン（0.6×37㎜・ゴールド）…5本
- Ⓔ 丸カン（0.8×4㎜・ゴールド）…4個
- Ⓕ 丸カン（0.6×3㎜・ゴールド）…4個
- Ⓖ マグネットクラスプ
  （14㎜・ラウンド・ゴールド）…1個
- Ⓗ ベルベットリボン（幅13㎜・ベージュ）
  …27㎝×2本

道具
- 平ヤットコ
- 丸ヤットコ
- ニッパー

作り方
1. 9ピンにⒶを通し、先端を丸める（→P15）。これを2個作る。
2. 9ピンにⒷを通し、先端を丸める（→P15）。これを3個作る。
3. ①と②を交互にⒻの丸カンでつなぐ（→P16）。
4. リボンの両端にヒモ留めをつける（→P80）。これを2本作る。
5. ③の両端に④を、それぞれⒻの丸カンでつなぐ（→P16）。
6. ⑤の両端にマグネットクラスプをⒺの丸カンでつなぐ（→P16）。

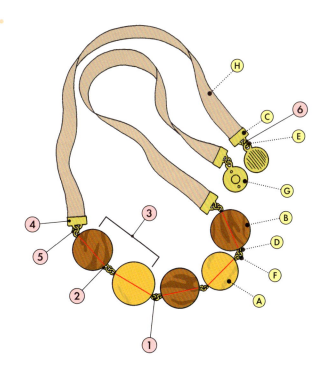

No. 16 チェーン・リボンのネックレス

▶完成写真 P72

材料
- Ⓐ デザインチェーン（ゴールド）…25㎝×1本
- Ⓑ アーティスティックワイヤー
  （#24・ノンターニッシュブラス）…25㎝×1本
- Ⓒ アーティスティックワイヤー
  （#24・ノンターニッシュブラス）…5㎝×1本
- Ⓓ 丸カン（1.0×6㎜・ゴールド）…2個
- Ⓔ 丸カン（0.7×4㎜・ゴールド）…2個
- Ⓕ 丸カン（0.6×3㎜・ゴールド）…2個
- Ⓖ カニカン（9×3㎜、ゴールド）…1個
- Ⓗ 板ダルマ（6×8㎜・ゴールド）…1個
- Ⓘ チェーン（ゴールド）…25.5㎝×2本

道具
- 平ヤットコ
- 丸ヤットコ
- ニッパー
- 接着剤
- つまようじ

作り方
1. デザインチェーンにⒷのアーティスティックワイヤーを通し、リボン形にしたら、中央をⒸのワイヤーで固定する。
2. チェーンの2本の先にそれぞれⒺの丸カンをつなぐ（→P16）。
3. ②と①のリボンパーツをⒹの丸カンでつなぐ（→P16）。
4. ③の両端にそれぞれカニカンと板ダルマをⒻの丸カンでつなぐ（→P16）。

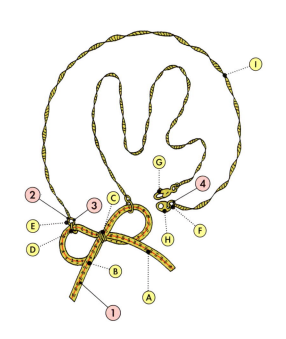

コットンパールと幾何学リボンのネックレス

▶ 完成写真 P72

材料

- Ⓐ コットンパール（両穴・8㎜・ホワイト）…31個
- Ⓑ コットンパール（両穴・6㎜・ホワイト）…8個
- Ⓒ プラスチックパール（両穴・2.5㎜・ホワイト）…20個
- Ⓓ メタルパーツ
  （トライアングル・メッシュ・ゴールド）…8個
- Ⓔ メタルフープ（14㎜・ゴールド）…5個
- Ⓕ つぶし玉（2㎜・ゴールド）…2個
- Ⓖ つぶし玉（1.5㎜・ゴールド）…6個
- Ⓗ ボールチップ（2㎜・カンつき・ゴールド）…2個
- Ⓘ ナイロンコードワイヤー（0.24㎜）…10㎝×4本
- Ⓙ ナイロンコードワイヤー（0.3㎜）…18㎝×2本
- Ⓚ 9ピン（0.6×30㎜・ゴールド）…8本
- Ⓛ デザイン丸ピン（0.6×30㎜・ゴールド）…7本
- Ⓜ Cカン（0.8×3.5×5㎜・ゴールド）…4個
- Ⓝ 丸カン（0.8×4㎜・ゴールド）…2個
- Ⓞ カニカン（14×6㎜・ゴールド）…1個
- Ⓟ アジャスター（60㎜・ゴールド）…1個

道具

- 平ヤットコ
- 丸ヤットコ
- ニッパー
- 接着剤
- つまようじ

作り方

① 9ピンにⒷ1個を通し、先端を丸める（→P15）。これを8個作る。
② Ⓓ2個をCカンでつないでリボンパーツを作る。これを4個作る。
③ POINTを参考にⒾのナイロンコードワイヤーにⒼのつぶし玉とⒸ5個を通し、②のリボンパーツの中央に巻く。ワイヤーの端をつぶし玉にもう一度通し、引き締めてからつぶす。余分なワイヤーをカットする。これを4個作る。
④ Ⓔ、①、③、①の順につなぎ、1本にする。このとき両端にⒺがくるようにする。
⑤ ④の両端のⒺにそれぞれPOINTを参考にしてⒿのワイヤーを通し、Ⓖのつぶしで固定する。
⑥ ⑤のワイヤーにそれぞれⒶを15個ずつ通し、ボールチップとⒻのつぶし玉で固定する（→P18）。
⑦ ⑥のボールチップにそれぞれヒキワとアジャスターを丸カンでつなぐ（→P16）。
⑧ デザインピンにⒶ1個を通し、先端を丸めて（→P15）、⑥でつないだアジャスターの先端につける。

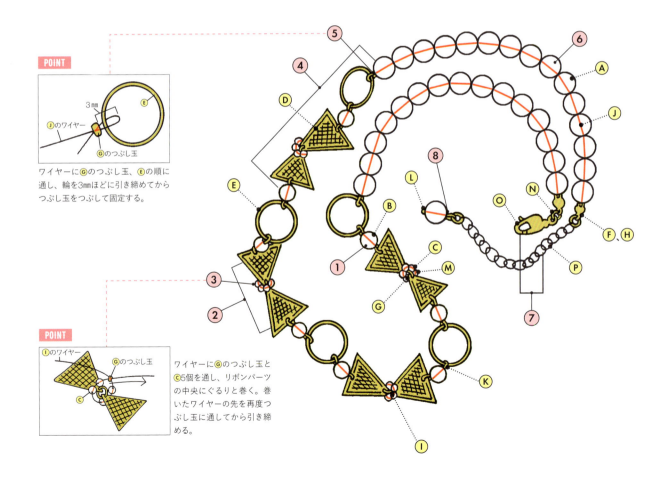

POINT
ワイヤーにⒼのつぶし玉、Ⓔの順に通し、輪を3㎜ほどに引き締めてからつぶし玉をつぶして固定する。

POINT
ワイヤーにⒼのつぶし玉とⒸ5個を通し、リボンパーツの中央にぐるりと巻く。巻いたワイヤーの先を再度つぶし玉に通してから引き締める。

お花のレースとグログランリボンのネックレス

▶ 完成写真 P72

材料

- Ⓐ レジンパーツ
  UVレジン…適量
  モチーフレース（サークル）…7個
- Ⓑ メタルパーツ（サークル・ゴールド）…1個
- Ⓒ フロッキービーズ（12㎜・グレー）…1個
- Ⓓ ヒモ留め（幅10㎜・ゴールド）…2個
- Ⓔ Tピン（0.7×25㎜・ゴールド）…1個
- Ⓕ 丸カン（0.7×5㎜・ゴールド）…19個
- Ⓖ グログランリボン（幅10㎜・グレー）…36㎝×2本

道具

- ・UVライト（またはUV-LEDライト）
- ・クリアファイル
- ・調色スティック（またはつまようじ）
- ・ピンバイス
- ・平ヤットコ
- ・丸ヤットコ
- ・ニッパー

作り方

① POINTを参考にモチーフレースをクリアファイルの上に置き、UVレジンを流す。UVライトを照射する（2〜4分）。
② ①をクリアファイルからはがす。これでレジンパーツは完成。左右にピンバイスで穴をあける。
③ TピンにⒸを通し、先端を丸める（→P16）。
④ Ⓑに③を丸カンでつなぐ（→P16）。
⑤ ②と④をすべて丸カンでつなぐ（→P16）。
⑥ グログランリボンの先にヒモ留めをつける（→P80）。
⑦ ⑤の両端と⑥のヒモ留めを丸カンでつなぐ（→P16）。

POINT
UVレジンを流したら、調色スティック（またはつまようじ）で押しながら、クリアファイルに貼りついた状態になるまで、モチーフレースに染み込ませる。

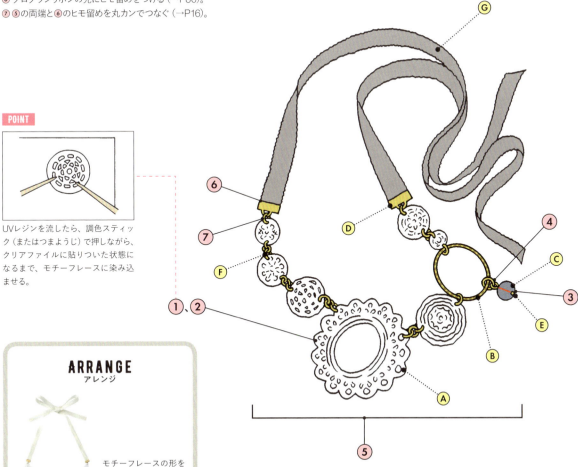

ARRANGE アレンジ
モチーフレースの形を花に、グログランリボンの色をホワイトに変えて作る。

No.19 ラッピングネックレス

▸ 完成写真 P73

材料

- Ⓐ 布（黒）…3㎝×50㎝
- Ⓑ 布（ベージュ）…3㎝×65㎝
- Ⓒ ウッドビーズ（8㎜）…68個
- Ⓓ デリカビーズ（ホワイト）…約45個
- Ⓔ デリカビーズ（グリーン銀引き）…約45個
- Ⓕ オーガンジーリボン（幅5㎝・ブラック）…60㎝×2本
- Ⓖ ビーズコード（ライトピンク）…3m
- Ⓗ ビーズコード（グレー）…3m
- Ⓘ ビーズワーク専用糸（#8）
  または太めの糸（#30以上）…120㎝×1本
- Ⓙ 糸の先に結ぶためのビーズ
  （2㎜以上なら何でもよい）…2個
- Ⓚ ビーズステッチ糸（デリカビーズ用・#40）…30㎝×2本

道具

- ビーズ針
- 刺しゅう針
- ハサミ

作り方

① POINTを参考にⒶ、Ⓑ2枚の布をビーズワーク専用糸で縫い合わせる。
② POINTを参考に糸の先にⒿを通して結ぶ。
③ ①の布を、縫い目を内側にして半分に折る。端は縫いしろ分（5㎜）、内側に折り込んだ状態で、間に②の糸をはさむ。
④ 刺しゅう針にⒼのビーズコードを通したら、POINTを参考に③の布の端から3㎝あたりにグルグルと巻きつける。
⑤ POINTを参考に③ではさんだ糸を引き、糸の先に結んだⒿが④で巻きつけた糸の位置にくるように調整する。
⑥ POINTを参考に③の糸にビーズ針を通し、Ⓒ1個を通したら、刺しゅう針に持ち替え、Ⓒをくるんで縫い留める。
⑦ ⑥をⒸの個数分（68回）繰り返す。布が途中ベージュから黒に切り替わる手前で、Ⓖのビーズコードを巻きつけて玉留めし、Ⓗのビーズコードに変える。
⑧ すべてⒸを縫い留めたら、糸の先に②と同様にしてⒿを結び、余分な糸をカットする。
⑨ POINTを参考に⑧の両端にオーガンジーリボンを縫いつける。
⑩ ⑨で縫い合わせた部分に、ビーズステッチ糸に通したⒹ約22個を4周ほど巻きつけて縫い、玉止めして固定する。
⑪ もう一方の端も⑩と同様にしてⒺを巻きつける。

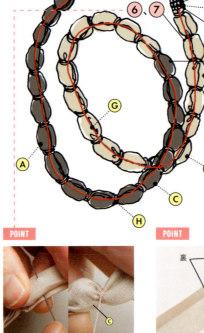

ARRANGE アレンジ

好みの布とリボンに変えて作る。ビーズの間を糸で縫い留めるのではなく、リボン自体を手で結んでもOK。

No.20 ぶどうの房のネックレス

▸完成写真 P73

材料

- Ⓐ シャイニーパール（10㎜・両穴・ホワイト）…6個
- Ⓑ シャイニーパール（8㎜・両穴・ホワイト）…6個
- Ⓒ シャイニーパール（6㎜・両穴・ホワイト）…8個
- Ⓓ オーガンジーリボン（幅30㎜・ブルー）…150㎜
- Ⓔ Tピン（0.7×20㎜・ゴールド）…19本
- Ⓕ Cカン（1.0×5㎜・ゴールド）…2個
- Ⓖ 丸カン（0.6×3㎜・ゴールド）…3個
- Ⓗ アジャスター用チェーン（ゴールド）…10㎝×2本
- Ⓘ 板ダルマ（5×8㎜・ゴールド）…1個
- Ⓙ カニカン（約10×5㎜・ゴールド）…1個
- Ⓚ チェーン（ゴールド）…65㎝×1本

道具

- 平ヤットコ
- 丸ヤットコ
- ニッパー
- ハサミ
- 針
- 糸

作り方

① TピンにⒶ、Ⓑ、Ⓒをそれぞれ1個ずつ通し、先端を丸める（→P15）。これを個数分作る。

② アジャスター用チェーンの1本は、先端に①のⒸ1個をつなぐ。

③ POINTを参考に、アジャスター用チェーンのもう1本に、残りの①をつなぐ。

④ オーガンジーリボンを3つ折りにして、真ん中をグルグルと縫い留めてリボン形にする。

⑤ ④で縫ったところにCカンを通す。

⑥ ④のCカンと③の先のCカンをつなぐ。⑤のCカンにチェーンを通す。

⑦ ⑥のチェーンの先に、カニカン、板ダルマを丸カンでつなぐ（→P16）。

⑧ ⑦の板ダルマと②のアジャスター用チェーンの先をつなぐ。

POINT

Ⓐ、Ⓑ、Ⓒを写真の位置につなぐ。まず一番下にⒸ。

ARRANGE アレンジ

Ⓐ〜Ⓒをシルバーに、Ⓓをグリーンに、金具をすべてロジウムカラーに変えて作る。

21

ゴールドスパークルの
2連ネックレス
P88

Double & Triple design

2連 & 3連デザイン

2連、3連使いができるデザインのネックレス。もちろん1連でも使えて、とってもお得。色違いで作って楽しんで。

22

クレセントムーンの
3連ネックレス
P89

23

ワイヤーネックレス
P89

ゴールドスパークルの2連ネックレス

▸ 完成写真 P86

材料

- Ⓐ ハウライト（3㎜・ラウンド）…60個
- Ⓑ メタルビーズ（3×3㎜・ゴールド）…5個
- Ⓒ メタルビーズ（2×2㎜・ゴールド）…9個
- Ⓓ メタルビーズ（0.5×2.5㎜・ゴールド）…15個
- Ⓔ フリンジピン（0.7×51㎜・ドロップ・ゴールド）…5本
- Ⓕ フリンジピン（0.7×25㎜・ドロップ・ゴールド）…6本
- Ⓖ ナイロンコートワイヤー（0.3㎜・ゴールド）…40㎝×1本
- Ⓗ つぶし玉（1.5㎜・ゴールド）…2個
- Ⓘ Tピン（0.5×35㎜・ゴールド）…1本
- Ⓙ 丸カン（1.0×10㎜・ゴールド）…1個
- Ⓚ 丸カン（0.6×3㎜・ゴールド）…3個
- Ⓛ ヒキワ（5.5㎜・ゴールド）…1個
- Ⓜ チェーン（ゴールド）…54㎝×1本
- Ⓝ チェーン（ゴールド）…23.5㎝×2本
- Ⓞ チェーン（ゴールド）…5.5㎝×1本

道具

- 平ヤットコ
- 丸ヤットコ
- ニッパー

作り方

① Ⓕのフリンジピンの先端を丸める。これを4本作る。同様に、Ⓕのフリンジピンを5㎜長さにカットし、先端を丸める。これを2本作る。

② Ⓔのフリンジピンの先端から3.5㎝を45度に折り曲げ、丸める。これを1本作る。同様にⒺのフリンジピンの先端から3㎝を折り曲げ、丸めたものを2本、先端から2.5㎝を折り曲げ、丸めたものを2本作る。

③ ①、②をⒿの丸カンに通す（→P16）。

④ ③とⓂのチェーンをⓀの丸カンでつなぐ（→P16）。

⑤ ナイロンコートワイヤーにつぶし玉とⓃのチェーンを1本通し、再度ワイヤーをつぶし玉に通して引っ張り、つぶし玉をつぶす（→P18）。

⑥ ⑤のワイヤーにⒶ3個、Ⓓ1個を1セットとして計4回通したら、次にⒸ、Ⓑ、Ⓒの順で通す。これを個数分繰り返す。

⑦ ⑥のワイヤーの先に、つぶし玉とⓃのチェーンを1本通す。つぶし玉とワイヤーの先のⒶ3個にもう一度ワイヤーを通して引っ張り、つぶし玉をつぶす。余分なワイヤーをカットする。

⑧ TピンにⒸ1個、Ⓑ1個を通したら、メガネ留めしながらⓄのチェーンをつなぐ（→P16）。

⑨ ④で通したⓂのチェーンの一方と⑤で通したⓃのチェーンの先をヒキワとⓀの丸カンでつなぐ（→P16）。

⑩ ④で通したⓂのチェーンのもう一方と⑦で通したⓃのチェーンの先を⑧とⓀの丸カンでつなぐ（→P16）。

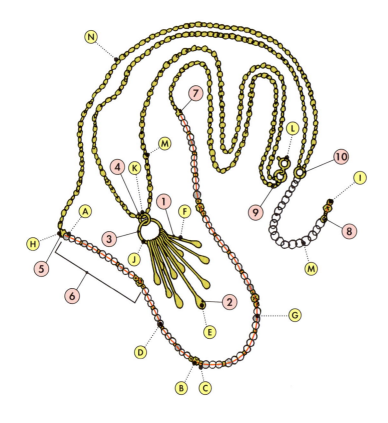

ARRANGE
アレンジ

Ⓑをカーネリアン（3㎜・ラウンド）に変えて作る。

No.22 クレセントムーンの3連ネックレス

▶完成写真 P87

材料

- Ⓐ リバーストーン（4×13㎜）…1個
- Ⓑ ラブラドライト（サザレ）…12個
- Ⓒ メタルプレート（クレセントムーン・ゴールド）…1個
- Ⓓ アーティスティックワイヤー（#26・ノンターニッシュプラス）…7㎝×1本
- Ⓔ 丸ピン（0.3×40㎜・ゴールド）…6本
- Ⓕ 丸カン（0.5×3.5㎜・ゴールド）…4個
- Ⓖ ヒキワ（5.5㎜・ゴールド）…1個
- Ⓗ チェーン（ゴールド）…44㎝×1本
- Ⓗ チェーン（ゴールド）…18.5㎝×2本
- Ⓗ チェーン（ゴールド）…12.5㎝×2本
- Ⓗ チェーン（ゴールド）…5.5㎝×1本

道具

- ・平ヤットコ
- ・丸ヤットコ
- ・ニッパー
- ・目打ち

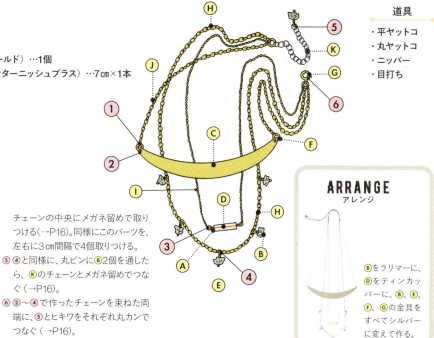

作り方

① コマが小さいチェーンの両端を目打ちで広げる（→P18）。

② Ⓒの両端とⒿのチェーンをそれぞれ丸カンでつなぐ（→P16）。

③ アーティスティックワイヤーとⒾのチェーン1本をメガネ留めでつなぎ（→P16）、Ⓐを通したら、同様にもう一方もⒾのチェーンとメガネ留めでつなぐ（→P16）。

④ 丸ピンにⒷ2個を通したら、Ⓗのチェーンの中央にメガネ留めで取りつける（→P16）。同様にこのパーツを、左右に3㎝間隔で4個取りつける。

⑤ ④と同様に、丸ピンにⒷ2個を通したら、Ⓚのチェーンとメガネ留めでつなぐ（→P16）。

⑥ ②〜⑤で作ったチェーンを束ねた両端に、⑤とヒキワをそれぞれ丸カンでつなぐ（→P16）。

ARRANGE アレンジ

Ⓑをラリマーに、Ⓓをティンカッパーに、Ⓑ、Ⓔ、Ⓕ、Ⓖの金具をすべてシルバーに変えて作る。

No.23 ワイヤーネックレス

▶完成写真 P87

材料

- Ⓐ アクリルパール（1㎝・片穴・ホワイト）…1個
- Ⓑ アクリルパール（5㎜・両穴・ホワイト）…1個
- Ⓒ ネックレスチェーン（ゴールド）…14.5㎝×1本
- Ⓓ ネックレスチェーン（ゴールド）…10.5㎝×1本
- Ⓔ ネックレスチェーン（ゴールド）…8㎝×1本
- Ⓕ 丸カン（1.0×5㎜・ゴールド）…3個
- Ⓖ ワイヤーネックレス（エンドパーツつき・ゴールド）…1本
- Ⓗ チェーンネックレス（ゴールド）…45㎝×1本

道具

- ・平ヤットコ
- ・丸ヤットコ
- ・ニッパー
- ・接着剤
- ・つまようじ

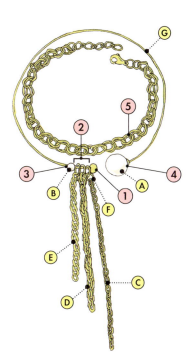

作り方

① ワイヤーネックレスの片側に付属のエンドパーツを接着剤で固定する（→P17）。

② Ⓒ、Ⓓ、Ⓔのチェーンの先に丸カンを通し、Ⓒ、Ⓓ、Ⓔの順に①のワイヤーネックレスに通す。

③ Ⓑを②のワイヤーネックレスに通し、エンドパーツから7㎜程度の位置に接着剤で固定する（→P17）。

④ ③のワイヤーネックレスの先にⒶを接着剤で固定する（→P17）。

⑤ Ⓗのチェーンネックレスとセットにする。

ARRANGE アレンジ

Ⓓ、Ⓔ、Ⓒのアクセサリー金具をすべてシルバーに変えて作る。

24

コットンパールの
大人モードネックレス
P92

2種類のチューブを使ったモード感漂うネックレス。パール×ゴールドで上品に。

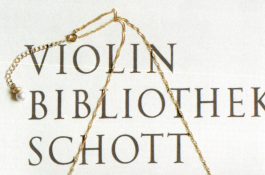

Opera
オペラ

「オペラネックレス」とは長さ80cmほどの、上品なネックレスのこと。ドレッシーな装いやパーティーシーンにもぴったり。

27

ターコイズと淡水パールの
ロングネックレス
P93

ターコイズと淡水パールをつないだパーツをチェーンにつないだだけ。作り方はシンプルですが、シーンを選ばず使える優秀アイテムです。

25

ガラスドームの
オーシャンネックレス
P92

26

ゴールドビーズの
ネックレス
P93

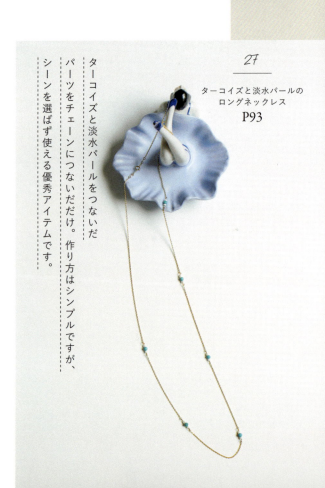

Prinsess

プリンセス

「プリンセスネックレス」とは長さ40〜43cmほどの、鎖骨を華やかに演出するネックレスのこと。ドレスや開襟シャツなどのアクセントに◎。

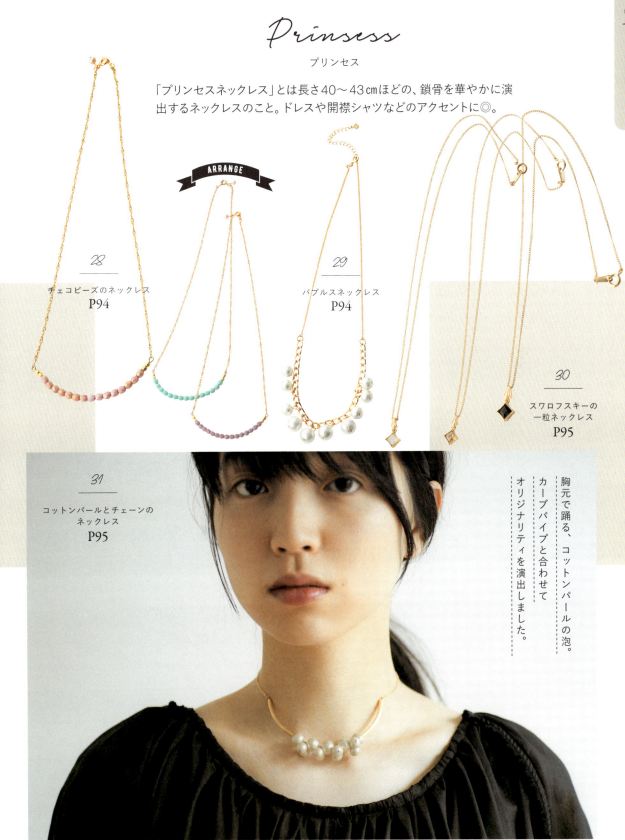

28
チェコビーズのネックレス
P94

ARRANGE

29
バブルスネックレス
P94

30
スワロフスキーの
一粒ネックレス
P95

31
コットンパールとチェーンの
ネックレス
P95

胸元で踊る、コットンパールの泡。カーブパイプと合わせてオリジナリティを演出しました。

Chapter 2 Necklace

No. 24　コットンパールの大人モードネックレス

▶完成写真 P90

材料
- Ⓐ コットンパール（6㎜・両穴・ホワイト）…19個
- Ⓑ メタルビーズ（6×2㎜・両穴・ゴールド）…5個
- Ⓒ チューブ（36×3㎜・カーブ・ゴールド）…1本
- Ⓓ チューブ（15×1.5㎜・ストレート・ゴールド）…8本
- Ⓔ アーティスティックワイヤー（#20・ゴールド）…約15㎝×1本
- Ⓕ Tピン（0.7×45㎜・ゴールド）…7本
- Ⓖ 9ピン（0.7×40㎜・ゴールド）…2本
- Ⓗ 丸カン（0.6×3㎜・ゴールド）…4個
- Ⓘ ヒキワ（5.5㎜・ゴールド）…1個
- Ⓙ アジャスター（60㎜・ゴールド）…1個
- Ⓚ チェーン（ゴールド）…16㎝×2本
- Ⓛ チェーン（ゴールド）…9.5㎝×1本

道具
- 平ヤットコ
- 丸ヤットコ
- ニッパー

作り方
① 9ピンにⒶ1個とⒹ1個を通し、先端を丸める（→P16）。これを2個作る。
② TピンにⒶ1個とⒹ1個を通し、先端を丸める（→P16）。これを6個作る。
③ POINTを参考に端を丸めたアーティスティックワイヤーに、手で軽くカーブをつけたら、Ⓐ、Ⓑ、②、①、Ⓐ、Ⓒを通す。
④ ③のワイヤーの先を丸める。
⑤ ③で通した①にⓁのチェーンを通す。
⑥ ⑤のワイヤーの丸めた両端にⓀのチェーンをそれぞれ丸カンでつなぐ（→P16）。
⑦ ⑥のチェーン両端にヒキワとアジャスターをそれぞれ丸カンでつなぐ（→P16）。
⑧ TピンにⒶ1個、Ⓑ1個通し、先端を丸め、（→P15）、⑦のアジャスターの先につなぐ。

POINT

アーティスティックワイヤーに、写真のような並びでパーツを通す。ワイヤーのカーブ具合は、胸元に当てながら調整する。

No. 25　ガラスドームのオーシャンネックレス

▶完成写真 P90

材料
- Ⓐ シードビーズ（ブルー）…90個程度
- Ⓑ ガラスドーム（16㎜）…1個
- Ⓒ ヒートンキャップ（10㎜・ゴールド）…1個
- Ⓓ 丸カン（0.7×4㎜・ゴールド）…1個
- Ⓔ 丸カン（0.6×3㎜・ゴールド）…2個
- Ⓕ ヒキワ（6㎜・ゴールド）…1個
- Ⓖ アジャスター（60㎜・ゴールド）…6㎝
- Ⓗ チェーン（ゴールド）…39㎝×1本

道具
- 平ヤットコ
- 丸ヤットコ
- ニッパー
- 接着剤
- つまようじ

作り方
① ガラスドームにⒶをすべて入れる。
② ヒートンキャップに接着剤をつけ、①のガラスドームにふたをするようにかぶせて接着する（→P17）。
③ 接着剤が完全に乾いたら、②のヒートンキャップにⒹの丸カンをつなぐ（→P16）。
④ ③の丸カンにチェーンを通す。
⑤ ④のチェーンの両端にそれぞれヒキワとアジャスターをⒺの丸カンでつなぐ（→P16）。

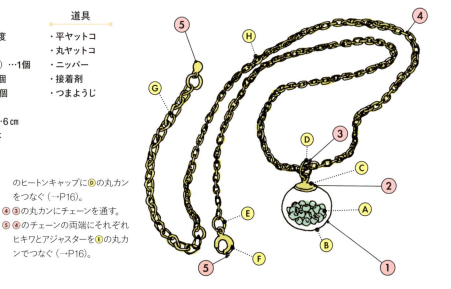

No.26 ゴールドビーズのネックレス

▶ 完成写真 P90

材料
- Ⓐ クリスタル（5×9㎜・ゴールデンシャドウ）…1個
- Ⓑ ビーズ（2㎜・ゴールデンシャドウ）…10個
- Ⓒ メタルビーズ（マットゴールド）…4個
- Ⓓ メタル曲パイプ（15㎜・ゴールド）…2個
- Ⓔ テグス（2号）…25㎝×1本
- Ⓕ Cカン（0.5×2×3㎜・ゴールド）…2個
- Ⓖ 留め具（ゴールド）…1ペア
- Ⓗ チェーン（ゴールド）…14㎝×2本

道具
- 平ヤットコ
- 丸ヤットコ
- ニッパー
- 目打ち

作り方
1. POINTを参考に、チェーンの先にテグスを通して束ねる。
2. テグスを2本まとめて、POINTを参考に、Ⓓ、Ⓑ5個、Ⓒ2個、Ⓐを通す。
3. さらにPOINTを参考に、Ⓒ2個、Ⓑ5個、Ⓓを通す。
4. テグスにもう1本のチェーンを通したら、テグスの端を折り返してメタル曲パイプに通す。
5. メタル曲パイプに通したところで引き締めて固く結ぶ。
6. チェーンの両端に、それぞれ留め具をCカンでつなぐ。

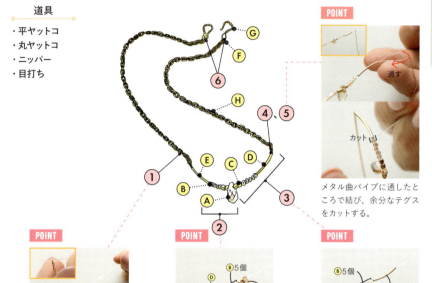

POINT チェーンの先にテグスを通したら2本まとめて束ねる。

POINT 写真のような並びで通す。

POINT メタル曲パイプに通したところで結び、余分なテグスをカットする。

POINT 写真のような並びで通す。

No.27 ターコイズと淡水パールのロングネックレス

▶ 完成写真 P90

材料
- Ⓐ ターコイズ（4㎜・両穴・ブルー）…7個
- Ⓑ 淡水パール（2㎜・両穴・ホワイト）…16個
- Ⓒ 9ピン（0.5×25㎜・ゴールド）…9本
- Ⓓ 丸カン（0.6×3㎜・ゴールド）…2個
- Ⓔ ヒキワ（5.5㎜・ゴールド）…1個
- Ⓕ 板ダルマ（3×8㎜・ゴールド）…1個
- Ⓖ チェーン（ゴールド）…17㎝×2本
- Ⓗ チェーン（ゴールド）…7㎝×6本

道具
- 平ヤットコ
- 丸ヤットコ
- ニッパー

作り方
1. 9ピンにⒷ、Ⓐ、Ⓑの順に通し、先端を丸める（→P15）。これを7個作る。
2. 9ピンにⒷを通し、先端を丸める。これを2個作る（→P15）。
3. ①とⒽのチェーンを交互につなぐ。
4. ③の両端にⒼのチェーンをそれぞれつなぐ。
5. ④のⒼのチェーンの両端に②をそれぞれつなぐ。
6. ⑤でつけた②の両端に、ヒキワと板ダルマをそれぞれ丸カンでつなぐ（→P16）。

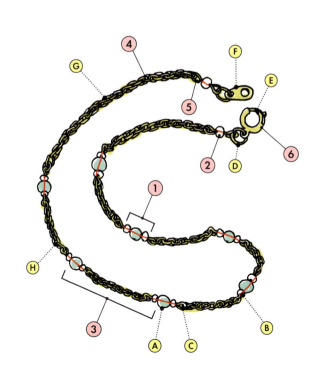

No. 28 チェコビーズのネックレス

▸ 完成写真 P91

材料
- Ⓐ チェコビーズ（4㎜・両穴・ピンク）…15個
- Ⓑ メタルビーズ（2.5×3㎜・両穴・ゴールド）…4個
- Ⓒ 淡水パール（4㎜・両穴・ピンク）…1個
- Ⓓ アーティスティックワイヤー（#20・ゴールド）…10㎝×1本
- Ⓔ Tピン（0.5×20㎜・ゴールド）…1本
- Ⓕ 丸カン（0.6㎜×3㎜・ゴールド）…2個
- Ⓖ ヒキワ（5.5㎜・ゴールド）…1個
- Ⓗ 板ダルマ（3×8㎜・ゴールド）…1個
- Ⓘ チェーン（ゴールド）…17㎝×2本

道具
- 平ヤットコ
- 丸ヤットコ
- ニッパー

作り方
1. アーティスティックワイヤーの先端を丸め、Ⓑ2個、Ⓐ15個、Ⓑ2個の順に通す。
2. ①のワイヤーの余分をカットし、先端を丸める。
3. ②の両端にそれぞれチェーンをつなぐ。
4. TピンにⒸを通し、先端を丸める（→P15）。
5. ③のチェーンの両端にヒキワと板ダルマをそれぞれ丸カンでつなぐ（→P16）。
6. ④を⑤のヒキワをつないだ丸カンにつなぐ。

ARRANGE　アレンジ

左はⒶをチェコビーズ（4㎜・ブルー）に、右はⒶをチェコビーズ（4㎜・パープル）に変えて作る。

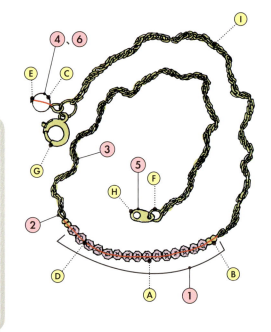

No. 29 バブルスネックレス

▸ 完成写真 P91

材料
- Ⓐ コットンパール（10㎜・両穴・キスカ）…5個
- Ⓑ コットンパール（8㎜・両穴・キスカ）…8個
- Ⓒ 曲パイプ（約2.2×36㎜・ゴールド）…2個
- Ⓓ アーティスティックワイヤー（#24・ゴールド）…約15㎝×1本
- Ⓔ Cカン（0.5×2×3㎜・ゴールド）…4個
- Ⓕ Tピン（0.5×25㎜・ゴールド）…8本
- Ⓖ ヒキワ（6㎜・ゴールド）…1個
- Ⓗ 板ダルマ（3×8㎜・ゴールド）…1個
- Ⓘ チェーン（ゴールド）…約11㎝×2本

道具
- 平ヤットコ
- 丸ヤットコ
- ニッパー

作り方
1. TピンにⒷを通し、先端を丸める（→P15）。これを8個作る。
2. アーティスティックワイヤーの先端を丸め、Ⓒ1個通す。
3. POINTを参考に、②にⒶを1個、Ⓑを2個通す。これを4回繰り返し、最後にⒶ1個、Ⓒ1個を通す。
4. ③のワイヤーの先端を丸める。
5. ④の丸めたワイヤーの両端とチェーンをそれぞれCカンでつなぐ（→P16）。
6. ⑤のチェーンの両端にヒキワと板ダルマをそれぞれCカンでつなぐ（→P16）。

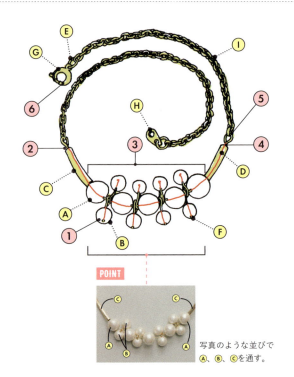

POINT

写真のような並びでⒶ、Ⓑ、Ⓒを通す。

No.30 スワロフスキーの一粒ネックレス

▶ 完成写真 P91

材料
- Ⓐ スワロフスキー・クリスタル（4㎜・スクエア・#4428・ホワイトオパール）…1個
- Ⓑ ミニファンシーストーン石座（スクエア・ミル打ち・ゴールド）…1個
- Ⓒ Ａカン（6㎜・ゴールド）…1個
- Ⓓ 丸カン（0.5×3.5㎜・ゴールド）…2個
- Ⓔ ヒキワ（5.5㎜・ゴールド）…1個
- Ⓕ 板ダルマ（3×8㎜・ゴールド）…1個
- Ⓖ チェーン（0.35㎜・ゴールド）…40㎝×1本

道具
- 平ヤットコ
- 丸ヤットコ
- 接着剤
- つまようじ

作り方
① 石座に接着剤を薄くつけ、Ⓐを貼りつける（→P17）。
② ①にＡカンをつけ、チェーンを通す。
③ ②のチェーンの両端にヒキワと板ダルマをそれぞれ丸カンでつなぐ（→P16）。

ARRANGE アレンジ

左はⒶをスワロフスキー・クリスタル（4㎜・スクエア・#4428・ゴールデンシャドウ）に変えて作る。右はⒶをスワロフスキー・クリスタル（4㎜・スクエア・#4428・ジェット）に変えて作る。

No.31 コットンパールとチェーンのネックレス

▶ 完成写真 P91

材料
- Ⓐ コットンパール（10㎜・両穴・ホワイト）…4個
- Ⓑ コットンパール（8㎜・両穴・ホワイト）…6個
- Ⓒ 石留めチャーム（約7×5㎜・スクエア・ゴールド）…1個
- Ⓓ デザイン丸カン（5㎜・ツイスト・ゴールド）…2個
- Ⓔ 丸カン（0.6×3㎜・ゴールド）…5個
- Ⓕ Ｔピン（0.5×20㎜・ゴールド）…10個
- Ⓖ ヒキワ（6㎜・ゴールド）…1個
- Ⓗ チェーン（穴が大きめのもの・ゴールド）…29コマ×1本
- Ⓘ チェーン（ゴールド）…14㎝×2本
- Ⓙ チェーン（ゴールド）…5.5㎝×1本

道具
- 平ヤットコ
- 丸ヤットコ
- ニッパー
- 目打ち

作り方
① ＴピンにⒶ1個、Ⓑ1個をそれぞれ通し、先端を丸める（→P15）。これを計10個作る。
② POINTを参考に、Ⓗのチェーンの端から数えて6、8、10コマ目に①のⒷ、12、14、16、18コマ目に①のⒶ、20、22、24コマ目に①のⒷをつなぐ。
③ ①のチェーンの両端のコマを広げ（→P18）、一方に丸カンをつける（→P16）。
④ ②のチェーンの両端に、Ⓘをそれぞれデザイン丸カンでつなぐ（→P16）。
⑤ Ⓙのチェーンの先にⒸを丸カンでつなぐ（→P16）。
⑥ ④のチェーンの先に、⑤とヒキワをそれぞれ丸カンでつなぐ（→P16）。

POINT

Ⓐ、Ⓑをつなぐときは、チェーンがねじれないように同じ向きにつなぐ。

はじめてのアクセサリー作りのコツ

No. 1 column

どんなパーツがあるのかリサーチしてみよう！

手芸店に行くと、いろいろなパーツがあって迷ってしまうこともしばしば。
まずは、その名称と特徴を覚えて、デザインのイメージを膨らませてみましょう。

ビーズ

穴の開いた小さな玉。もっとも種類が豊富で、アクセサリーの主役の素材としてよく使われる。

パール

綿を圧縮してパール加工を施したコットンパール、天然真珠のような輝きの樹脂パール、淡水貝から作られる淡水パールなど種類が豊富。

ビジュー

フランス語で「宝石」の意。スワロフスキー社ものが有名。ビジュー自体に穴が開いていないので、対応する石座にはめて使用する。

> **スワロフスキー・クリスタルは型番をチェック！**
> スワロフスキー・クリスタルには、型番（#0000）があり、これは表面のカット数（形）の違い。本書でスワロフスキー・クリスタルを使用する箇所には材料にて型番を表記しているので、購入の際は参考にして。石座にはめて使用する場合は、型番に対応するものを使う。

半貴石

天然石や人工石などの総称。スティック型や丸型もある。サイズやフォルムが似たものを選ぶと美しい仕上がりに。

チャーム

植物や星などをかたどった小さな飾り。カンがついていたり、穴が空いていたりするので、丸カンなどでつないで使用する。

自然素材

フェザーやファーなどの自然素材作品のアクセントに。ファーなら秋冬というふうに、季節感の演出にも。

リボン

オーガンジーやシルクなど素材はさまざま。色や素材、デザインによってキュートやクールに。

Chapter 3
Ring
リング

Gorgeous
ゴージャス ──────── 98

Simple
シンプル ──────── 100

Unique
ユニーク ──────── 112

Feminine
フェミニン ──────── 113

カラフルなカットガラスをトライアングルに配置したリング。手もとをシャープに彩ります。

01
トライアングルリング
P102

Gorgeous
ゴージャス

大ぶりのビジューやパールを大胆にあしらったリングは、それだけでコーディネートのスパイスに。パーティーシーンにもぴったり。

02
カットガラスの
シルバーリング
P102

12
フラワーリング
P107

04
ARRANGE
スワロフスキーの大粒リング
P103

03
ビジューのゴージャス
リング
P103

11
スターフラワーリング
P107

05
リボンリング
P104

10
ドロップスワロフスキーと
ビーズとパールのリング
P106

06
クリスタルとシトリンの
フォークリング
P104

09
ドロップスワロフスキーと
パールの小枝リング
P106

08
パールの
モーニングドロップリング
P105

07
ターコイズとトルマリンの
ダブルリング
P105

Chapter 3 Ring

99

13
ラウンドモチーフ
のリング
P108

ARRANGE

14
ツイストリング
P108

ARRANGE

15
パールとディスクのリング
P109

16
華奢チェーンの
フリンジリング
P109

ARRANGE

17
パールとジルコニアのリング
P110

18
ハウライトの
サークルリング
P110

19
ドライフラワーの
レジンリング
P111

20
スワロフスキーリング
P111

市販のリング台に、好みの色のスワロフスキー・クリスタルを接着するだけ。簡単なのにシンプルかわいい、初心者さんにもおすすめのリングです。

Simple
シンプル

小さめのパールやストーンを華奢なリングに合わせたら、デイリーに使える優秀リングに。「ファランジ（関節）リング」にもおすすめのデザイン。

No. 01 トライアングルリング

▶完成写真 P98

材料
- Ⓐ カットガラス（14×10㎜・ツメ枠つき・スモーキーブラウン）…1個
- Ⓑ カットガラス（6㎜・ツメ枠つき・ブラックダイアモンド）…1個
- Ⓒ カットガラス（5㎜・ツメ枠つき・クリスタル）…1個
- Ⓓ カットガラス（10×5㎜・ツメ枠つき・クリア）…1個
- Ⓔ カットガラス（5㎜・ツメ枠つき・オパールピンク）…1個
- Ⓕ カットガラス（4㎜・ツメ枠つき・ホワイトオパール）…1個
- Ⓖ コットンパール（6㎜・片穴・ホワイト）…1個
- Ⓗ スカシパーツ（25×45㎜・ひし形・ゴールド）…1個
- Ⓘ リング台（丸皿・ゴールド）…1個

道具
・ピンセット
・ハサミ
・接着剤
・つまようじ

作り方
① POINTを参考にスカシパーツをハサミで半分に切る。このうち一方を土台として使用する。
② ①の土台の左下に接着剤をつけ、Ⓐをやや傾けて貼りつける（→P17）。
③ 下辺を埋めるように、Ⓐの隣にⒷ、Ⓒを貼りつける（→P17）。
④ さらに③の上部に、Ⓓ、Ⓔ、Ⓕ、Ⓖを貼りつける（→P17）。
⑤ リング台の丸皿全体に接着剤を薄くつける（→P17）。
⑥ ⑤の丸皿の中央にⒹをのせる。

POINT
写真のような並びで貼りつける。

POINT
写真のような並びで貼りつける。

POINT
半分にカットした一方のみを土台として使う。

No. 02 カットガラスのシルバーリング

▶完成写真 P99

材料
- Ⓐ カットガラス（14×10㎜・ツメ枠つき・クリア）…1個
- Ⓑ カットガラス（10×5㎜・ツメ枠つき・クリア）…1個
- Ⓒ カットガラス（3㎜・ツメ枠つき・クリスタル）…1個
- Ⓓ コットンパール（6㎜・両穴・ホワイト）…1個
- Ⓔ 連爪（2㎜・クリスタル）…21コマ分×1本
- Ⓕ アクリルパール（2㎜・無穴・ホワイト）…4個
- Ⓖ リング台（花十弁・スカシつき・ゴールド）…1個

道具
・ピンセット
・接着剤
・つまようじ

作り方
① リング台のスカシパーツに接着剤をつけ、Ⓐを正面から見たときやや右下の位置に貼りつける（→P17）。
② スカシパーツの空いた部分に接着剤をつけ、Ⓑ、Ⓒ、Ⓓを貼りつける（→P17）。
③ スカシパーツのフチに接着剤をたっぷりつけ、Ⓔを巻くように貼りつける（→P17）。
④ POINTを参考に、隙間が気になるところに接着剤をつけ、バランスを見ながらⒻを貼りつける（→P17）。

POINT
写真のような並びで貼りつける。

POINT
写真のような並びでⒻを貼りつける。

102　マークは初心者におすすめのアイテムです。

No. 03 ビジューのゴージャスリング

▶ 完成写真 P99

材料

- Ⓐ スワロフスキー・クリスタル
  （14×10㎜・#4120・Lt.ターコイズ）…1個
- Ⓑ 石座（#4120用・ゴールド）…1個
- Ⓒ スワロフスキー・クリスタル（10×5㎜・#4228・ホワイトオパール）…1個
- Ⓓ スワロフスキー・クリスタル
  （10×5㎜・#4228・パシフィックオパール）…1個
- Ⓔ 石座（10㎜・#4228用・ゴールド）…2個
- Ⓕ スワロフスキー・クリスタル（8×4㎜・#4228・タンジェリン）…1個
- Ⓖ 石座（8㎜・#4228用・ゴールド）…1個
- Ⓗ スワロフスキー連爪（2㎜・#100・ホワイトオパール）
  …4コマ×1個、3コマ×1個
- Ⓘ アクリルパール（4㎜・無穴・ホワイト）…1個
- Ⓙ スカシパーツ（約15㎜・花六弁・ゴールド）…1個
- Ⓚ リング台（丸皿・ゴールド）…1個

道具

- 平ヤットコ
- 接着剤
- つまようじ

写真のように石座を留める。

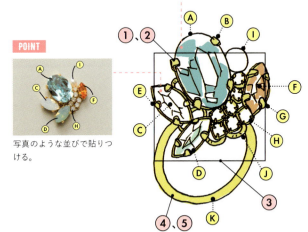

写真のような並びで貼りつける。

作り方

① Ⓐ、Ⓒ、Ⓓ、Ⓕに石座を留める（→P19）。
② スカシパーツの上部に接着剤を薄くつけ、①のⒶを上寄りに貼りつける（→P17）。
③ ②のスカシパーツの残りのスペースに接着剤を薄くつけ、①の残りのパーツとⒽ、Ⓘを貼りつける（→P17）。
④ リング台の丸皿全体に接着剤を薄くつける（→P17）。
⑤ 丸皿の中央に③を貼りつける（→P17）。

No. 04 スワロフスキーの大粒リング

▶ 完成写真 P99

材料

- Ⓐ スワロフスキー・クリスタル（#2058・ブルージルコン）…1個
- Ⓑ スカシパーツ（花八弁・ゴールド）…1個
- Ⓒ リング台（丸皿・ゴールド）…1個

道具

- 接着剤
- つまようじ

作り方

① リング台の丸皿に接着剤を薄くつけ、Ⓑを貼りつける（→P17）。
② 乾いたら、①のⒷの上にⒶを接着剤で貼りつける（→P17）。

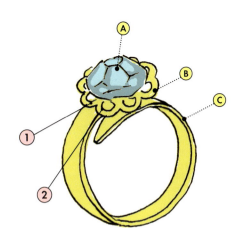

ARRANGE

左はⒶをスワロフスキー・クリスタル（#4869・クリスタルAB）にⒸをリング台（玉用・ゴールド）に変えて作る。右はⒶをスワロフスキー・クリスタル（#2058・クリソライトオパール）に変えて作る。

No. 05 リボンリング

▸ 完成写真 P99

材料

- Ⓐ アクリルパール（8㎜・両穴・メタリックブルー）…2個
- Ⓑ アクリルパール（6㎜・両穴・メタリックブルー）…1個
- Ⓒ アクリルファンシービジュー
  （10×4㎜・台座つき・ネイビー）…3個
- Ⓓ グログランリボン（幅約2㎝・メタリック）…15㎝×1本
- Ⓔ Tピン（0.7×45㎜・ゴールド）…3本
- Ⓕ 丸カン（0.6×3㎜・ゴールド）…1個
- Ⓖ テグス（2号）…適量
- Ⓗ リング台（すかし花弁皿・ゴールド）…1個

道具

- 平ヤットコ
- 丸ヤットコ
- ニッパー
- 接着剤
- つまようじ
- 針
- 糸（黒）

作り方

① POINTを参考に、Ⓓは蛇腹になるようにランダムに折り、ほどけないように糸で縫い留める。
② ①の縫い目を隠すように、Ⓒをすべて接着剤で貼りつける（→P17）。
③ ②をリング台の皿に接着剤で貼りつける（→P17）。
④ TピンにⒶ1個を通し、先端を丸める（→P15）。これを計2個作る。同様にⒷでも作る。
⑤ ④をすべて1つの丸カンに通す（→P16）。
⑥ ③のリング台の皿に⑤をつなぐ（→P16）。

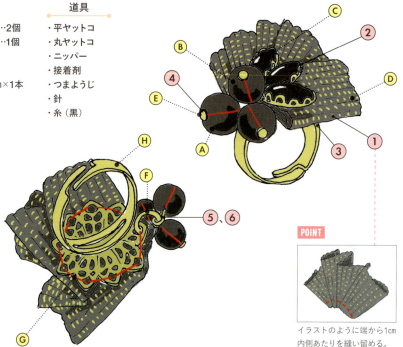

POINT

イラストのように端から1㎝内側あたりを縫い留める。

No. 06 クリスタルとシトリンのフォークリング

▸ 完成写真 P99

材料

- Ⓐ クリスタル（H18~32×W4~10㎜・スティック）…1個
- Ⓑ シトリン（8~18㎜・ラフカット）…1個
- Ⓒ アーティスティックワイヤー
  （#22・ノンターニッシュブラス）…1㎝×1本
- Ⓓ キャッチ（2㎜・コイリング用・ゴールド）…2個
- Ⓔ フォークリング台（丸皿・ゴールド）…1個

道具

- 接着剤
- つまようじ

作り方

① アーティスティックワイヤーの先端に接着剤をつけ、キャッチを留める。
② ①をⒶの穴に通したら、ワイヤーのもう一方の先端に接着剤をつけてキャッチを留める。
③ フォークリング台に接着剤をつけ、②とⒷを貼りつける（→P17）。

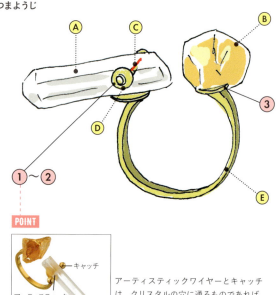

POINT

アーティスティックワイヤーとキャッチは、クリスタルの穴に通るものであれば、9ピンやTピンを通して固定してもOK。

No.07 ターコイズとトルマリンのダブルリング

▶ 完成写真 P99

材料
- Ⓐ ターコイズ（8×6㎜・シズクカット）…1個
- Ⓑ トルマリン（サザレ）…5個
- Ⓒ チェーン（ゴールド）…5㎝×1本
- Ⓓ アーティスティックワイヤー
  （#26・ノンターニッシュブラス）…5㎝×1本
- Ⓔ 丸ピン（0.3×40㎜・ゴールド）…5本
- Ⓕ 丸カン（0.5×2.3㎜・ゴールド）…6個
- Ⓖ リング台（カンつき・ピンキー・ゴールド）…1個
- Ⓗ リング台（カンつき・ゴールド）…1個

道具
- ・平ヤットコ
- ・丸ヤットコ
- ・ニッパー
- ・目打ち

作り方
1. チェーンの両端を目打ちで広げる（→P18）。
2. アーティスティックワイヤーにⒶを通し、メガネ留めする（→P16）。
3. 丸ピンにⒷ1個を通し、メガネ留めする（→P16）。これを5個作る。
4. ①のチェーンと、②、Ⓖのリング台を丸カンでつなぐ（→P16）。
5. ③のⒷ1個と④のチェーンのもう一方の先をⒽのリング台に丸カンでつなぐ（→P16）。
6. ③の残り4個を、⑤でつないだⒷの左右に2個ずつ丸カンでつなぐ（→P16）。

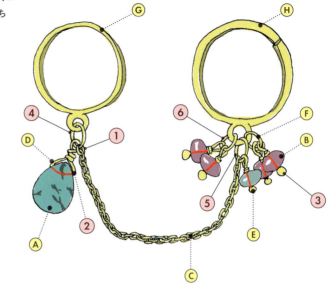

No.08 パールのモーニングドロップリング

▶ 完成写真 P99

材料
- Ⓐ メタルパーツ（フラワー・ゴールド）…2個
- Ⓑ メタルパーツ（リーフ・ゴールド）…1個
- Ⓒ 淡水パール（約9～10㎜・ケシバロック・ホワイト）…1個
- Ⓓ 淡水パール（約2～4㎜・サークル・ホワイト）…5個
- Ⓔ チェコビーズ（5×7㎜・シズク・横穴・シャンパンラスター）…3個
- Ⓕ テグス（1号）…60㎝×1本
- Ⓖ リング台（14㎜・シャワー金具つき・ゴールド）…1個

道具
- ・平ヤットコ
- ・ニッパー
- ・つまようじ
- ・接着剤

作り方
1. Ⓐの中央にテグスを通したら、Ⓓ2個を通して再びⒶの中央にテグスを通し、Ⓖのシャワー金具に結んで留める（→P17）。
2. ①と同様に、もう1つのⒶの中央に①のテグスを通したら、Ⓓ3個を通し、再びⒶの中央にテグスを通し、Ⓖのシャワー金具に結んで留める（→P17）。
3. Ⓑ、Ⓒ、Ⓔ3個を①、②の上に結んで留める（→P17）。
4. ③の裏側に接着剤をつける（→P17）。接着剤が乾いたら、余分なテグスをカットする。
5. ④のⒼのシャワー金具の裏側にリング台のふたを固定する（→P17）。

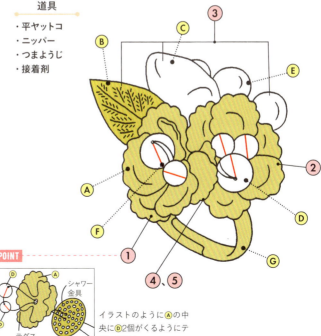

POINT
イラストのようにⒶの中央にⒹ2個がくるようにテグスを通す。

№09 ドロップスワロフスキーとパールの小枝リング

▶ 完成写真 P99

材料
- Ⓐ スワロフスキー・クリスタル
  （14×10㎜・#4120・クリスタルパウダーグリーン）…1個
- Ⓑ 石座（#4120用・ゴールド）…1個
- Ⓒ 竹ビーズ（4㎜・ゴールド）…約20個
- Ⓓ 特小ビーズ（1㎜・クリア）…約10個
- Ⓔ アクリルパール（3㎜・両穴・ホワイト）…約15個
- Ⓕ アーティスティックワイヤー（#28）…10㎝×3本
- Ⓖ テグス（1号）…60㎝×1本
- Ⓗ リング台（12㎜・シャワー金具つき・ゴールド）…1個

道具
- ・平ヤットコ
- ・ニッパー
- ・接着剤
- ・つまようじ

作り方
① Ⓐを石座に留める（→P19）。
② ①の石座にテグスを通したら、Ⓗのシャワー金具の中央に結んで留める（→P17）。
③ ①のテグスにⒸ、Ⓓ、Ⓒの順で通したら、②のⒶの周りに結んで留める（→P17）。これをⒶの周りを1周するまで繰り返す。
④ アーティスティックワイヤーの中央にⒺを通したら、5㎜ねじって留める。これを繰り返し、小枝を作る（→P31）。
⑤ ③のⒽのシャワー金具に④のワイヤーを通し、シャワー金具の裏側でねじって固定する。
⑥ ⑤の裏側に接着剤をつける（→P17）。接着剤が乾いたら、余分なテグスをカットする（→P17）。
⑦ ⑤のⒽのシャワー金具の裏側にリング台のふたを固定する（→P17）。

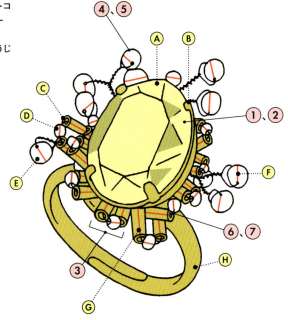

№10 ドロップスワロフスキーとビーズとパールのリング

▶ 完成写真 P99

材料
- Ⓐ スワロフスキー・クリスタル
  （14×10㎜・#4320・クリスタルパウダーブルー）…1個
- Ⓑ 石座（#4320用・ゴールド）…1個
- Ⓒ 竹ビーズ（4㎜・ゴールド）…14個
- Ⓓ 特小ビーズ（1㎜・クリア）…7個
- Ⓔ アクリルパール（約4㎜・両穴・ホワイト）…6個
- Ⓕ テグス（1号）…60㎝×1本
- Ⓖ リング台（14㎜・シャワー金具つき・ゴールド）…1個

道具
- ・平ヤットコ
- ・ニッパー
- ・接着剤
- ・つまようじ

作り方
① Ⓐを石座に留める（→P19）。
② ①の石座にテグスを通したら、Ⓖのシャワー金具の中央よりやや下に結んで留める（→P17）。
③ ①のテグスにⒸ、Ⓓ、Ⓒの順で通したら、②のⒶの上側に沿うように結んで留める（→P17）。これを7回繰り返す。
④ ③のテグスにⒺ1個を通したら、③のⒸとⒹを結んだ上に結んで留める（→P17）。これを6回繰り返す。
⑤ ④の裏側に接着剤をつける（→P17）。接着剤が乾いたら、余分なテグスをカットする（→P17）。
⑥ ⑤のⒼのシャワー金具の裏側にリング台のふたを固定する（→P17）。

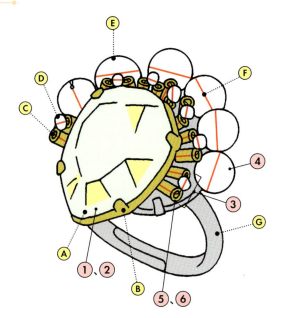

No.11 スターフラワーリング

▶ 完成写真 P99

材料
- Ⓐ ドイツ製ビーズ（10㎜・ホワイトマーブル）…1個
- Ⓑ アクリルビーズ（2㎜・両穴・クリア）…15個
- Ⓒ 竹ビーズ（4㎜・ゴールド）…60個
- Ⓓ アクリルパール（5㎜・両穴・ホワイト）…2個
- Ⓔ アクリルパール（3㎜・両穴・ホワイト）…1個
- Ⓕ テグス（1号）…60㎝×1本
- Ⓖ リング台（12㎜・シャワー金具つき・ゴールド）…1個

道具
- 平ヤットコ
- ニッパー
- 接着剤
- つまようじ

作り方
① テグスにⒶを通したら、Ⓖのシャワー金具の中央よりやや右に結んで留める（→P17）。
② ①のテグスにⒹを通したら、①のⒶの左下に結んで留める（→P17）。同様に、もう1つのⒹ、Ⓔの順に、Ⓓを①のⒶの下、Ⓔを①のⒶの右下に結んで留める（→P17）。
③ ②のテグスにⒸ2個、Ⓑ1個、Ⓒ2個の順で通したら、②のⒶ、Ⓓ、Ⓔの周りを埋めるように結んで留める（→P17）。これを15回ほど繰り返す。
④ ③の裏側に接着剤をつける（→P17）。接着剤が乾いたら、余分なワイヤーをカットする（→P17）。
⑤ ④のⒼのシャワー金具の裏側にリング台のふたを固定する（→P17）。

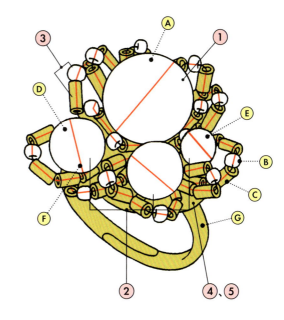

No.12 フラワーリング

▶ 完成写真 P99

材料
- Ⓐ メタルパーツ（フラワー・ゴールド）…1個
- Ⓑ アクリルパール（6㎜・両穴・ホワイト）…5個
- Ⓒ アクリルパール（3㎜・両穴・ホワイト）…10個
- Ⓓ 9ピン（0.7×20㎜・ゴールド）…1本
- Ⓔ Tピン（0.6×25㎜・ゴールド）…1本
- Ⓕ テグス（1号）…60㎝×1本
- Ⓖ リング台（14㎜・シャワー金具つき・ゴールド）…1個

道具
- 平ヤットコ
- ニッパー
- つまようじ
- 接着剤

作り方
① Ⓐの中央にテグスを通したら、Ⓒ3個を通して再びⒶの中央にテグスを通し、Ⓖのシャワー金具に結んで留める（→P17）。
② ①のテグスをⒶの中央に通したら、Ⓑ1個をテグスに通し、再びⒶの中央に通し、シャワー金具に結んで留める（→P17）。これを2回繰り返し、花の中央にⒷ2個を固定する。
③ 9ピンの先端を丸め（→P15）、②のシャワー金具につなぐ。
④ ⒷにTピンを通して、先端を丸めたら（→P15）、③の9ピンとつなぐ。
⑤ ②のテグスに、Ⓑ、Ⓒをランダムに通し、②のⒶの周りを囲むようにⒼのシャワー金具に結んで留める（→P17）。
⑥ ⑤の裏側に接着剤をつける（→P17）。接着剤が乾いたら、余分なテグスをカットする（→P17）。
⑦ ⑤のⒼのシャワー金具の裏側にリング台のふたを固定する（→P17）。

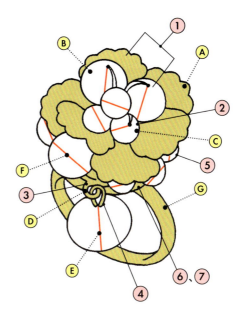

107

No.13 ラウンドモチーフのリング

▶ 完成写真 P100

材料
- Ⓐ グラスビーズ（5㎜・ホワイト）…3個
- Ⓑ メタルリングパーツ（22㎜・ゴールド）…1個
- Ⓒ メタルリングパーツ（18㎜・ゴールド）…1個

道具
- ピンセット
- 接着剤
- つまようじ

作り方
1. Ⓑのメタルリングパーツに接着剤を薄くつける（→P17）。
2. POINTを参考に、①で接着剤をつけた部分に、Ⓐ3個を貼りつける。
3. 接着剤が乾いたら、②のⒶの上部とⒷに接着剤を薄くつける（→P17）。
4. Ⓒのメタルリングパーツを③の上に重ねる。

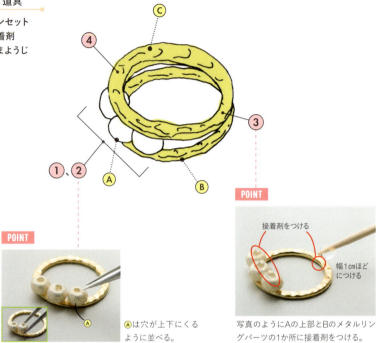

ARRANGE アレンジ
Ⓐをパール（3㎜・ホワイト）1個に変えて作る。

POINT Ⓐは穴が上下にくるように並べる。

POINT 写真のようにⒶの上部とⒷのメタルリングパーツの1か所に接着剤をつける。接着剤をつける／幅1cmほどにつける

No.14 ツイストリング

▶ 完成写真 P100

材料
- Ⓐ クリスタルイラデサント（10㎜・両穴・ライトブルーパール）…1個
- Ⓑ リング台（9〜16号・ゴールド）…1個

道具
- 接着剤
- つまようじ

作り方
1. Ⓐの幅に合わせてリング台を手で開く。
2. Ⓐの一方の穴にリング台のツメに接着剤を少しつけて差し込み、広げながらもう一方も同様にして差し込む。

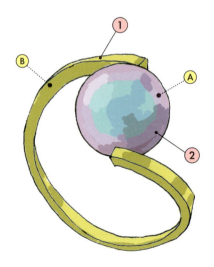

ARRANGE アレンジ
Ⓐをコットンパール（10㎜・両穴・ホワイト）に変えて作る。

No. 15 パールとディスクのリング

▸ 完成写真 P100

材料
- Ⓐ 淡水パール（4〜5㎜・ホワイト）…1個
- Ⓑ チェーン（マットゴールド）…5㎝×1本
- Ⓒ アーティスティックワイヤー
（#26・ノンターニッシュプラス）…5㎝×1本

道具
・平ヤットコ
・丸ヤットコ
・ニッパー

作り方
1. アーティスティックワイヤーとチェーンをメガネ留めしながらつなぐ（→P16）。
2. ①のワイヤーにⒶを通し、①のチェーンのもう一方の端とメガネ留めしながらつなぐ（→P16）。

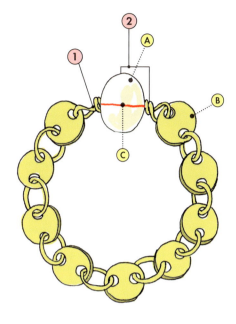

No. 16 華奢チェーンのフリンジリング

▸ 完成写真 P100

材料
- Ⓐ オレンジムーンストーン（3㎜・ラウンドカット）…3個
- Ⓑ チェーン（ゴールド）…2㎝×1本
- Ⓒ チェーン（ゴールド）…1.5㎝×1本
- Ⓓ チェーン（ゴールド）…1㎝×1本
- Ⓔ 丸ピン（0.3×40㎜・ゴールド）…3本
- Ⓕ 丸カン（0.5×2.3㎜・ゴールド）…2個
- Ⓖ リング台（カンつき・ゴールド）…1個

道具
・平ヤットコ
・丸ヤットコ
・ニッパー
・目打ち

作り方
1. チェーンの両端を目打ちで広げる（→P18）。
2. 丸ピンにⒶを通し、Ⓓのチェーンとメガネ留めしながらつなぐ（→P16）。これをⒷのチェーン、Ⓒのチェーンでも同様に作る。
3. ②のチェーン3本を1つの丸カンにつなぐ（→P16）。
4. ③とリング台を丸カンでつなぐ（→P16）。

ARRANGE アレンジ

Ⓐをパイライト（3㎜・ラウンドカット）に変えて作る。

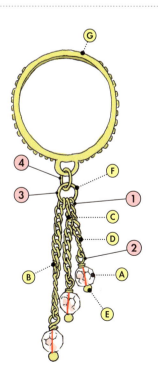

No.17 パールとジルコニアのリング

▸完成写真 P100

材料
- Ⓐ ジルコニア（約6×6×3㎜・カンつき・ゴールド）…1個
- Ⓑ 淡水パール（3〜4㎜・両穴・クリーム）…1個
- Ⓒ Tピン（0.5×25㎜・両穴・ゴールド）…1本
- Ⓓ リング台（丸皿・ゴールド）…1個

道具
- 丸ヤットコ
- ニッパー
- 接着剤
- つまようじ

作り方
① TピンにⒷを通し、先端を丸める（→P15）。
② ①とⒶをつなぐ。
③ リング台の丸皿に接着剤を塗り、②のⒶを貼りつける（→P17）。

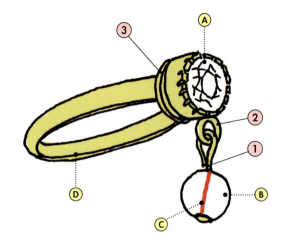

No.18 ハウライトのサークルリング

▸完成写真 P100

材料
- Ⓐ ハウライト（3㎜・ラウンド）…1個
- Ⓑ アーティスティックワイヤー（#28・ノンターニッシュブラス）…10㎝×1本
- Ⓒ 9ピン（0.8×85㎜・ゴールド）…1本
- Ⓓ メタルリング（17㎜・ラウンド・ゴールド）…1個

道具
- 平ヤットコ
- 丸ヤットコ
- ニッパー
- 接着剤
- つまようじ

作り方
① アーティスティックワイヤーをⒹに1周巻きつけたら、Ⓐを通してさらに1周巻きつける。
② ①のワイヤーの巻き始めと巻き終わりに接着剤をつけたら、さらにワイヤーを3周ほど巻きつけ、余分なワイヤーをカットする。
③ 9ピンを2㎝カットし、先端を丸める（→P15）。
④ ③の9ピンを何か丸いものに当てて曲げ、両端を②とつなぐ。

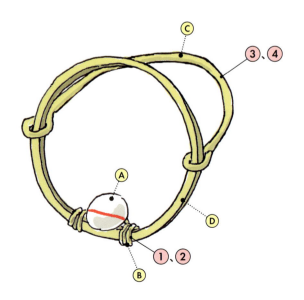

No.19 ドライフラワーのレジンリング

▶完成写真 P100

材料

Ⓐ レジンパーツ
　UVレジン…適量
　ドライフラワー…適量
　シェルフレーク（ホワイト）…適量
Ⓑ リング台（丸皿・シルバー）…1個

道具

・UVライト（またはUV-LEDライト）
・型（シリコンモールド・サークル）
・調色スティック（またはつまようじ）
・接着剤

作り方

① 型にUVレジンを1mmほど薄く流し込み、UVライトを照射する（2～4分）。
② UVレジンをさらに1mmほど薄く流し込み、ドライフラワーをバランスよく乗せる。UVライトを照射する（2～4分）。
③ さらにUVレジンを1mmほど薄く流し込み、シェルフレークを全体に入れる。UVライトを照射する（2～4分）。
④ 型から外す。これでレジンパーツは完成。
⑤ ④の裏にUVレジンをつけてリング台の上に乗せる（→P17）。UVライトを照射する（2～4分）。

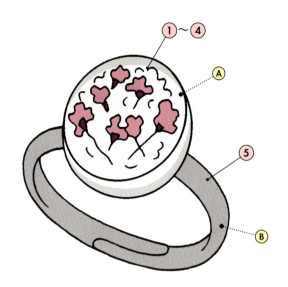

No.20 スワロフスキーリング

▶完成写真 P101

材料

Ⓐ スワロフスキー・クリスタル
　（4mm・#4428・スクエア・ジェット）…1個
Ⓑ リング台（13号・石座つき・ゴールド）…1個

道具

・接着剤
・つまようじ
・ピンセット

作り方

① Ⓑの石座に接着剤を薄くつける（→P17）。
② ①にⒶを貼りつける。

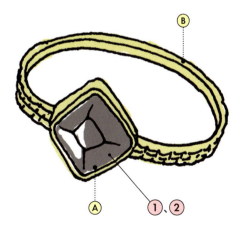

ARRANGE アレンジ

左はⒶをスワロフスキー・クリスタル（ホワイトオパール）に、右はスワロフスキー・クリスタル（ゴールデンシャドウ）に変えて作る。

同じパーツで作れる！

スワロフスキーの一粒ネックレス（P95）

チャームがゆらゆら揺れる、チェーンリング。チャームを変えるだけでアレンジも楽しめます。

21
月と星のリング
P114

Unique ユニーク

ポップなモチーフを取り入れたり、デザインに遊び心をプラスしたり…。ファニーなデザインで、視線を独り占め。

22
花とパールの
フォークリング
P114

23
コットンパールと
ビジュータッセルのリング
P115

24
ビジューと星の
チャームつきリング
P115

25
ピンクトルマリンの
リング
P116

26
パールの
Uリング
P116

Feminine
フェミニン

天然石や繊細なビーズ、パールを組み合わせた、大人かわいいリング。パーツに色を使っても上品なサイズなので、少しおめかししたいときに重宝します。

3種類のリングは、スモーキーな色合いで大人っぽく。細めのリングに、パールで統一感を持たせれば、重ねづけしてもすっきりまとまります。

27
3種のフォークリング
P116

113

No.21 月と星のリング

▸完成写真 P112

材料
- Ⓐ 月のチャーム（10㎜・パールつき・ゴールド）…1個
- Ⓑ 星のチャーム（4㎜・ゴールド）…1個
- Ⓒ チェーン（ゴールド）…80㎜×1本
- Ⓓ スライドボール（3㎜・カンつき・ゴールド）…1個
- Ⓔ 丸カン（0.5×3.5㎜・ゴールド）…2個

道具
- 平ヤットコ
- 丸ヤットコ
- ニッパー
- 目打ち
- テグス（2号）

作り方
1. POINTを参考に、チェーンの先端にテグスを通し、2本のテグスを1本にしてスライドボールを通す。チェーンにスライドボールが通ったらテグスを抜き取る。
2. ①のチェーンの両端を目打ちで広げる（→P18）。
3. ②の一方の端にⒶを丸カンでつなぐ（→P16）。
4. ①のスライドボールのカンにⒷと②のチェーンのもう一方の端を丸カンでつなぐ（→P16）。

ARRANGE アレンジ

左はⒶを十字架のチャーム（7mm×9㎜・ゴールド）に、Ⓑをラインストーン（2㎜・カンつき・クリスタル）に変えて作る。右はⒶをリボンのチャーム（8㎜・ゴールド）、Ⓑをハートのチャーム（4㎜・ゴールド）に変えて作る。

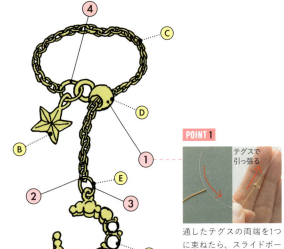

POINT 1

通したテグスの両端を1つに束ねたら、スライドボールを通してチェーンをテグスで引っ張る。

No.22 花とパールのフォークリング

▸完成写真 P112

材料
- Ⓐ レジンパーツ
  - UVレジン（ハード）…適量
  - ミニチュアフラワー…適量
- Ⓑ コットンパール（8㎜・片穴・キスカ）…1個
- Ⓒ フォークリング台（フリー・両側おわんつき・ゴールド）…1個

道具
- 型（ソフトモールド・半球）
- UVライト（またはUV-LEDライト）
- 接着剤
- つまようじ

作り方
1. 型に9割ほどUVレジンを流し込み、ミニチュアフラワーを入れる。UVライトを照射する（2〜4分）。
2. 固まったら、型から取り出す。これでレジンパーツは完成。
3. フォークリング台のおわんに接着剤を薄くつけ、Ⓑ（穴は下に向ける）を接着する（→P17）。
4. ③のもう一方のおわんにも接着剤を薄くつけ、②を接着する（→P17）。

レジンパーツは上から見るとこのような仕上がり。

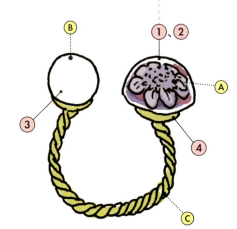

No. 23 コットンパールとビジュータッセルのリング

▶ 完成写真 P112

材料

- Ⓐ コットンパール（14㎜・両穴・ホワイト）…1個
- Ⓑ 飾りつきデザインピン
（0.6×30㎜・ライトゴールド）…1個
- Ⓒ ボールチェーン（ゴールド）…4.8㎝×1本
- Ⓓ ボールチェーン（ゴールド）…3.9㎝×1本
- Ⓔ 連爪チェーン（#101・ジェット）…4.8㎝×1本
- Ⓕ 連爪チェーン（#100・クリスタル）…4㎝×1本
- Ⓖ 連爪チェーン（#100・クリスタル）…3.2㎝×1本
- Ⓗ チェーン（ゴールド）…3.1㎝×1本
- Ⓘ Vカップ（ゴールド）…2個
- Ⓙ チェーンエンド1連（#101・ゴールド）…1個
- Ⓚ チェーンエンド1連（#100・ゴールド）…2個
- Ⓛ 丸カン（0.8×4㎜・ゴールド）…2個
- Ⓜ リング台（カンつき・ゴールド）…1個

道具

- 平ヤットコ
- 丸ヤットコ
- ニッパー
- 接着剤
- つまようじ

作り方

1. Ⓒ、Ⓓの先端にVカップを取りつける（→P75ダイヤとホースシューネックレス参照）。
2. Ⓔの連爪の先端にⒿのチェーンエンドを、ⒻとⒼの連爪の先端にⓀのチェーンエンドをそれぞれ取りつける。
3. POINTを参考に、①、②をすべて1つの丸カンに通す（→P16）。
4. Ⓐにデザインピンを通し、先端を丸める（→P15）。
5. ③、④をリング台のカンに丸カンでつなぐ（→P16）。

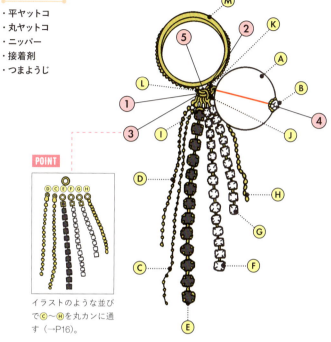

POINT
イラストのような並びでⒸ〜Ⓗを丸カンに通す（→P16）。

No. 24 ビジューと星のチャームつきリング

▶ 完成写真 P112

材料

- Ⓐ スワロフスキー・クリスタル
（PP11・クリスタル）…9個
- Ⓑ 淡水パール（2〜3㎜・両穴・ホワイト）…4個
- Ⓒ デザインピン（0.3×40㎜・丸・極細・ゴールド）…2本
- Ⓓ メタルチャーム（星・ゴールド）…1個
- Ⓔ 丸カン（0.7×4㎜・ゴールド）…2個
- Ⓕ 丸カン（0.5×2.3㎜・ゴールド）…1個
- Ⓖ リング台（ハーフエタニティ2・ゴールド）…1個

道具

- 平ヤットコ
- 丸ヤットコ
- ニッパー
- 接着剤
- つまようじ

作り方

1. リング台の空枠すべての内側に接着剤を薄く塗り、Ⓐ9個を貼りつける（→P17）。
2. デザインピンにⒷ2個を通し、メガネ留めする（→P16）。これを2個作る。
3. ①のリング台と②をⒺの丸カンでつなぐ（→P16）。
4. ③のリング台の右から3番目と4番目のひし形の間にⒻの丸カンを通す。
5. Ⓓと④の丸カンを、Ⓕの丸カンでつなぐ。

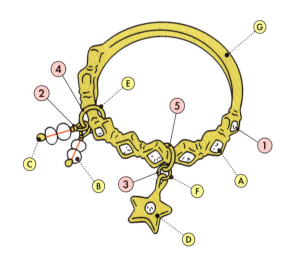

No.25 ピンクトルマリンのリング

▸完成写真 P113

材料
- Ⓐ ピンクトルマリン
  （5×8㎜・ラフカット・ピンク）…1個
- Ⓑ チェーン（ゴールドフィルド）…5㎝×3本
- Ⓒ ソフトワイヤー
  （0.41㎜・ゴールドフィルド）…5㎝×1本

道具
- ・丸ヤットコ
- ・ニッパー
- ・目打ち

作り方
① ソフトワイヤーの先端を丸めてチェーン3本を通し、メガネ留めする（→P16）。Ⓐを通し、先端を丸め、チェーン3本の端を通す。
② ①のソフトワイヤーの端をメガネ留めする（→P16）。

ARRANGE アレンジ
左はⒶをシトリンに、右はアパタイトに変えて作る。

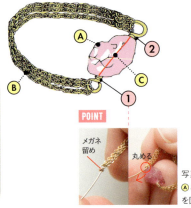

POINT
写真のようにⒶとチェーンを固定する。

No.26 パールのUリング

▸完成写真 P113

材料
- Ⓐ パール（4㎜・両穴・クリーム）…5個
- Ⓑ アーティスティックワイヤー（#24・ゴールド）…3㎝
- Ⓒ ハーフリング台（フリー・カンつき・ゴールド）…1個

道具
- ・平ヤットコ
- ・丸ヤットコ
- ・ニッパー

作り方
① アーティスティックワイヤーの一方の先を丸め、Ⓐをすべて通す。
② ①の余分なワイヤーをカットし、もう一方の先も丸める。
③ ②を手で曲げてカーブを作り、リング台とつなぐ。

ARRANGE アレンジ
Ⓐをチェコビーズ（ブルー）、メタルパーツ（約2.5㎜・ゴールド）に変えて作る。

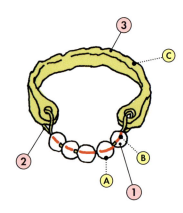

No.27 3種のフォークリング

▸完成写真 P113

aの材料
- Ⓐ スワロフスキー・クリスタルパール
  （6㎜・#5818・ホワイト）…1個
- Ⓑ スワロフスキー・クリスタル
  （4×2㎜・#4501・ブラックダイヤ）…3個
- Ⓒ アクリルパール（2㎜・無穴・ホワイト）…4個
- Ⓓ フォークリング台（11号・ゴールド）…1個

bの材料
- Ⓐ スワロフスキー・クリスタル
  （4×2㎜・#4501・ブラックダイヤ）…1個
- Ⓑ アクリルパール（2㎜・無穴・ホワイト）…5個
- Ⓒ フォークリング台（11号・ゴールド）…1個

cの材料
- Ⓐ スワロフスキー・クリスタル（1.9～2㎜・#1028・クリスタルゴールデンシャドウ）…6個
- Ⓑ アクリルパール（2㎜・無穴・ホワイト）…6個
- Ⓒ フォークリング台（11号・ゴールド）…1個

道具
- ・接着剤
- ・つまようじ

作り方
それぞれのリング台の台座の内側に薄く接着剤を塗り、パーツを貼りつける（→P16）。

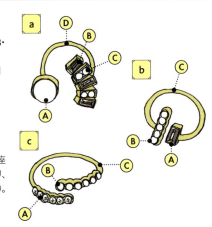

はじめてのアクセサリー作りのコツ

No. 2 column

簡単に作れるデザインからチャレンジしてみよう！

一見難しそうに見えるデザインでも、構造が分かれば簡単に作れるものもたくさんあります。
以下の3つの作り方はアクセサリー作りの基本。初心者さんにもおすすめです。

丸カンでパーツをつなぐだけ！

＼ピアスの場合／　　＼ブレスレットの場合／

つなぐだけ！

トライアングルゴールド　　ボックスチェーンブレスレット
ピアス（P27）　　　　　　（P143）

「カン」と呼ばれる通し穴つきのパーツなら、アクセサリー金具に丸カンでつなぐだけで素敵なアクセサリーになります。揺れるデザインをはじめ、小さなパーツを組み合わせることができるので、デザインの幅が広がります。

接着剤で貼るだけ！

＼ピアスの場合／　　＼リングの場合／

貼るだけ！

ビジューキャッチの　　　スワロフスキーリング
パールピアス（P64）　　（P111）

アクセサリー金具には「皿つき」「空枠つき」などと呼ばれる、パーツを貼るための土台がついているものがあります。これを使えば工具を使わず、ビジューやパールなどのパーツを接着剤で貼りつけるだけで作れます。

市販のチェーンにつなぐだけ！

＼ネックレスの場合／

アジャスターつき

つなぐだけ！

ルビーハート　　　　　ターコイズとフラワー
ネックレス（P77）　　ネックレス（P79）

ネックレス作りは、留め具と呼ばれる「ヒキワ」と「アジャスター」を先端につけるのが一般的ですが、初心者さんはすでに留め具のついたネックレスチェーンを使うのをおすすめします。パーツを丸カンなどでつなぐだけでできるお手軽アイテムです。

Feature
セットで作るアクセサリー

ピアスとブレスレット、ネックレスとイヤリングといったように、セット使いできるアクセサリーを作ってみましょう。ポイントは、主役となるパーツを決めること。色やデザインに統一感を持たせると、すっきりまとまります。

ピンクチェーンのロックな
ブレスレット&ピアス

01 / HOW TO MAKE P122

02
HOW TO MAKE
P122

三角メタルプレートの
ブレスレット＆ピアス

04
HOW TO MAKE
P124

ふたつ星のネックレス＆
ブレスレット＆
ピアス

03
HOW TO MAKE
P123

チェーンタッセル
ネックレス＆ピアス

05
HOW TO MAKE
P125

ビジューとパールの
ブレスレット＆ピアス

06
HOW TO MAKE
P126

ラピスラズリのスティック
ネックレス＆ピアス

07
HOW TO MAKE
P127

チュールの
リボンバレッタ＆リボンピアス

08
HOW TO MAKE
P128

メタルビーズとパールの
2連ブレスレット＆ピアス

シンプルな服装にこそ、セットアクセサリーの出番。存在感のあるアイテムはつける位置を離してバランスをとって。

09
HOW TO MAKE
P128

ブラックビーズの
ネックレス＆ブレスレット

10
/ HOW TO MAKE
P129

ビジュー×ゴールドの
大人ブレスレット&ピアス

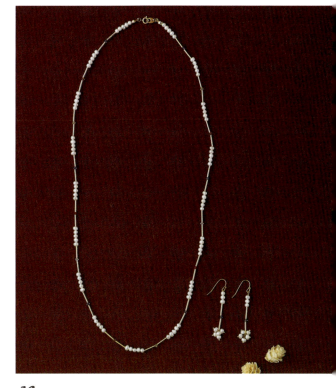

11
/ HOW TO MAKE
P130

大粒パールの
ロングネックレス&ピアス

12
/ HOW TO MAKE
P130

淡水パールとゴールドパイプの
ネックレス&ピアス

Set Accesory

No. 01 ピンクチェーンのロックなブレスレット＆ピアス

▸ 完成写真 P118

材料

- Ⓐ チェーン（1.4㎜・ゴールド）…45㎜×4本
- Ⓑ チェーン（0.7㎜・ピンク）…45㎜×9本
- Ⓒ コットンパール（6㎜・両穴・ホワイト）…5個
- Ⓓ Tピン（0.6×30㎜・ゴールド）…1本
- Ⓔ 9ピン（0.6×30㎜・ゴールド）…4本
- Ⓕ 丸カン（0.7×4㎜・ゴールド）…4個
- Ⓖ ヒキワ（7㎜・ゴールド）…1個
- Ⓗ アジャスター（60㎜・ゴールド）…1個
  ※先端についているメタルボールは外して使う。
- Ⓘ ピアス金具（U字・ゴールド）…1ペア

作り方

① 9ピンにⒸ1個を通し、先端を丸める（→P15）。これを2個作る。
② ①のカンにそれぞれⒷのチェーンを3本まとめてつなぐ。
③ ②のもう一方のカンにⒶのチェーンをそれぞれつなぐ。
④ ③のⒶのチェーンの両端にそれぞれヒキワとアジャスターを丸カンでつなぐ（→P16）。
⑤ TピンにⒸを通し、先端を丸める（→P16）。
⑥ ④のアジャスターの先端に⑤をつなぐ。これでブレスレットは完成。
⑦ 9ピンにⒸを通してパーツを作り、両端にⒶのチェーン1本とⒷのチェーン3本をつなぐ。
⑧ Ⓐのチェーンの端に、ピアス金具を丸カンでつなぐ（→P16）。⑦〜⑧を繰り返し、計2個作る。これでピアスは完成。

道具

- 平ヤットコ
- 丸ヤットコ
- ニッパー

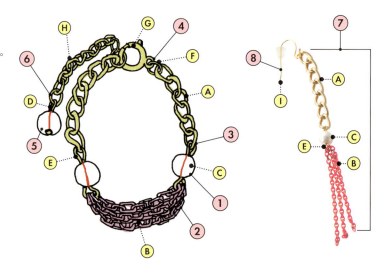

No. 02 三角メタルプレートのブレスレット＆ピアス

▸ 完成写真 P119

材料

- Ⓐ 三角メタルプレート（9㎜・ゴールド）…9個
- Ⓑ 三角メタルフレーム（15㎜・ゴールド）…8個
- Ⓒ 丸カン（0.6×3.5㎜・ゴールド）…21個
- Ⓓ アジャスター（ゴールド）…5㎝
- Ⓔ ヒキワ（6㎜・ゴールド）…1個
- Ⓕ 石つきチャーム（3㎜・クリスタル）…2個
- Ⓖ チェーン（ゴールド）…30㎜×1本
- Ⓗ ピアス金具（カンつき・ゴールド）…1ペア

道具

- 平ヤットコ
- 丸ヤットコ
- ニッパー

作り方

① ⒶとⒷを交互に丸カンでつなぐ（→P16）。
② ①の両端にそれぞれヒキワとアジャスターを丸カンでつなぐ（→P16）。これでブレスレットは完成。
③ Ⓐ、Ⓑ、Ⓕ、Ⓖを好みの順番でそれぞれ丸カンでつなぐ（→P16）。
④ ③にピアス金具を丸カンでつなぐ。③〜④を繰り返し、計2個作る。これでピアスは完成。

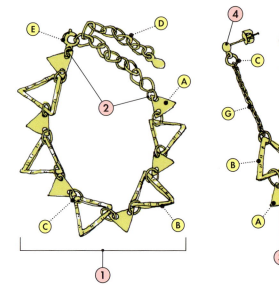

122

03 チェーンタッセルネックレス＆ピアス

▶ 完成写真 P119

材料

- Ⓐ タイガーアイ（7～10㎜・サザレ）…24個
- Ⓑ アマゾナイト（3㎜・ミントグリーン）…59個
- Ⓒ ハウライト（3㎜・ホワイト）…171個
- Ⓓ ビーズ（2㎜・ゴールドフィルド）…14個
- Ⓔ ナイロンコートワイヤー（0.3㎜・ゴールド）…90㎝×1本
- Ⓕ つぶし玉（2×1㎜・ゴールドフィルド）…2個
- Ⓖ 丸カン（0.64×4㎜・ゴールドフィルド）…4個
- Ⓗ チェーン（ゴールドフィルド）…5㎝×21本
- Ⓘ マンテル（ゴールドフィルド）…1ペア
- Ⓙ ソフトワイヤー（0.41㎜・ゴールドフィルド）…5㎝×2本
- Ⓚ ピアス金具（U字・ゴールドフィルド）…1ペア

道具

- ・平ヤットコ
- ・丸ヤットコ
- ・ニッパー

作り方

① ワイヤーにマンテルを通し、つぶし玉で固定する。
② イラストを参考に、①のワイヤーにⒶ、Ⓑ、Ⓒ、Ⓓを通していく。
③ ②の先端に①と同様にしてもう片方のマンテルを固定する。
④ チェーン7本を丸カンでつなぎ、①でつけたマンテルに丸カンでつなぐ（→P16）。これでブレスレットは完成。
⑤ ソフトワイヤーにⒶ2個、Ⓑ1個、Ⓑ1個の順に通したら、両端をメガネ留めして固定する（→P16）。このとき上のメガネ留めは縦向きに、下のメガネ留めは横向きにする。
⑥ チェーン7本を横向きのカンにつなぐ。
⑦ ピアス金具を縦向きのカンにつなぐ。もう片方のピアスはⒷをⒸに変えて、計2個作る。これでピアスは完成。

POINT

ワイヤーにマンテルを通したあと、ワイヤーの両端をつぶし玉に通して引っ張り、つぶし玉をつぶして固定する。

No.01 ふたつ星のネックレス＆ブレスレット＆ピアス

▸完成写真 P119

材料

- Ⓐ 星のスワロフスキー
  （10㎜・#4745・クリスタルシルバーシェード）
  …4個
- Ⓑ 星のスワロフスキー
  （5㎜・#4745・クリスタルローズゴールド）…4個
- Ⓒ 石座（#4745用・ゴールド）…4個
- Ⓓ 石座（#4745用・ゴールド）…4個
- Ⓔ シルキーパール（6㎜・シャンパン）…2個
- Ⓕ シルキーパール（4㎜・クリーム）…8個
- Ⓖ シルキーパール（4㎜・シャンパン）…2個
- Ⓗ シルキーパール（3㎜・クリーム）…2個
- Ⓘ シルキーパール（3㎜・シャンパン）…2個
- Ⓙ 丸大ビーズ（ゴールド）…14個
- Ⓚ シードビーズ（特小・シルバー）…約44個
- Ⓛ コットンパール
  （10㎜・両穴・キスカ）…3個
- Ⓜ テグス（2号）…50㎝×2本、30㎝×2本
- Ⓝ ペンダント金具
  （15㎜・シャワー金具つき・ゴールド）…2個
- Ⓞ ボールチップ（ゴールド）…2個
- Ⓟ Tピン（0.5×20㎜・ゴールド）…4本
- Ⓠ デザインピン（ゴールド）…1本
- Ⓡ Cカン（0.5×3㎜・ゴールド）…7個
- Ⓢ 丸カン（0.6×3㎜・ゴールド）…1個
- Ⓣ バチカン（ゴールド）…1個
- Ⓤ カニカン（ゴールド）…2個
- Ⓥ アジャスター（ゴールド）
  …5㎝×1本、4.5㎝×1本
- Ⓦ チェーン（ゴールド）…40㎝×1本
- Ⓧ コットンパール（6㎜・両穴・キスカ）
  …2個
- Ⓨ ラインストーンつきパーツ
  （14×10㎜・だ円・シルバー）…1個
- Ⓩ デザインチェーン（ゴールド）…5㎝×2本
- ⓐ ボールキャッチ（ゴールド）…1ペア
- ⓑ ピアス金具
  （15㎜・シャワー金具つき・ゴールド）
  …1ペア

作り方

① Ⓐ、Ⓑを石座に留める（→P19）。
② ①のⒶの石座の穴にテグスを通し、Ⓝのシャワー金具に結んで留める（→P17）。
③ Ⓑの石座の穴に②のテグスを通し、Ⓐの横に結んで留める（→P17）。
④ Ⓔ、Ⓕの順に③のテグスを通し、Ⓐの外側にそれぞれ結んで留める（→P17）。
⑤ Ⓑ、Ⓒの順に④のテグスを通し、Ⓐの外側にそれぞれ結んで留める（→P17）。
⑥ Ⓒ、Ⓔの順に⑤のテグスを通し、Ⓒの両脇にそれぞれ結んで留める（→P17）。
⑦ Ⓙ4個を⑥のテグスに通し、それぞれ結んで留める（→P17）。
⑧ Ⓚを⑦のテグスに通し、シャワー金具の一番外側の隙間を埋めるように、3個程度ずつ結んで留める（→P17）。結び目に接着剤をつけて固定する（→P17）。結び目が乾いたら、余分なテグスをカットする（→P17）。
⑨ ⑧のシャワー金具の裏側にペンダント金具のふたを固定する（→P17）。
⑩ デザインピンにⓁを通し、先端を丸める（→P15）。⑨のシャワー金具の一方のカンとつなぐ。
⑪ ⑩のシャワー金具のもう一方のカンとバチカンをつなぐ。
⑫ チェーンの端にボールチップをつける（→P18）。
⑬ ⑫を⑪のバチカンに通す。
⑭ TピンにⒻを通し、先端を丸め（→P15）、アジャスターの先とつなぐ。
⑮ ⑬で通したチェーンの両端に⑭とカニカンをそれぞれCカンでつなぐ（→P16）。これでペンダントは完成。
⑯ TピンにⓁを通し、先端を丸ヤットコで丸める。これを2個作る。
⑰ ①〜⑨と同じパーツを作り、ⓎをCカンでつなぐ（→P16）。両端にチェーン（5cm）をつなぐ。
⑱ ⑭と同様のアジャスターを作る。チェーンの両端にカニカンとアジャスターをCカンでつなぐ。これでブレスレットは完成。
⑲ Ⓐ、Ⓑ、Ⓙ3個を下イラスト（右）のようにシャワー金具に結び留める。隙間があるところにⓀを結び留める。
⑳ シャワー金具の裏側にピアス金具のふたを固定する。ボールキャッチをつける。⑲〜⑳を繰り返し、計2個作る。これでピアスは完成。

道具

- 平ヤットコ
- 丸ヤットコ
- ニッパー
- 接着剤
- つまようじ

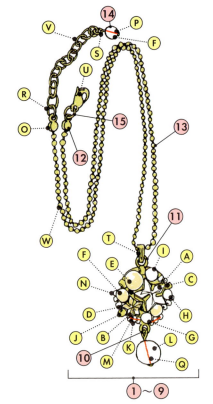

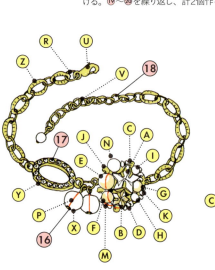

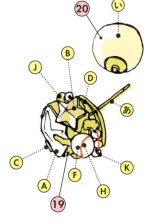

No. 05 ビジューとパールのブレスレット＆ピアス

▶ 完成写真 P119

材料

- Ⓐ スワロフスキー（18×13㎜・#1088・トパーズ）…3個
- Ⓑ 石座（#1088用・ゴールド）…3個
- Ⓒ コットンパール（8㎜・両穴・キスカ）…38個
- Ⓓ ロンデルバー（19×5㎜・クリスタル）…4個
- Ⓔ シルクリボン（ブラウン）…32㎝×1本
- Ⓕ テグス（4号）…約25㎝×2本
- Ⓖ ボールチップ（3㎜・ゴールド）…4個
- Ⓗ つぶし玉（2㎜・ゴールド）…4個
- Ⓘ デザイン丸カン（15㎜・ツイスト・ゴールド）…1個
- Ⓙ 丸カン（0.8×5㎜・ゴールド）…3個
- Ⓚ 丸カン（0.7×4㎜・ゴールド）…1個
- Ⓛ ヒキワ（6㎜・ゴールド）…1個
- Ⓜ スワロフスキー連爪（3㎜・#110）
  …4コマ×2個、5コマ×2個
- Ⓝ Tピン（0.8×65㎜・ゴールド）…2本
- Ⓞ ピアス金具（丸皿・ゴールド）…1ペア

道具

- ・平ヤットコ
- ・丸ヤットコ
- ・ニッパー
- ・接着剤
- ・つまようじ

作り方

① Ⓐに石座を留める（→P19）。
② テグス2本の一方の先にボールチップとつぶし玉を通し、固定する（→P18）。
③ ②のテグスのうちの1本にPOINTのような並びで、①のパーツ、Ⓒ、Ⓓを通す。
④ 先をボールチップとつぶし玉で固定する。
⑤ ②の残りのテグスにⒸと、①、③のⒹをPOINTのように通し、④と同様にして先を処理する。両端にそれぞれヒキワとデザインカンをⒿの丸カンでつなぐ（→P16）。
⑥ シルクリボンを蝶々結びにし、結び目にⒿの丸カンを通し、デザイン丸カンにⓀの丸カンでつなぐ（→P16）。これでブレスレットは完成。
⑦ ①のパーツの下部に接着剤で4コマのⓂを貼り、その下部に5コマのⓂを貼る。
⑧ ⑦の裏にピアス金具を接着剤で貼る。
⑨ TピンにⒸ3個を通し、先端を丸める（→P15）。
⑩ ピアス金具に⑨を通し、キャッチをはめる。⑦～⑩を繰り返し、計2個作る。これでピアスは完成。

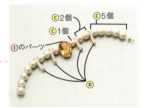

テグスに写真の並びで通す。

①のパーツと、Ⓓの側面にあるもう1つの穴にワイヤーを通してⒸのパールをつなげていき、2本を合体する。

テグスはⒸ2個に一度通してから余分をカットし、つぶし玉をつぶしてボールチップを閉じて固定する。

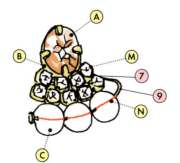

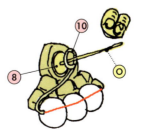

No. 06 ラピスラズリのスティックネックレス＆ピアス

▸完成写真 P120

材料

- Ⓐ ラピスラズリ（17〜22㎜・スティックチップ）…11個
- Ⓑ オレンジムーンストーン（5〜10㎜・サザレ）…18個
- Ⓒ ビーズ（2㎜・ゴールドフィルド）…16個
- Ⓓ ハーフハードワイヤー
  （0.41㎜・ゴールドフィルド）…9㎝×1本、7㎝×2本
- Ⓔ チェーン（ゴールドフィルド）…17.5㎝×2本、2.5㎝×4本
- Ⓕ チェーン（ゴールドフィルド）…5㎝×1本
- Ⓖ 丸ピン（0.5×2.8㎜・ゴールドフィルド）…1本
- Ⓗ 丸カン（0.5×2.8㎜・ゴールドフィルド）…4個
- Ⓘ ヒキワ（5㎜・ゴールドフィルド）…1個
- Ⓙ ピアス金具（カンつき・ゴールドフィルド）…1ペア

道具

- 平ヤットコ
- 丸ヤットコ
- ニッパー
- 目打ち

作り方

① Ⓔのチェーンの両端のコマを広げる（→P18）。
② ワイヤー（9㎝）にⒺのチェーン（17.5㎝）の先端のコマを通し、メガネ留めしながらつなげる（→P16）。
③ POINTを参考に、Ⓐ、Ⓑ、Ⓒを②のワイヤーに通す。
④ ワイヤーを手で軽く曲げてカーブをつけたら、先にもう1本のⒺのチェーンの先端のコマを通し、メガネ留めしながらつなげる（→P16）。
⑤ 丸ピンにⒷを2個通したら、Ⓕのチェーンを通し、メガネ留めしながらつなげ（→P16）、アジャスターを作る。
⑥ ④のⒺのチェーンの両端にヒキワと⑤のアジャスターをそれぞれ丸カンでつなぐ（→P16）。これでネックレスは完成。
⑦ ワイヤー（7㎝）にチェーン（2.5㎝）を通し、メガネ留めする（→P16）。
⑧ Ⓐ3個、Ⓑ4個、Ⓒ4個をイラストの並びで通し、手で軽く曲げてカーブをつける。
⑨ チェーン（2.5㎝）をワイヤーに通し、メガネ留めしたら（→P16）、チェーン同士を丸カンでつなぐ（→P16）。
⑩ 丸カンにピアス金具をつなぐ。④〜⑩を繰り返し、計2個作る。これピアスは完成。

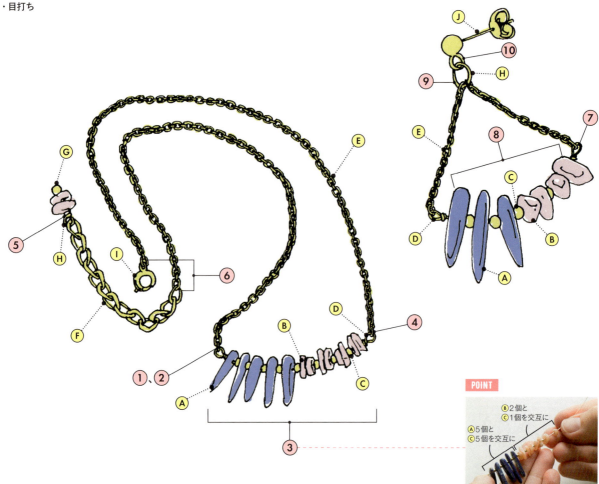

POINT
Ⓑ2個とⒸ1個を交互に
Ⓐ5個とⒸ5個を交互に

ⒶとⒸを交互に5回、ⒷとⒸを交互に4回（4回目はビーズは通さない）ワイヤーに通す。

No. 07 チュールのリボンバレッタ&リボンピアス

▶ 完成写真 P120

材料

- Ⓐ グログランリボン（50㎜幅・ブルー）
　…54㎝×1本、16㎝×2本
- Ⓑ コットンパール（14㎜・両穴・キスカ）…3個
- Ⓒ チュール（ブラック水玉）…10×10㎝×1枚、4×3㎝×2枚
- Ⓓ チュール（ブルー）…10×8㎝×1枚、4×3㎝×2枚
- Ⓔ フェルト（ブラック）…8×5㎝×3枚、直径13㎜×2枚
- Ⓕ バレッタ金具（シルバー）…1個
- Ⓖ コットンパール（10㎜・両穴・キスカ）…2個
- Ⓗ シルキーパール（4㎜・ホワイト）…4個
- Ⓘ チェコビーズ（3㎜・ホワイト）…8個
- Ⓙ チェコビーズ（2㎜・ホワイト）…16個
- Ⓚ メタルビーズ（1㎜・ゴールド）…約44個
- Ⓛ ピアス金具（6㎜・カンつき・ゴールド）…1ペア

道具

- ・針
- ・糸（白）
- ・ハサミ
- ・布用接着剤
- ・目打ち

作り方

① リボンを好きなようにずらしながら5回ほど蛇腹に折り、折り重なったヒダ部分を10回ほど縫い合わせて固定する。
② Ⓒを蛇腹に丸く折りたたみ、POINTを参考に、さらに下部を半分に谷折りする。①のリボンを裏返し、折りたたんだⒸを縫いつける。
③ ②と同様に、Ⓓも4㎝程度にクシュクシュと折り重ね、②のⒸの上に縫いつける。
④ ③の裏側から針を出して糸を引き、Ⓑを3個通してPOINTを参考に縫いつける。
⑤ フェルトに縦に2か所切り込みを入れ、バレッタ金具を通す。
⑥ ④と⑤を接着剤で貼り合わせる。これでバレッタは完成。
⑦ Ⓐを花の形に折り重ね、中央を縫い留める。
⑧ ⒸとⒹを⑦のように縫い留める。
⑨ ⑧の上にⒷを縫いつける。Ⓗ1個、Ⓘ2個、Ⓙ4個、Ⓗ1個、Ⓘ2個、Ⓙ4個の順で糸に通し、Ⓑに巻きつけるようにして縫い留める。
⑩ メタルビーズに糸を通し、⑨に巻き付けるように縫い止める。
⑪ 目打ちでフェルトに穴をあけ、ピアス金具を通し、接着剤で⑩に貼りつける。⑦～⑪を繰り返し、計2個作る。これでピアスは完成。

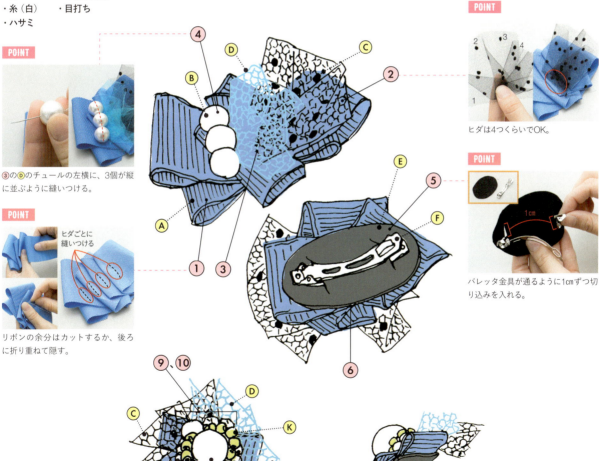

POINT
③のⒹのチュールの左横に、3個が縦に並ぶように縫いつける。

POINT
ヒダごとに縫いつける
リボンの余分はカットするか、後ろに折り重ねて隠す。

POINT
ヒダは4つくらいでOK。

POINT
バレッタ金具が通るように1㎝ずつ切り込みを入れる。

No.08 メタルビーズとパールの2連ブレスレット＆ピアス

▶完成写真 P120

材料
- Ⓐ メタルビーズ（1㎜・ゴールド）…44個
- Ⓑ ガラスパール（3㎜・ホワイト）…9個
- Ⓒ 9ピン（0.5×30㎜・ゴールド）…6本
- Ⓓ Cカン（0.45×2.5×3.5㎜・ゴールド）…4個
- Ⓔ チェーン（ゴールド）…6㎝×2本
- Ⓕ チェーン（ゴールド）…5.5㎝×2本
- Ⓖ ヒキワ（6㎜・ゴールド）…1個
- Ⓗ アジャスター（30㎜・ゴールド）…1本
- Ⓘ デザイン曲パイプ（1.3×20cm・マットゴールド）…2本
- Ⓙ チェーン（ゴールド）…3㎝×4本
- Ⓚ ピアス金具（アメリカン・ゴールド）…1ペア

作り方
① 9ピンにⒶを20個通し、先端を丸める（→P15）。
② 9ピンにⒷを3個通し、先端を丸める（→P15）。
③ ①の両端にそれぞれⒺのチェーンをつなぐ。
④ ②の両端にそれぞれⒻのチェーンをつなぐ。
⑤ ③、④のチェーンの端をそれぞれCカンでつないで束ねる。
⑥ ⑤のCカンにヒキワとアジャスターをそれぞれつなぐ。これでブレスレットは完成。
⑦ 9ピンにⒶ6個、Ⓑ3個、Ⓐ6個の順で通し、先端を丸めたら両端にチェーンをつなぐ。
⑧ チェーンの両端をCカンでつなぐ（→P16）。
⑨ 9ピンにⒾを通し、先端を丸める（→P15）。
⑩ ④のパーツの1㎝上部のチェーンに⑧をつなぐ。
⑪ ⑧のCカンにピアス金具をつなぐ。⑦～⑪を繰り返し、計2個作る。これでピアスは完成。

道具
- ・平ヤットコ
- ・丸ヤットコ
- ・ニッパー

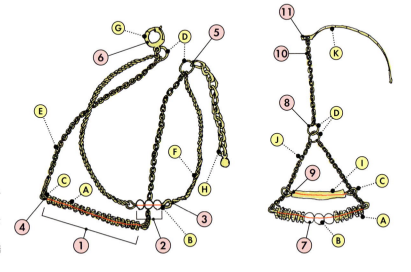

No.09 ブラックビーズのネックレス＆ブレスレット

▶完成写真 P120

材料
- Ⓐ アクリルビーズ（6㎜・ブラック）…261個
- Ⓑ シールドビーズ（2㎜・ブラック）…263個
- Ⓒ テグス（2号・0.23㎜）…50㎝×2本
- Ⓓ ボールチップ（内径2㎜・ゴールド）…4個
- Ⓔ つぶし玉（外径1.5㎜・ゴールド）…4個
- Ⓕ ヒキワ（5.5㎜・ゴールド）…1個
- Ⓖ 板ダルマ（3×8㎜・ゴールド）…1個
- Ⓗ マンテル（ゴールド）…1ペア

道具
- ・平ヤットコ　・ニッパー

作り方
① テグスにPOINTを参考にⒶ、Ⓑを通し、両端をボールチップとつぶし玉で固定する（→P18）。
② ①の両端にヒキワと板ダルマをそれぞれつなぐ。これでネックレスは完成。
③ テグスにⒶ83個、Ⓑ84個を交互に通し、両端をボールチップとつぶし玉で固定する（→P18）。
④ ③の両端にマンテルをつなぐ。これでブレスレットは完成。

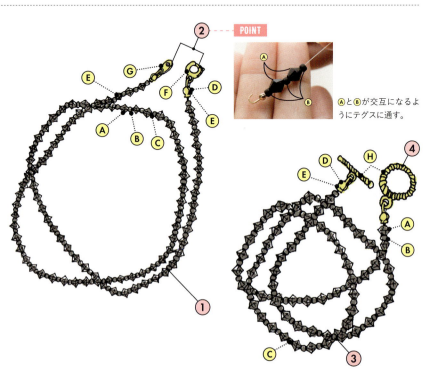

ⒶとⒷが交互になるようにテグスに通す。

No.10 ビジュー×ゴールドの大人ブレスレット&ピアス

▶完成写真 P121

材料
- Ⓐ ツメつきラインストーン（6㎜・ネイビー/ゴールド）…3個
- Ⓑ ツメつきカットガラス（10×5㎜・マーキス・クリア/ゴールド）…2個
- Ⓒ シルキーパール（4㎜・ホワイト）…1個
- Ⓓ メタルチャーム（コイン・ゴールド）…1個※
- Ⓔ スカシパーツ（15㎜・花六弁・ゴールド）…1個
- Ⓕ 丸カン（0.6×3㎜・ゴールド）…4個
- Ⓖ チェーン（ゴールド）…6㎝×2本
- Ⓗ ヒキワ（6㎜・ゴールド）…1個
- Ⓘ アジャスター（60㎜・ゴールド）…1本
　※カンはニッパーでカットして使う。
- Ⓙ メタルリングパーツ（30㎜・マットゴールド）…2個
- Ⓚ 丸カン（0.8×5㎜・ゴールド）…2個
- Ⓛ 丸カン（0.7×4㎜・ゴールド）…4個
- Ⓜ ピアス金具（U字・ゴールド）…1ペア

道具
- UVライト（またはUV-LEDライト）
- クリアファイル
- 平ヤットコ
- 丸ヤットコ
- ニッパー
- UVレジン（接着剤がわりに使用）

作り方
① スカシパーツにUVレジンを薄く流し、Ⓐ1個、Ⓑ、Ⓒ、Ⓓを配置する（スカシパーツの左右にはのちほど丸カンを通すのでUVレジンを流さないようにする）。UVライトを照射する（2～4分）。
② 各パーツのすき間を埋めるようにさらにUVレジンを流し込む。UVライトを照射する（2～4分）。
③ 裏返し、スカシパーツ全体にUVレジンを薄く流し、UVライトを照射する（2～4分）。
④ ③のスカシパーツの両端にチェーン2本を丸カンでつなぐ（→P16）。
⑤ ④のチェーンの先にそれぞれヒキワとアジャスターを丸カンでつなぐ（→P16）。これでブレスレットは完成。
⑥ Ⓐの上下にⓁの丸カンを1個ずつつなぐ（→P16）。
⑦ ⑥の下の丸カンとⒿをⓀの丸カンでつなぐ（→P16）。
⑧ ⑥の上の丸カンにピアス金具をつなぐ（→P16）。⑥～⑧を繰り返し、計2個作る。これでピアスは完成。

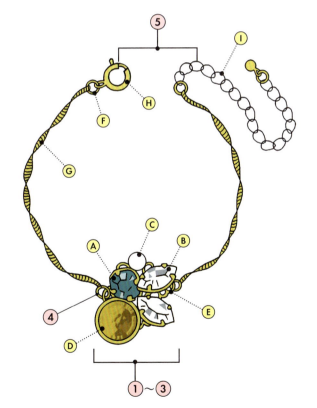

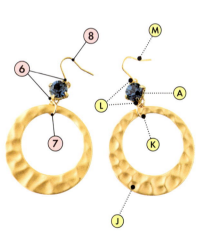

No.11 大粒パールのロングネックレス＆ピアス

▶完成写真 P121

材料

- Ⓐ シルキーパール（8㎜・ホワイト）…66個
- Ⓑ シルキーパール（5㎜・ホワイト）…4個
- Ⓒ アクリル丸玉（5㎜・ホワイト）…27個
- Ⓓ スペーサー…50個
- Ⓔ ワックスコード（ホワイト）…90㎝×1本
- Ⓕ ボールチップ（3㎜・ゴールド）…4個
- Ⓖ 丸カン（1.2×7㎜・ゴールド）…2個
- Ⓗ カニカン（ゴールド）…1個
- Ⓘ アジャスター（60㎜・ゴールド）…1個
- Ⓙ シルキーパール（12㎜・ホワイト）…2個
- Ⓚ ラウンドワイヤーフープ（ゴールド）…2個
- Ⓛ 丸カン（0.7×4㎜・ゴールド）…6個
- Ⓜ ピアス金具（U字・ゴールド）…1ペア

道具

- 平ヤットコ
- 丸ヤットコ
- ニッパー
- 接着剤
- つまようじ

作り方

① ワックスコードに、Ⓐ、Ⓑ、Ⓓ、Ⓒの順に通していき、すべて通したら両端を玉留めする。
② ①で玉留めした部分に接着剤をつけ、それぞれボールチップではさんで固定する（→P18）。
③ ②のボールチップにそれぞれカニカンとアジャスターを丸カンでつなぐ（→P16）。
④ ②の真ん中あたりを3か所結ぶ。これでネックレスは完成。
⑤ ラウンドワイヤーフープにⒶ3個、Ⓙ1個、Ⓐ3個の順で通す。
⑥ フープのカンとピアス金具をⓁの丸カン3個でつなぐ（→P16）。⑤～⑥を繰り返し、計2個作る。これでピアスは完成。

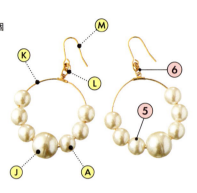
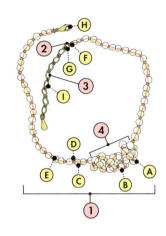

No.12 淡水パールとゴールドパイプのネックレス＆ピアス

▶完成写真 P121

材料

- Ⓐ スワロフスキー・クリスタル（3㎜・タンザナイト）…3個
- Ⓑ スワロフスキー・クリスタル（3㎜・ジョンキル）…3個
- Ⓒ スワロフスキー・クリスタル（3㎜・ブラッシュローズ）…3個
- Ⓓ スワロフスキー・クリスタル（3㎜・デニムブルー）…5個
- Ⓔ スワロフスキー・クリスタル（3㎜・クリスタル）…2個
- Ⓕ スワロフスキー・クリスタル（3㎜・ルビー）…2個
- Ⓖ 淡水パール（3.5～4㎜・ポテト・両穴）…101個
- Ⓗ 直パイプ（1.0×10㎜・ゴールド）…36個
- Ⓘ ボールチップ（3㎜・ゴールド）…2個
- Ⓙ つぶし玉（2㎜）…2個
- Ⓚ ナイロンコードワイヤー（0.3㎜・ゴールド）…70㎝×1本
- Ⓛ 丸カン（0.8×4㎜・ゴールド）…2個
- Ⓜ ヒキワ（6㎜・ゴールド）…1個
- Ⓝ 板ダルマ（6×8㎜・ゴールド）…1個
- Ⓞ アーティスティックワイヤー（ノンターニッシュプラス・#26）…約8cm×2本
- Ⓟ デザインピン丸（0.5×20mm・ゴールド）…10本
- Ⓠ ピアス金具（U字・ゴールド）…1ペア

道具

- 平ヤットコ ・接着剤
- 丸ヤットコ ・つまようじ
- ニッパー

作り方

① ナイロンコードワイヤーにつぶし玉とボールチップを通し、つぶし玉をつぶして固定する（→P18）。
② イラストを参考に、Ⓖを5個通したら、Ⓗ1個、各スワロフスキー・クリスタル（Ⓐ～Ⓕ）、Ⓗ1個の並びを1セットとして、順に①のワイヤーに通していく。
③ ①と同様にして、ワイヤーの先をボールチップとつぶし玉で処理する（→P18）。
④ ③の両端にヒキワと板ダルマをそれぞれ丸カンでつなぐ（→P16）。これでネックレスは完成。
⑤ デザインピンにⒼを通し、先端を丸める。これを5個作る。
⑥ アーティスティックワイヤーの先端を丸め、⑤をすべて通し、メガネ留めする。
⑦ ⑥にⒽ、Ⓓ、Ⓗ、Ⓖ3個の順で通す。
⑧ ⑦にピアス金具を通し、メガネ留めしながらつなぐ。⑤～⑧を繰り返し、計2個作る。これでピアスは完成。

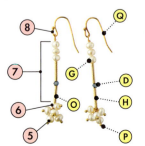
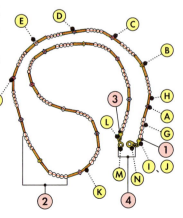

Chapter 4
Bracelet Bangle Anklet
ブレスレット バングル アンクレット

Elegant
エレガント —————————— 132

Stylish
スタイリッシュ —————————— 134

Mode
モード —————————— 146

Pop
ポップ —————————— 148

/ 01 /
パール×ゴールドの
3連ブレスレット
P136

/ 02 /
ビーズとパールの
ロマンティックブレスレット
P136

パールづくしの洗練された
ブレスレット。ゴールドの
差し色がアクセントに。

大ぶりで優しい色合いのアクリルビーズに
ガラスパールをつなげました。
留め金具のデザインにもこだわって。

Elegant
エレガント

上品な輝きを放つパールが主役のブレスレット。どんなファッションにもなじみやすく、レディな装いを叶えてくれる一品です。

/ 03 /
シェルの
フラワーブレスレット
P137

/ 04 /
コットンパールの
チェーンブレスレット
P137

/ 05 /
パールとリボンの
ブレスレット
P138

/ 07 /
ゴールドビーズとパールの
リングブレスレット
P139

/ 06 /
パールとメタルリーフの
シャワーブレスレット
P138

/ 08 /
コットンパールと
メタルリングのブレスレット
P140

/ 09 /
コットンパールの
ワイヤーバングル
P140

/ 10 /
コットンパールと
天然石のキラキラバングル
P141

Stylish

スタイリッシュ

華やかな雰囲気のゴールド、繊細でスタイリッシュなシルバー。どちらも洗練された着こなしに一役買ってくれるはず。

/ 12 /
チェーンバングル
P142

/ 11 /
ピンクトルマリンの
ブレスレット
P141

/ 14 /
スクエアパーツの
ブレスレット
P143

/ 13 /
チェーンブレスレット
P142

/ 15 /
ボックスチェーンブレスレット
P143

/ 16 /
ジオメトリック
ブレスレット
P144

/ 17 /
リーフチェーンの
アンクレット
P144

/ 18 /
パールボタンの
ブレスレット
P145

/ 19 /
シェルのバングル
P145

硬質なゴールドのバングルも、シェルを主役にすれば、どこかカジュアルな雰囲気に。シンプルなファッションのアクセントに◎。

Chapter 4　Bracelet Bangle Anklet

No.01 パール×ゴールドの３連ブレスレット

▸ 完成写真 P132

材料
- Ⓐ シルキーパール（3㎜・ホワイト）…140個
- Ⓑ メタルビーズ（約2×2㎜・ゴールド）…10個
- Ⓒ デザイン連バー（3連・ゴールド）…2個
- Ⓓ ボールチップ（2㎜・ゴールド）…6個
- Ⓔ つぶし玉（1.5㎜・ゴールド）…6個
- Ⓕ 丸カン（0.6×3㎜・ゴールド）…2個
- Ⓖ テグス（2号）…30㎝×3本
- Ⓗ マンテル（ゴールド）…1個

道具
- 平ヤットコ
- 丸ヤットコ
- ニッパー

作り方
① テグスにⒶ49個を通し、ボールチップとつぶし玉で固定する（→P18）。これを2個作る。
② もう1本のテグスに、Ⓐ21個、Ⓑ10個、Ⓐ21個の順に通し、ボールチップとつぶし玉で固定する（→P18）。
③ 右の完成イラストを参考に、②が中央にくるように①と②を並べ、両端をデザイン連バーでそれぞれつなぐ。
④ ③のデザイン連バーとマンテルをそれぞれ丸カンでつなぐ（→P16）。

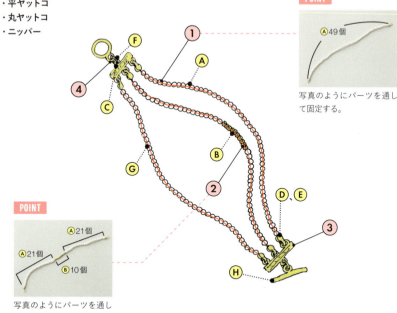

POINT
写真のようにパーツを通して固定する。

POINT
写真のようにパーツを通して固定する。

No.02 ビーズとパールのロマンティックブレスレット

▸ 完成写真 P132

材料
- Ⓐ アクリルビーズ（20×25㎜・両穴・グリーン）…1個
- Ⓑ アクリルビーズ（20×25㎜・両穴・ピンク）…1個
- Ⓒ アクリルビーズ（20×25㎜・両穴・ブラウン）…1個
- Ⓓ メタルビーズ（3×3.5㎜・両穴・ゴールド）…3個
- Ⓔ ガラスパール（8㎜・両穴・ホワイト）…9個
- Ⓕ つぶし玉（2㎜・ゴールド）…2個
- Ⓖ ボールチップ（3㎜・ゴールド）…2個
- Ⓗ 丸カン（0.7×4㎜・ゴールド）…2個
- Ⓘ テグス（4号）…40㎝×1本
- Ⓙ マンテル（20㎜・ゴールド）…1ペア

道具
- 平ヤットコ
- 丸ヤットコ
- ニッパー

作り方
① POINTを参考に、テグスにⒶ、Ⓑ、Ⓒ、Ⓓ、Ⓔを通し、ボールチップとつぶし玉で固定する（→P18）。
② ①の両端にマンテルを丸カンでつなぐ（→P16）。

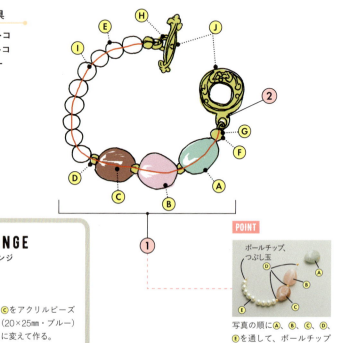

ARRANGE アレンジ
Ⓒをアクリルビーズ（20×25㎜・ブルー）に変えて作る。

POINT
ボールチップ、つぶし玉
写真の順にⒶ、Ⓑ、Ⓒ、Ⓓ、Ⓔを通して、ボールチップとつぶし玉で固定する。

No. 03 シェルのフラワーブレスレット

▶ 完成写真 P133

材料

- Ⓐ チェーン（ゴールド）…3㎝×2本
- Ⓑ チェーン（ゴールド）…2㎝×2本
- Ⓒ モノグラムフラワーチャーム（シェル）…3個
- Ⓓ アクリルパール（5㎜・ホワイト）…1個
- Ⓔ デザインピン（0.5×20㎜・ゴールド）…1本
- Ⓕ Cカン（0.5×2×3㎜・ゴールド）…8個
- Ⓖ ヒキワ（6㎜・ゴールド）…1個
- Ⓗ アジャスター（60㎜・ゴールド）…1個
  ※付属の丸いボールは外して使う。

道具
- 平ヤットコ
- 丸ヤットコ
- ニッパー

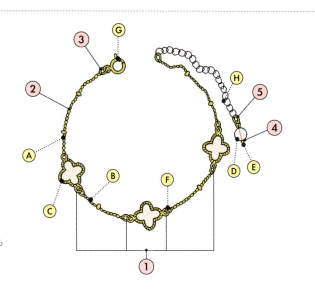

作り方

① Ⓒ3個の間にⒷのチェーン2本をCカンでつなぐ（→P16）。
② ①の両端にⒶのチェーン2本をそれぞれCカンでつなぐ（→P16）。
③ ②のⒶのチェーンの一方の先にヒキワをCカンでつなぐ（→P16）。もう一方の先にアジャスターをCカンでつなぐ（→P16）。
④ デザインピンにⒹを通し、先端を丸める（→P15）。
⑤ ④を③のアジャスターの先につなぐ。

No. 04 コットンパールのチェーンブレスレット

▶ 完成写真 P133

材料

- Ⓐ チェーン（穴が大きめのもの・ゴールド）…85㎜×1本
- Ⓑ チェーン（ゴールド）…55㎜×1本
- Ⓒ チェーン（ゴールド）…40㎜×1本
- Ⓓ コットンパール（10㎜・両穴・キスカ）…5個
- Ⓔ 淡水パール（約7×3㎜・両穴・ホワイト）…1個
- Ⓕ スワロフスキー・クリスタル（8㎜・#5000・ホワイトオパール）…2個
- Ⓖ スワロフスキー・クリスタル（6㎜・#5328・ゴールデンシャドー）…5個
- Ⓗ スワロフスキー・クリスタル（6㎜・#6428・クリスタル）…1個
- Ⓘ リボン（幅3㎜・ホワイト）…25㎝×1本
- Ⓙ ラインストーン（3.5㎜・カンつき・ホワイト）…5個
- Ⓚ カニカン（12×6㎜・ゴールド）…1個
- Ⓛ Tピン（0.7×20㎜・ゴールド）…12本
- Ⓜ Tピン（0.6×15㎜・ゴールド）…1本
- Ⓝ 三角カン（0.6×5×5㎜・ゴールド）…1個
- Ⓞ Cカン（0.8×6×8㎜・ゴールド）…5個
- Ⓟ 丸カン（0.6×3㎜・ゴールド）…1個

道具
- 平ヤットコ
- 丸ヤットコ
- ニッパー
- ハサミ

POINT

1コマに2〜3回巻く。

作り方

① Ⓐのチェーンの両端にⒷのチェーンをつなぐ。
② ⓁのTピンにⒹ1個、Ⓕ1個、Ⓖ1個をそれぞれ1個ずつ通し、先端を丸める（→P15）。これを計12個作る。
③ ⓂのTピンにⒺを通し、先端を丸める（→P15）。
④ Ⓗに三角カンを通す。
⑤ イラストを参考に、①のⒶのチェーンに②をつなぐ。
⑥ POINTを参考に⑤のⒶのチェーンのコマにリボンを通し、ぐるぐると巻きつけて結ぶ。余分なリボンはカットする。
⑦ ⑥のⒷのチェーンとカニカンを丸カンでつなぐ（→P16）。
⑧ ⑦のⒸのチェーンの先に、③、④をつなぐ。

POINT

イラストのような並びでⒹ、Ⓕ、Ⓖ、Ⓙをつなぐ。

ARRANGE
アレンジ

Ⓓをブロンズ、Ⓕ、Ⓖをゴールデンシャドー、Ⓔを茶色に、金具はすべて古美金に変えて作る。

No. 05 パールとリボンのブレスレット

▶完成写真 P133

材料
- Ⓐ 樹脂ケシパール（8㎜・ピンク）…6個
- Ⓑ メタルチャーム（リボン・ゴールド）…1個
- Ⓒ テグス（3号）…10㎝×1本
- Ⓓ ボールチップ（3㎜・ゴールド）…2個
- Ⓔ つぶし玉（2㎜・ゴールド）…2個
- Ⓕ 丸カン（0.7×4㎜・ゴールド）…2個
- Ⓖ 丸カン（0.7×5㎜・ゴールド）…1個
- Ⓗ マンテル（ゴールド）…1ペア
- Ⓘ チェーン（ゴールド）…5㎝×2本

道具
- 平ヤットコ
- 丸ヤットコ
- ニッパー

作り方
1. ⒷにⒼの丸カンを通す（→P16）。
2. テグスの中央に①、その左右にⒶを3個ずつ通し、ボールチップとつぶし玉で固定する（→P18）。
3. ①のボールチップとチェーンをつなぐ。
4. ②の両端にそれぞれマンテルをⒻの丸カンでつなぐ（→P16）。

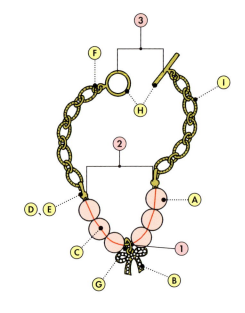

No. 06 パールとメタルリーフのシャワーブレスレット

▶完成写真 P133

材料
- Ⓐ ペンダント（12㎜・シャワー金具つき・2カンつき・ゴールド）…1個
- Ⓑ スワロフスキー・クリスタル（10㎜・#4470・アイボリークリーム）…1個
- Ⓒ 石座（#4470用・ゴールド）…1個
- Ⓓ メタルパーツ（リーフ・通し穴・ゴールド）…2個
- Ⓔ 淡水パール（4㎜・変形・ホワイト）…6個
- Ⓕ 淡水パール（3.5㎜・ホワイト）12個
- Ⓖ 竹ビーズ（4㎜・ホワイト）…16個
- Ⓗ 特小ビーズ（1㎜・ゴールド）…8個
- Ⓘ アーティスティックワイヤー（#28・ゴールド）…10㎝×2本
- Ⓙ テグス（1号）…60㎝×1本、6㎝×2本
- Ⓚ ボールチップ（2㎜・ゴールド）…4個
- Ⓛ つぶし玉（1.5㎜・ゴールド）…4個
- Ⓜ ヒキワ（6㎜・ゴールド）…1個
- Ⓝ アジャスター（60㎜・ゴールド）…1個
- Ⓞ チェーン（ゴールド）…2.5㎝×1本

道具
- 平ヤットコ
- 丸ヤットコ
- ニッパー
- 接着剤
- つまようじ

作り方
1. アーティスティックワイヤーの中央にⒺを通したら、5㎜ねじって留める。これを6回繰り返す（→P31）。
2. ①のワイヤーの先をⒹの通し穴に通す。
3. ②をⒶのシャワー金具に表から通し、シャワー金具の裏でワイヤーをねじって固定する。
4. Ⓑを石座に留める（→P18）。
5. テグス（60㎝）に④を通したら、③のシャワー金具の中央に結んで留める（→P17）。
6. ⑤のテグスにⒻ、Ⓖ、Ⓗの順で通したら、周りに結んで留める（→P17）。これを⑤のⒷの周りを1周するまで繰り返す。
7. ⑥の裏側に接着剤をつける（→P17）。接着剤が乾いたら、余分なテグスをカットする（→P17）。
8. ⑦のシャワー金具の裏側にペンダントを固定する。
9. テグス（5㎝）にⒻを6個通し、ボールチップとつぶし玉で固定する（→P18）。これを2個作る。
10. ⑧の両端に⑨をつなぐ。
11. ⑩の一方の先にチェーンをつなぎ、さらにヒキワを丸カンでつなぐ（→P16）。もう一方の先にアジャスターを丸カンでつなぐ（→P16）。

ARRANGE アレンジ

Ⓑをスワロフスキー・クリスタル（10㎜・#4470・アイボリークリーム）に、Ⓖをゴールドに変えて作る。

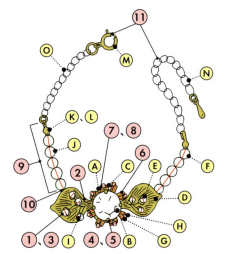

№ 07 ゴールドビーズとパールのリングブレスレット

▶ 完成写真 P133

材料

- Ⓐ ペンダント
  （12㎜・シャワー金具つき・2カンつき・ゴールド）…1個
- Ⓑ 樹脂パール（7㎜・ホワイト）…2個
- Ⓒ 樹脂パール（5㎜・ホワイト）…2個
- Ⓓ 樹脂パール（3㎜・ホワイト）…26個
- Ⓔ チェコビーズ（3㎜・シャンパンラスター）…12個
- Ⓕ メタルビーズ（3×3㎜・ゴールド）…6個
- Ⓖ 特小ビーズ（1㎜・ゴールド）…約200個
- Ⓗ ボールチップ（2㎜・ゴールド）…4個
- Ⓘ つぶし玉（1.5㎜・ゴールド）…4個
- Ⓙ テグス（1号）…60㎝×1本、8㎝×4本
- Ⓚ デザイン丸カン（1×10㎜・ツイスト・ゴールド）…4個
- Ⓛ マンテル（ゴールド）…1ペア
- Ⓜ チェーン（ゴールド）…3㎝×1本
- Ⓝ チェーン（ゴールド）…2㎝×1本

道具

- 平ヤットコ
- 丸ヤットコ
- ニッパー
- 接着剤
- つまようじ

作り方

① テグス（60㎝）にⒷ1個を通したら、Ⓐのシャワー金具の中心に結んで留める（→P17）。同様にしてⒷをもう1個、Ⓒ2個もそれぞれシャワー金具の中心に結んで留める。
② POINTを参考に①のテグスにⒼ15個程度を通したら、Ⓑ、Ⓒの周りを囲むようにシャワー金具に結んで留めていく（→P17）。これを12回ほど繰り返し、花びらのような形を作る。
③ ②の裏側に接着剤をつける（→P17）。接着剤が乾いたら余分なテグスをカットする。
④ テグス（8㎝）にⒻ1個、Ⓔ3個を交互に通したら、ボールチップとつぶし玉で固定する（→P18）。これを2個作る。
⑤ テグス（8㎝）に、Ⓓ13個を通し、ボールチップとつぶし玉で固定する（→P18）。これを2個作る。
⑥ ④と⑤の両端にデザイン丸カンを通して束ねる。これを2個作る。
⑦ ③の両端に⑥をデザイン丸カンでつなぐ（→P16）。
⑧ ⑦の両端にⓂのチェーンとⓃのチェーンをそれぞれつなぎ、さらにマンテルをつなぐ。

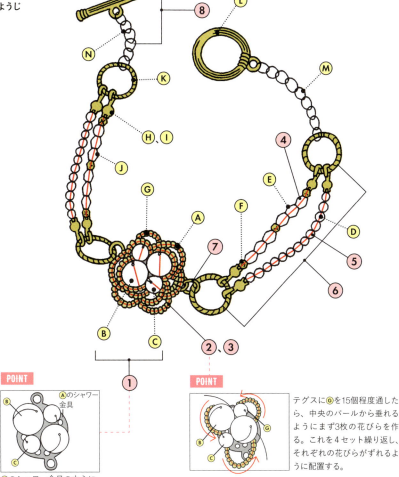

POINT Ⓐのシャワー金具の中心に、Ⓑ、Ⓒのパールが交互に並ぶように配置する。

POINT テグスにⒼを15個程度通したら、中央のパールから垂れるようにまず3枚の花びらを作る。これを4セット繰り返し、それぞれの花びらがずれるように配置する。

No. 08 コットンパールとメタルリングのブレスレット

▶ 完成写真 P133

材料
- Ⓐ メタルパーツ（リング・ゴールド）…3個
- Ⓑ コットンパール（6㎜・両穴・ホワイト）…9個
- Ⓒ スペーサー（4.5×2.4㎜・スジ入り・ゴールド）…6個
- Ⓓ 9ピン（0.6×30㎜・ゴールド）…3本
- Ⓔ デザイン丸カン（6㎜・ツイスト・ゴールド）…2個
- Ⓕ 丸カン（0.7×3.5㎜・ゴールド）…4個
- Ⓖ カニカン（12×6㎜・ゴールド）…1個

道具
- 平ヤットコ
- 丸ヤットコ
- ニッパー

作り方
① 9ピンにⒷ3個、Ⓒ2個を交互になるように通し、先端を丸める（→P15）。これを3個作る。
② ①を丸カンでつなぐ（→P16）。
③ ②の一方の先にカニカンを丸カンでつなぐ（→P16）。
④ Ⓐを3個それぞれデザイン丸カンでつなぐ（→P16）。
⑤ ③のもう一方の先と④を丸カンでつなぐ（→P16）。

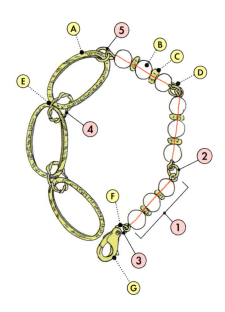

No. 09 コットンパールのワイヤーバングル

▶ 完成写真 P133

材料
- Ⓐ コットンパール（10㎜・両穴・ホワイト）…4個
- Ⓑ コットンパール（8㎜・両穴・ホワイト）…3個
- Ⓒ コットンパール（6㎜・両穴・ホワイト）…2個
- Ⓓ つぶし玉（2㎜・ゴールド）…6個
- Ⓔ つぶし玉カバー（4㎜・ストライプ・ゴールド）…6個
- Ⓕ ワイヤーブレスレット
  （直径50㎜・留め金具つき・ゴールド）…1個

道具
- 平ヤットコ
- 接着剤
- つまようじ

作り方
① ワイヤーブレスレットにつぶし玉を通し、端から1㎝ほどの位置でつぶし玉をつぶす（→P18）。
② ①のつぶし玉に、つぶし玉カバーをつける。
③ さらにワイヤーブレスレットにⒶ、Ⓑ、つぶし玉の順に通したら、つぶし玉をつぶす。つぶし玉には②と同様に、つぶし玉カバーをつける。
④ 残りのⒶ、Ⓑ、Ⓒ、つぶし玉、つぶし玉カバーも③と同様に、右の完成イラストを参考にして、ワイヤーブレスレットに配置する。
⑤ ④のワイヤーブレスレットの両端に留め金具を差し込む。

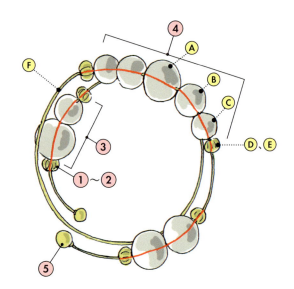

No.10 コットンパールと天然石のキラキラバングル

▶ 完成写真 P133

材料
- Ⓐ コットンパール（14㎜・片穴・ホワイト）…1個
- Ⓑ コットンパール（10㎜・片穴・ホワイト）…1個
- Ⓒ スモーキークォーツ（4㎜・ラウンドカット）…3個
- Ⓓ グレークォーツ（6㎜・ラウンドカット）…3個
- Ⓔ メタルビーズ（3×3㎜・ゴールド）…3個
- Ⓕ メタルビーズ（2×2㎜・ゴールド）…3個
- Ⓖ 座金（6㎜・ゴールド）…2個
- Ⓗ ワイヤーブレスレット（直径60㎜・5連・ゴールド）…1個

道具
- 平ヤットコ
- 接着剤
- つまようじ

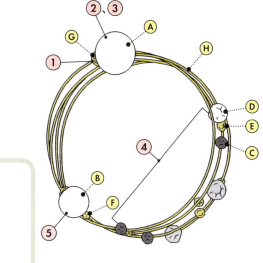

作り方
① ワイヤーブレスレットに座金を1個通す。
② Ⓐの穴に接着剤をつけ、①のワイヤーブレスレットの先端に差し込む。
③ ②のⒶの穴のまわりに接着剤を塗り、①の座金を引き寄せて貼りつける（→P17）。
④ 右の完成イラストを参考に、③のワイヤーブレスレットにⒸ、Ⓓ、Ⓔ、Ⓕをすべて通す。
⑤ ①～②と同様に、④のワイヤーブレスレットの先端に座金とⒷを固定する。

ARRANGE アレンジ

Ⓒをグリーン水晶（4㎜・ラウンドカット）に、Ⓓをライトアメジスト（6㎜・ラウンドカット）に変えて作る。

No.11 ピンクトルマリンのブレスレット

▶ 完成写真 P134

材料
- Ⓐ ピンクトルマリン（5×8㎜・ラフカット・ピンク）…1個
- Ⓑ ビーズ（3㎜・スターダスト・ゴールドフィルド）…1個
- Ⓒ ソフトワイヤー（0.41㎜・ゴールドフィルド）… 5㎝
- Ⓓ 丸カン（0.5×2.8㎜・ゴールドフィルド）…3個
- Ⓔ Tピン（0.5×25.2㎜・ゴールドフィルド）…1本
- Ⓕ ヒキワ（5㎜・ゴールドフィルド）…1個
- Ⓖ チェーン（ゴールドフィルド）… 5㎝×3本
- Ⓗ チェーン（ゴールドフィルド）… 4㎝×2本
- Ⓘ チェーン（ゴールドフィルド）… 2㎝

道具
- 平ヤットコ
- 丸ヤットコ
- ニッパー
- 目打ち

作り方
① Ⓖ、Ⓗ、Ⓘのチェーンの両端のコマを広げる（→P18）。
② ソフトワイヤーの先を丸めたら、Ⓗのチェーンをメガネ留めしながらつなぐ（→P16）。
③ ②のワイヤーにⒶを通したら、Ⓖのチェーン3本をメガネ留めしながらつなぐ（→P16）。
④ ③のⒼのチェーン3本ともう1本のⒽのチェーンを丸カンでつなぐ（→P16）。
⑤ ④のⒽのチェーンとⒾのチェーンを丸カンでつなぐ（→P16）。
⑥ TピンにⒷを通したら、⑤のⒾのチェーンにメガネ留めしながらつなぐ（→P16）。
⑦ ②でつないだⒽのチェーンとカニカンを丸カンでつなぐ（→P16）。

POINT
Ⓖのチェーン3本をメガネ留めしながら束ねる。

No. 12 チェーンバングル

▸ 完成写真 P134

材料
- Ⓐ チェーン（ゴールド）…15.5㎝×1本
- Ⓑ 板バングル ヘアライン（6㎜・ゴールド）…1個

道具
・接着剤
・つまようじ

作り方
① バングルにチェーンを接着剤で貼りつける（→P16）。

ARRANGE
アレンジ

ⒶとⒷをそれぞれロジウムカラーに変えて作る。

No. 13 チェーンブレスレット

▸ 完成写真 P134

材料
- Ⓐ Dカン（21㎜・ゴールド）…2個
- Ⓑ つなぎカン（3㎜×9.5㎜・3の字スジ入り・ゴールド）…3個
- Ⓒ 丸カン（1.0×5㎜）…2個
- Ⓓ 丸カン（1.2×6㎜）…2個
- Ⓔ 中留め（1連・ゴールド）…1個
- Ⓕ デザインチェーン（小判・ゴールド）…5.2㎝×4本

道具
・平ヤットコ
・丸ヤットコ
・接着剤
・つまようじ

作り方
① Dカンにデザインチェーンを2本つなぐ。これを2個作る。
② ①のデザインチェーン2本の端を一緒にⒹの丸カンに通して束ねる。これを2個作る。
③ ②の丸カンをそれぞれ中留めの左右にⒸの丸カンでつなぐ（→P16）。
④ ③のDカンの中央をつなぎカン3個でつなぎ、ずれないようにカンのすき間に接着剤をつけて固定する。

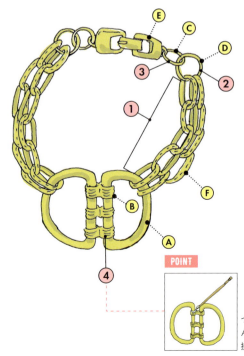

POINT
つなぎカンの隙間にちょんちょんとつまようじで接着剤を少量つける。

№14 スクエアパーツのブレスレット

▶完成写真 P134

材料

- Ⓐ スカシパーツ（21㎜・スクエア・ゴールド）…3個
- Ⓑ シルキーパール（3㎜・両穴・ホワイト）…8個
- Ⓒ スターダストリーフ（25×8㎜・1穴・ゴールド）…1個
- Ⓓ 丸カン（0.6㎜×3㎜・ゴールド）…2個
- Ⓔ 9ピン（0.5×20㎜・ゴールド）…8個
- Ⓕ デザイン丸カン（6㎜・ツイスト・ゴールド）…1個
- Ⓖ ヒキワ（5.5㎜・ゴールド）…1個
- Ⓗ アジャスター（60㎜・ゴールド）…1個
- Ⓘ チェーン（ゴールド）…30㎜×4本

道具

- 平ヤットコ
- 丸ヤットコ
- ニッパー
- 目打ち

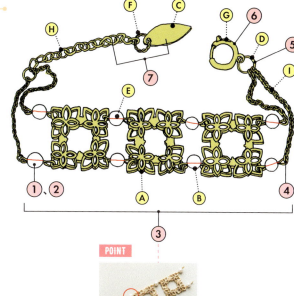

作り方

① 9ピンにⒷを通す。これを8個作る。
② スカシパーツのかどにⒺを通し、先端を丸める（→P16）。
③ POINTを参考に、②をつなぐ。
④ チェーンの先のコマを広げたら（→P18）、③の両端に2本ずつつなぐ。
⑤ 左右2本ずつつけたチェーンの先を丸カンで束ねる（→P16）。
⑥ ⑤のチェーンの一方の先にカニカンをつなぐ。
⑦ ⑤のもう一方のチェーンの先にアジャスターをつなぐ。さらにアジャスターの先にⒹをデザイン丸カンでつなぐ（→P16）。

POINT

写真のようにⒶの間にⒺのⒷをつなぐ。

№15 ボックスチェーンブレスレット

▶完成写真 P134

材料

- Ⓐ メタルパーツ（チェーンボールラウンド・ロジウムカラー）…2個
- Ⓑ 連バー（S2連・ロジウムカラー）…2個
- Ⓒ 丸カン（1.0×1.0㎜・シルバー）…2個
- Ⓓ 丸カン（1.2×7㎜・シルバー）…5個
- Ⓔ 丸カン（1.0×5㎜・ロジウムカラー）…2個
- Ⓕ カニカン（12×6㎜・シルバー）…1個
- Ⓖ アジャスター（60㎜・シルバー）…1個
- Ⓗ ボックスチェーン（ロジウムカラー）…16㎝×1本
- Ⓘ スクリューチェーン（ロジウムカラー）…16㎝×1本

道具

- 平ヤットコ
- 丸ヤットコ

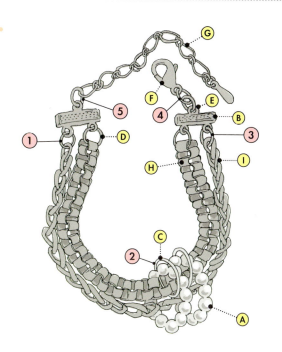

作り方

① ⒽとⒾのチェーンの一方の先を、それぞれ連バーにⒹの丸カンでつなぐ（→P16）。
② ①の2本のチェーンにⒶ2個を通したら、ずれないようにⒽのチェーンとⒹの丸カン2個でつなぐ（→P16）。
③ ⒽとⒾのチェーンのもう一方も、①と同様にして連バーをⒹの丸カンでつなぐ（→P16）。
④ ③の連バーの一方の先に、カニカンをⒹとⒺの丸カンでつなぐ（→P16）。
⑤ ④の連バーのもう一方の先にアジャスターをⒺの丸カンでつなぐ（→P16）。

No.16 ジオメトリックブレスレット

▶完成写真 P134

材料

- Ⓐ イエロージェイド（16㎜・コイン）…1個
- Ⓑ 黒蝶貝（10㎜・平四角）…1個
- Ⓒ メタルリング（20㎜・スクエア・ゴールド）…1個
- Ⓓ メタルリング（25㎜・ラウンド・ゴールド）…1個
- Ⓔ メタルリング（35㎜・ラウンド・ゴールド）…1個
- Ⓕ アーティスティックワイヤー
  （#26・ノンターニッシュブラス）…7㎝×2本
- Ⓖ ニコイル（7㎜・ゴールド）…4個
- Ⓗ 丸カン（0.6×3㎜・ゴールド）…4個
- Ⓘ マンテル（ゴールド）…1ペア
- Ⓙ チェーン（ゴールド）…0.5㎝×2本

道具

- 平ヤットコ
- 丸ヤットコ
- ニッパー

作り方

① アーティスティックワイヤーにⒶを通し、両端をメガネ留めする（→P16）。
② もう1本のワイヤーにⒷを通し、両端をメガネ留めする（→P16）。
③ ①、②とⒸ、Ⓓ、Ⓔを右の完成イラストを参考に、ニコイルでつなぐ（→P16）。
④ ③の両端にそれぞれチェーンとマンテルをⒽの丸カンでつなぐ（→P16）。

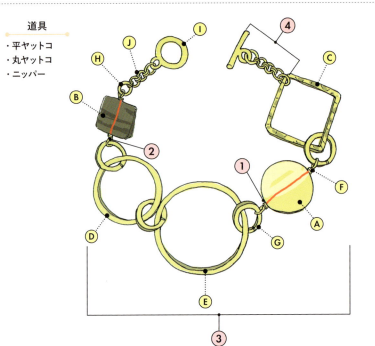

No.17 リーフチェーンのアンクレット

▶完成写真 P134

材料

- Ⓐ 水晶（4㎜・ラウンドカット）…6個
- Ⓑ つぶし玉（1.5㎜・ゴールド）10個
- Ⓒ Tピン（0.5×35㎜・ゴールド）…1本
- Ⓓ 丸カン（0.5×3.5㎜・ゴールド）…2個
- Ⓔ カニカン（8.5×4.5㎜・ゴールド）…1個
- Ⓕ デザインチェーン（リーフ・ゴールド）…20㎝×1本
- Ⓖ デザインチェーン（スネーク・ゴールド）…22㎝×1本
- Ⓗ チェーン（ゴールド）…3.5㎝×1本

道具

- 平ヤットコ
- 丸ヤットコ
- ニッパー
- 目打ち

作り方

① Ⓖのデザインチェーンにつぶし玉1個、Ⓐ1個、つぶし玉1個の順に5セット通す。
② ①のデザインチェーンの両端のコマを目打ちで広げる（→P18）。
③ POINTを参考に①で通したパーツの間隔を調整し、つぶし玉をつぶしてⒶを固定する。
④ TピンにⒶを1個通し、メガネ留めしながらⒽのチェーンとつなぐ（→P16）。
⑤ ④のチェーンと③のデザインチェーン、Ⓕのデザインチェーンを1つの丸カンに通して束ねる（→P16）。
⑥ ⑤のもう一方の先も同様に1つの丸カンで③のデザインチェーンとⒻのデザインチェーン、カニカンを一緒につなぐ（→P16）。

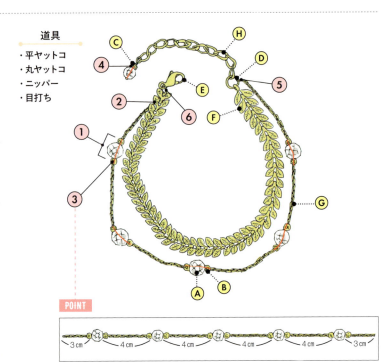

チェーンの端から各パーツの間隔はイラストのとおり。

No.18 パールボタンのブレスレット

▶完成写真 P134

材料
- Ⓐ 淡水パール（4〜5㎜・両穴・ホワイト）…4個
- Ⓑ スカシパーツ（ラウンド・ゴールド）…8個
- Ⓒ メタルビーズ（3×3.5㎜・ゴールド）…9個
- Ⓓ アーティスティックワイヤー
  （#28・ノンターニッシュブラス）…15㎝×4本
- Ⓔ アーティスティックワイヤー
  （#26・ノンターニッシュブラス）…5㎝×9本
- Ⓕ クラスプ（10×15㎜・ゴールド）…1ペア

道具
- 平ヤットコ
- 丸ヤットコ
- ニッパー

作り方
1. ⒹのアーティスティックワイヤーにⒶを1個通し、両端をⒷのスカシパーツの間に差し込む。
2. ①のワイヤーの両端をスカシパーツの裏から表に引き出し、それぞれⒶの根元に3周ほど巻きつけ、余分なワイヤーをカットする。これを4個作る。
3. Ⓔのアーティスティックワイヤー1本とクラスプの一方をメガネ留めしながらつなぐ（→P16）。
4. ③のワイヤーにⒸ1個を通し、②1個とメガネ留めしながらつなぐ（→P16）。
5. さらに④とⒸ1個、スカシパーツ1個を別のⒺのワイヤーをメガネ留めしてつなぐ（→P16）。これを個数分繰り返す。
6. ⑤の先にもう一方のクラスプをメガネ留めしながらつなぐ（→P16）。

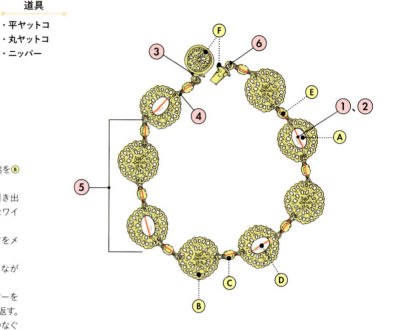

No.19 シェルのバングル

▶完成写真 P135

材料
- Ⓐ シェル形のスワロフスキー
  （14㎜・#4789・CRY.ルミナスグリーン/F）…1個
- Ⓑ 石座（#4789用・ゴールド）…1個
- Ⓒ スパンコール（8㎜）…2枚
- Ⓓ スパンコール（5㎜）…4枚
- Ⓔ シルキーパール（4㎜・シャンパン）…1個
- Ⓕ シルキーパール（3㎜・クリーム）…3個
- Ⓖ 特小ビーズ（1㎜・シルバー）…8個
- Ⓗ テグス（2号）…約60㎝×1本
- Ⓘ スカシパーツ（20㎜・ゴールド）…1個
- Ⓙ バングル金具（皿つき・ゴールド）…1個

道具
- 平ヤットコ
- ニッパー
- 接着剤
- つまようじ

作り方
1. Ⓐを石座に留める（→P19）。
2. ①の石座にテグスを通し、スカシパーツの中央に結んで留める（→P17）。
3. ②のテグスにⒸ、Ⓓを通し、石座の周りを囲むように結んで留める（→P17）。
4. ③のテグスにⒺ、Ⓕを通し、③のⒸ、Ⓓと石座の間を埋めるように結んで留める（→P17）。
5. POINTを参考に、④のテグスにⒼを2〜3個ずつ通し、④のⒺ、Ⓕの間を埋めるように結んで留めていく（→P17）。
6. ⑤の裏側に接着剤をつける（→P17）。接着剤が乾いたら、余分なテグスをカットする（→P17）。
7. バングル金具の皿に接着剤を塗り、⑤を貼りつける（→P17）。

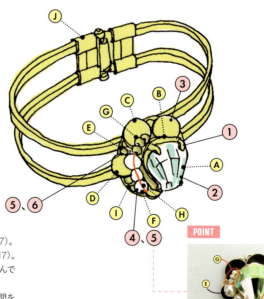

POINT

Ⓔ、Ⓕの間にⒼを2〜3個ずつ結んで留める。

/ 20 /
ねじり編みの
ブレスレット
P150

ミサンガのように、糸を編んでいくだけの
簡単ブレスレット。糸を黒に、洗練されたクリスタル
連爪と合わせたモードなデザイン。

Mode
モード

モノトーンカラーでクールかつ個性的な手もとを演出。複数パーツをつなげるなら、形に、統一感を出すのがポイントです。

/ 21 /
ヴィンテージパーツの
ブレスレット
P151

/ 22 /
ブラックリボン
ブレスレット
P151

/ 23 /
ブラックビーズの
シルバーブレスレット
P152

/ 24 /
ブラック×ゴールドサークルの
ブレスレット
P152

/ 25 /
大きなリングの
ブレスレット
P153

/ 26 /
3連モノトーン
ブレスレット
P153

/ 27 /
ブラック×ゴールドビーズの
ブレスレット
P154

/ 28 /
スワロフスキーの
カットガラスブレスレット
P154

/ 30 /
ラッキーチャームの
ブレスレット
P155

/ 34 /
カラフルビーズの
イルミネーション・ブレスレット
P158

/ 31 /
ビジューのミサンガ
P156

/ 33 /
カラフルビジューの
幾何学ブレスレット
P158

/ 32 /
カラフル天然石と
バタフライブレスレット
P157

ARRANGE

Pop
ポップ

カラフルなビーズや、かわいいモチーフのパーツをつなげてちょっぴり個性的に。色合わせを楽しんで、どんどんつなげてみてください。

/ 29 /

パールとカラーコードの
ブレスレット
P155

スエードのようにやわらかく、しなやかなソフリナひもと、
コットンパールが好相性。カラーバリエーションを増やして、
色違いを重ねづけしても。

No.20 ねじり編みのブレスレット

▶ 完成写真 P146

材料

- Ⓐ 編み糸（ブラック）…15㎝×2本、55㎝×2本
- Ⓑ ジルコニア（約8×4㎜・カンつき・ゴールド）…1個
- Ⓒ 連爪（約3㎜・クリスタル）…7コマ
- Ⓓ チェーンエンド（約3㎜・ゴールド）…2個
- Ⓔ カシメキャップ（2㎜・ゴールド）…2個
- Ⓕ 丸カン（0.6×3㎜・ゴールド）…2個
- Ⓖ マグネットクラスプ（5×16㎜・ゴールド）…1個

道具

- ・平ヤットコ
- ・丸ヤットコ
- ・ハサミ
- ・接着剤
- ・つまようじ

作り方

① POINTを参考に、Ⓒの両端にチェーンエンドをはめる。
② POINTを参考に、編み糸（15㎝）を2つ折りにし、①のチェーンエンドのカンに輪のほうから通したら、輪に先をくぐらせて引き締める。これを両端のカンともに行う。
③ 編み糸（55㎝）の中心を②の編み糸のつけねに結んで固定する。
④ POINTを参考に、②、③の編み糸で5㎝ほどねじり編みする。
⑤ ねじり編みした先にカシメキャップをつける（→P19）。余分な編み糸はカットする。
⑥ ①でつけたチェーンエンドの一方のカンにⒷを丸カンでつなぐ（→P16）。
⑦ ⑤でつけたカシメキャップとマグネットクラスプを丸カンでつなぐ（→P16）。

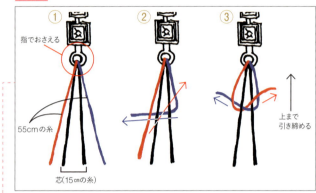

15㎝の編み糸を芯にして、55㎝の編み糸で輪っかを作り、結んでいく。①～③を繰り返すと、自然とねじれが生まれるので「ねじり編み」という。

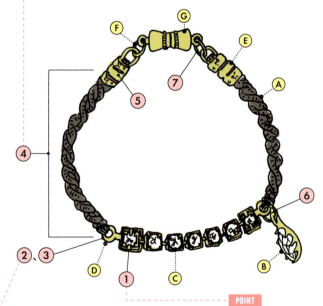

写真のように編み糸（15㎝）を通して固定する。これがねじり編みの芯になる。

平ヤットコでチェーンエンドのツメを折る。

No. 21 ヴィンテージパーツのブレスレット

▸完成写真 P147

材料
- Ⓐ ヴィンテージパーツ（10㎜×6㎜・ブラック）…3個
- Ⓑ カツラ（1.5㎜・ゴールド）…4個
- Ⓒ デザイン丸カン（6㎜・ツイスト・ゴールド）…2個
- Ⓓ 丸カン（0.6㎜×3㎜・ゴールド）…4個
- Ⓔ ヒキワ（5.5㎜・ゴールド）…1個
- Ⓕ アジャスター（60㎜・ゴールド）…1個
- Ⓖ サテンコード（幅5㎜・ブラック）…40㎜×2本

道具
- 平ヤットコ
- 丸ヤットコ
- 接着剤
- つまようじ

作り方
① サテンコードの両端にカツラをつける（→P19）。
② Ⓐをすべてデザイン丸カンでつなぐ（→P16）。
③ ②の両端に①を丸カンでつなぐ（→P16）。
④ ③の一方の先に、ヒキワをデザイン丸カンでつなぐ（→P16）。
⑤ ④のもう一方の先にアジャスターをデザイン丸カンでつなぐ（→P16）。

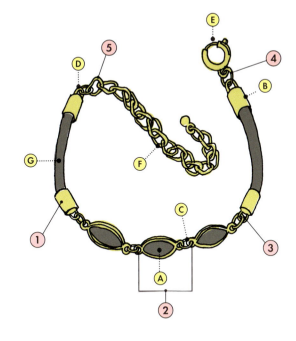

No. 22 ブラックリボンブレスレット

▸完成写真 P147

材料
- Ⓐ フリルリボン（幅1㎝・ブラック）…16㎝×1本
- Ⓑ スカシパーツ（菱形・ゴールド）…1個
- Ⓒ 貼りつけカットガラス（7㎜・ブラック）…1個
- Ⓓ ヒモ留め（10㎜・チェック・ゴールド）…2個
- Ⓔ テグス（1号）…8㎝×1本
- Ⓕ 丸カン（1.0×5㎜・ゴールド）…2個
- Ⓖ 丸カン（0.8×4㎜・ゴールド）…1個
- Ⓗ カニカン（7×4㎜・ゴールド）…1個
- Ⓘ アジャスター（60㎜・ゴールド）…1個

道具
- 平ヤットコ
- 丸ヤットコ
- 接着剤
- つまようじ
- 針

作り方
① スカシパーツの中央にⒸを接着剤で貼りつける（→P17）。
② リボンの中心に①をテグスで縫いつける。
③ ②のリボンの両端にヒモ留めをつける（→P80「ワンポイントチョーカー」のPOINT参照）。
④ ③の一方の先にカニカンをⒻ、Ⓖの丸カン2個でつなぐ（→P16）。もう一方の先にアジャスターをⒻの丸カンでつなぐ（→P16）。

ARRANGE アレンジ

ⒷとⒹをロジウムカラーに、Ⓕ、Ⓖ、Ⓗ、Ⓘをシルバーに変えて作る。

No.23 ブラックビーズのシルバーブレスレット

▶完成写真 P147

材料
- Ⓐ チェコビーズ（20×8㎜・ブラック）…4個
- Ⓑ デザイン曲パイプ（2.2×46㎜・シルバー）…2個
- Ⓒ デザイン丸カン（1×6㎜・ツイスト・シルバー）…2個
- Ⓓ 9ピン（0.5×20㎜・シルバー）…6本
- Ⓔ 丸カン（1.0×5㎜・シルバー）…3個
- Ⓕ カニカン（7×4㎜・シルバー）…1個
- Ⓖ アジャスター（60㎜・シルバー）…1個

道具
- ・平ヤットコ
- ・丸ヤットコ
- ・ニッパー

作り方
① 9ピンにⒶ1個を通し、先端を丸める（→P15）。これを4個作る。
② ①で作った4個を2個ずつつなげる。
③ 9ピンにⒷ1個を通し、先端を丸める（→P15）。これを2個作る。
④ ③の2個の両端をそれぞれ一緒にデザイン丸カンで束ねる（→P16）。
⑤ ④の両端に②を1個ずつつなぐ。
⑥ ⑤の一方の先にカニカンを丸カン2個でつなぐ。もう一方の先にアジャスターをそれぞれ丸カンでつなぐ（→P16）。

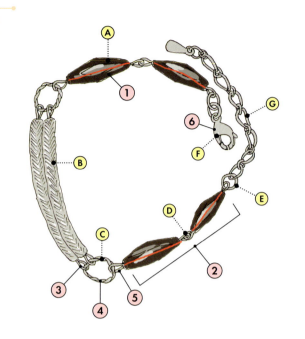

No.24 ブラック×ゴールドサークルのブレスレット

▶完成写真 P147

材料
- Ⓐ スパンコール（直径18㎜・ブラック）…3個
- Ⓑ スパンコール（直径10㎜・ブラック）…8個
- Ⓒ スパンコール（直径10㎜・ゴールド）…3個
- Ⓓ 丸カン（1.0×6㎜・ゴールド）…11個
- Ⓔ 丸カン（1.0×5㎜・ゴールド）…2個
- Ⓕ マンテル（ゴールド）…1ペア
- Ⓖ アルミチェーン（ゴールド）…15.5㎝×1本

道具
- ・平ヤットコ
- ・丸ヤットコ

作り方
① アルミチェーンの中心と、そこから左右に2コマ離れたところに、ⒶとⒸをセットにして、Ⓓの丸カンでつなぐ（→P16）。
② ①でつけたパーツの間と外側にそれぞれ2個ずつⒷを、Ⓓの丸カンでつなぐ（→P16）。
③ ②のアルミチェーンの両端にマンテルをⒺの丸カンでつなぐ。

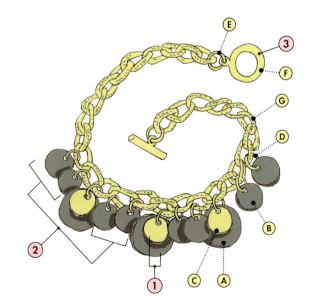

No. 25 大きなリングのブレスレット

▶ 完成写真 P147

材料

- Ⓐ シルキーパーツ（ラウンド・ホワイト）…1個
- Ⓑ メタルパーツ（リング・ねじれ・ゴールド）…1個
- Ⓒ 樹脂パール（3㎜・両穴・ホワイト）…2個
- Ⓓ ガラスビーズ（5×3㎜・ブラック）…4個
- Ⓔ 極小ビーズ（1㎜・ゴールド）…8個
- Ⓕ テグス（1号）…6㎝×2本
- Ⓖ つなぎカン（約6×27㎜・スジ入り・ゴールド）…2個
- Ⓗ デザイン丸カン（1×8㎜・ツイスト・ゴールド）…2個
- Ⓘ 丸カン（0.6×3㎜・ゴールド）…1個
- Ⓙ ボールチップ（2㎜・ゴールド）…4個
- Ⓚ つぶし玉（1.5㎜・ゴールド）…4個
- Ⓛ ヒキワ（6㎜・ゴールド）…1個
- Ⓜ アジャスター（60㎜・ゴールド）…1個
- Ⓝ チェーン（ゴールド）…4㎝×1本

道具

- 平ヤットコ
- 丸ヤットコ
- ニッパー
- 接着剤
- つまようじ

作り方

① Ⓐの内側にⒷを配置し、つなぎカン2個で固定する。
② ①のつなぎカンにそれぞれデザイン丸カンを1個ずつつなぐ（→P16）。
③ テグスにⒺ、Ⓓ、Ⓔ、Ⓒ、Ⓔ、Ⓓ、Ⓔの順に通し、ボールチップとつぶし玉で固定する（→P18）。これを2個作る。
④ ②のデザイン丸カンにそれぞれ③を1個ずつつなぐ。
⑤ ④の一方の先にチェーンをつなぎ、チェーンの先にヒキワを丸カンでつなぐ（→P16）。
⑥ ⑤のもう一方の先にアジャスターをつなぐ。

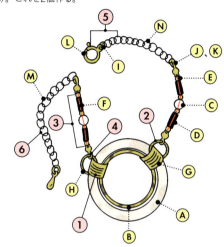

No. 26 3連モノトーンブレスレット

▶ 完成写真 P147

材料

- Ⓐ オニキス（3㎜・ラウンドカット）…26個
- Ⓑ テグス（1号）…15㎝×1本
- Ⓒ ボールチップ（3㎜・ゴールド）…2個
- Ⓓ つぶし玉（2㎜・ゴールド）…2個
- Ⓔ 丸カン（1×5㎜）…4個
- Ⓕ 丸カン（0.6×3㎜）…1個
- Ⓖ カシメ（1.5㎜・ゴールド）…2個
- Ⓗ ヒキワ（6㎜・ゴールド）…1個
- Ⓘ アジャスター（60㎜・ゴールド）…1個
- Ⓙ デザインチェーン（エポつき・ホワイト/ゴールド）…12㎝×1本
- Ⓚ デザインチェーン（スネーク・ゴールド）…8㎝×2本

道具

- 平ヤットコ
- 丸ヤットコ
- ニッパー
- 接着剤
- つまようじ

作り方

① Ⓙのデザインチェーンの両端にⒺとⒻの丸カンをつなぐ（→P16）。
② Ⓚのデザインチェーン2本をカシメで束ねる（→P19）。
③ ②の両端をそれぞれ①のⒺとⒻの丸カンにつなぎ、Ⓙのデザインチェーンと束ねる（→P16）。
④ テグスにⒶをすべて通し、ボールチップとつぶし玉で固定する（→P18）。
⑤ ④と③の両端を③のⒺとⒻの丸カンでそれぞれ束ねる（→P16）。
⑥ ⑤の一方の先にヒキワを、もう一方の先にアジャスターを、それぞれⒺの丸カンでつなぐ（→P16）。

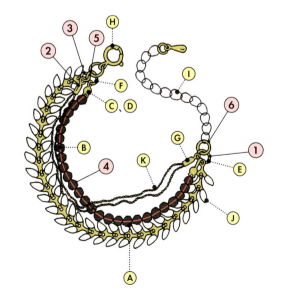

No.27 ブラック×ゴールドビーズのブレスレット

▸完成写真 P147

材料
- Ⓐ チェコガラスビーズ（2×6㎜・ブラック）…1個
- Ⓑ オニキス（3㎜・ラウンドカット）…12個
- Ⓒ 円錐キャップ（7×5㎜・スジ入り・ゴールド）…2個
- Ⓓ メタルビーズ（8㎜・ゴールド）…2個
- Ⓔ テグス（1号）…14㎝×1本
- Ⓕ ボールチップ（3㎜・ゴールド）…2個
- Ⓖ つぶし玉（2㎜・ゴールド）…2個
- Ⓗ 丸カン（0.6×3㎜・ゴールド）…1個
- Ⓘ ヒキワ（6㎜・ゴールド）…1個
- Ⓙ アジャスター（60㎜・ゴールド）…1個
- Ⓚ チェーン（ゴールド）…4㎝×1本

道具
- 平ヤットコ
- 丸ヤットコ
- ニッパー

作り方
① 右の完成イラストを参考に、テグスにⒶ、Ⓑ、Ⓒ、Ⓓを通し、ボールチップとつぶし玉で固定する（→P18）。
② ①の一方の先にチェーンをつなぎ、さらにチェーンの先にヒキワを丸カンでつなぐ（→P16）。
③ ②のもう一方の先にアジャスターをつなぐ。

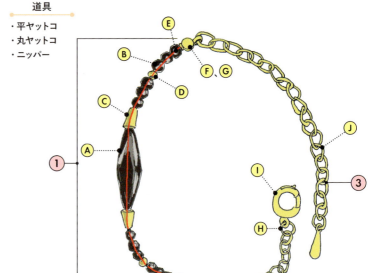

No.28 スワロフスキーのカットガラスブレスレット

▸完成写真 P147

材料
- Ⓐ チェコカットビーズ
  （15×9㎜・しずくジェット1・ブラック）…1個
- Ⓑ スワロフスキー・クリスタル
  （13×6.5㎜・#6000・グラファイト）…2個
- Ⓒ オニキス（3㎜・ラウンドカット）…2個
- Ⓓ ガラスビーズ（5×3㎜・ブラック）…2個
- Ⓔ サンゴ（4㎜・ホワイト）…12個
- Ⓕ 極小ビーズ（1㎜・ゴールド）…10個
- Ⓖ テグス（1号）…15㎝×1本
- Ⓗ ボールチップ（3㎜・ゴールド）…2個
- Ⓘ つぶし玉（2㎜・ゴールド）…2個
- Ⓙ 丸カン（0.6×3㎜・ゴールド）…1個
- Ⓚ ヒキワ（6㎜・ゴールド）…1個
- Ⓛ アジャスター（60㎜・ゴールド）…1個
- Ⓜ チェーン（ゴールド）…4㎝×1本

道具
- 平ヤットコ
- 丸ヤットコ
- ニッパー

作り方
① 右の完成イラストを参考に、テグスにⒶ、Ⓑ、Ⓒ、Ⓓ、Ⓔを通し、ボールチップとつぶし玉で固定する（→P18）。
② ①の一方の先にチェーンをつなぎ、さらにチェーンの先にヒキワを丸カンでつなぐ（→P16）。
③ ②のもう一方の先にアジャスターをつなぐ。

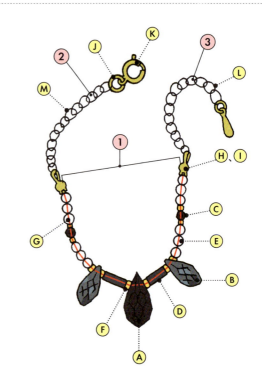

No. 29 パールとカラーコードのブレスレット

▸ 完成写真 P149

材料

- Ⓐ コットンパール（6㎜・両穴・ホワイト）…3個
- Ⓑ 9ピン（0.5×25㎜・ゴールド）…1本
- Ⓒ 丸カン（0.6×3㎜・ゴールド）…4個
- Ⓓ カシメ（4㎜・ストライプカンつき・ゴールド）…4個
- Ⓔ ヒキワ（5.5㎜・ゴールド）…1個
- Ⓕ アジャスター（60㎜・ゴールド）…1個
- Ⓖ ソフリナひも（2㎜×50㎜・イエロー）…2本

道具

- 平ヤットコ
- 丸ヤットコ
- ニッパー

作り方

1. 9ピンにⒶをすべて通し、先端を丸める（→P15）。
2. ソフリナひもの両端にカシメをつける（→P19）。
3. ①の両端に②を丸カンでつなぐ（→P16）。
4. ③の一方の先にヒキワを、もう一方の先にアジャスターを、それぞれ丸カンでつなぐ（→P16）。

ARRANGE アレンジ

Ⓖをピンクやブルー、ホワイトに変えて作る。

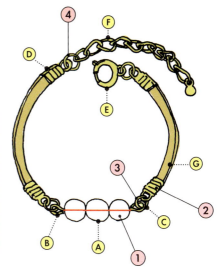

No. 30 ラッキーチャームのブレスレット

▸ 完成写真 P148

材料

- Ⓐ スワロフスキー・クリスタル（#4501・7×3㎜・Lt.サファイヤ）…1個
- Ⓑ 石座（#4501用・カンつき・ゴールド）…1個
- Ⓒ スワロフスキー・クリスタル（6㎜・#5040・エリナイト）…1個
- Ⓓ スワロフスキー・クリスタル（3㎜・カリビアンブルー）…2個
- Ⓔ メタルチャーム（ミツバチ・ゴールド）…1個
- Ⓕ メタルチャーム（クローバー・ゴールド）…1個
- Ⓖ メタルチャーム（スター・クリスタル）…1個
- Ⓗ メタルチャーム（ハート・マットゴールド）…1個
- Ⓘ メタルチャーム（ホースシュー・ゴールド）…1個
- Ⓙ チェコビーズ（7㎜・ナルシス・チョークホワイト）…3個
- Ⓚ チェコビーズ（6×4㎜・ナツメカット・ブルージルコン）…2個
- Ⓛ ガラスビーズ（8×4㎜・クリスタル）…1個
- Ⓜ デザインピン丸（0.5×20㎜・ゴールド）…3本
- Ⓝ 丸カン（0.7×4㎜・マットゴールド）…10個
- Ⓞ 丸カン（1.0×6㎜・マットゴールド）…2個
- Ⓟ マンテル（マットゴールド）…1ペア
- Ⓠ チェーン（マットゴールド）…16㎝×1本

道具

- 平ヤットコ
- 丸ヤットコ
- ニッパー

作り方

1. チェーンの両端とマンテルをⓄの丸カンでつなぐ（→P16）。
2. Ⓐに石座を留める（→P19）。
3. デザインピンにⒸを通し、先端を丸める（→P15）。
4. デザインピンにⒹを通し、先端を丸める（→P15）。これを2個作る。
5. デザインピンにⒿを通し、先端を丸める（→P15）。これを3個作る。
6. ⑤の3個をⓄの丸カンで束ねる（→P16）。
7. デザインピンにⓀを通し、先端を丸める（→P15）。これを2個作る。
8. デザインピンにⓁを通し、先端を丸める（→P15）。
9. ⑦、⑧をⓃの丸カンで束ねる（→P16）。
10. 下の完成イラストを参考に、①のチェーンにⒼ、②、Ⓔ、⑨、Ⓗ、Ⓝ2個、Ⓘ、③、ⒻをそれぞれⓃの丸カンでつなぐ（→P16）。
11. ①でつけたマンテルに⑥をⓃの丸カンでつなぐ（→P16）。

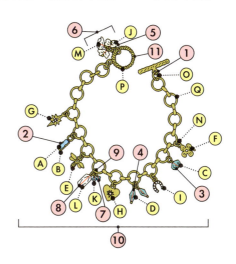

No.31 ビジューのミサンガ

▶完成写真 P148

材料

- Ⓐ 連爪（4㎜・クリスタル）…11コマ分×1本
- Ⓑ スワロフスキー・クリスタル
  （12㎜・#4470・エアーブルーオパール）…1個
- Ⓒ 石座（#4470用・ゴールド）…1個
- Ⓓ タッセル（12㎜・カンつき・ピンク）…1個
- Ⓔ スカシパーツ（23㎜・ヘキサゴン・ゴールド）…1個
- Ⓕ 丸カン（0.6×3㎜・ゴールド）…4個
- Ⓖ 丸カン（1×6㎜・ゴールド）…3個
- Ⓗ カツラ（4㎜・ゴールド）…2個
- Ⓘ ヒキワ（4×6㎜・ゴールド）…1個
- Ⓙ 板ダルマ（3×8㎜・ゴールド）…1個
- Ⓚ ミサンガ（幅3㎜・ブルー）…約15㎝×1本

道具

- 平ヤットコ
- 丸ヤットコ
- ハサミ
- 接着剤
- つまようじ

作り方

① POINTを参考に、スカシパーツの両端にⒻの丸カンとⒼの丸カンをつける（→P16）。
② Ⓑを石座に留める（→P18）。
③ ①のスカシパーツに接着剤を塗り、中央に②を、その周囲にⒶを貼る（→P17）。
④ ミサンガの両端にカツラをつける（→P19）。
⑤ ④にⒹをⒻとⒼの丸カンでつなぐ（→P16）。
⑥ ①でつけたⒼの丸カン2個に⑤を通す。
⑦ ⑤のカシメの一方の先にヒキワを、もう一方の先に板ダルマをそれぞれⒻの丸カンでつなぐ（→P16）。

POINT
写真のように2種類の丸カンを左右に1個ずつつける。

POINT
スカシパーツにつけたⒼの丸カンにミサンガを通したら、ミサンガの中央にパーツがくるように位置を調整する。

No.32 カラフル天然石とバタフライブレスレット

▸ 完成写真 P148

材料

- Ⓐ メタルパーツ（バタフライ・マットゴールド）…3個
- Ⓑ チェリークォーツ（6㎜・32面カット）…5個
- Ⓒ パープルジェード（6㎜）…5個
- Ⓓ グリーンメノウ（6㎜・32面カット）…5個
- Ⓔ ブルーメノウ（6㎜・32面カット）…5個
- Ⓕ カルセドニー（6㎜・イエロー）…5個
- Ⓖ ラピスラズリ（6㎜・32面カット）…5個
- Ⓗ チェコビーズ（6×4㎜・ナツメカット・ブルージルコン）…4個
- Ⓘ チェコビーズ（5㎜・ボタンカット・アメジスト）…4個
- Ⓙ デザインピン（0.5×20㎜・丸・ゴールド）…30本
- Ⓚ 9ピン（0.6×30㎜・ゴールド）…4本
- Ⓛ 丸カン（1.0×5㎜・ゴールド）…1個
- Ⓜ 丸カン（0.8×4㎜・ゴールド）…5個
- Ⓝ 丸カン（0.7×4㎜・マットゴールド）…1個
- Ⓞ カニカン（7×4㎜・マットゴールド）…1個
- Ⓟ チェーン（マットゴールド）…7.5㎝×1本
- Ⓠ チェーン（マットゴールド）…4.2㎝×1本

道具

- 平ヤットコ
- 丸ヤットコ
- ハサミ

作り方

① デザインピンにⒷ、Ⓒ、Ⓓ、Ⓔ、Ⓕ、Ⓖをそれぞれ1個ずつすべて通し、先端を丸める（→P15）。

② ①で作った、Ⓑ、Ⓒ、Ⓓ、Ⓔ、Ⓕ、Ⓖ各1個を1セットとしてⓁの丸カンで束ねる（→P16）。これを5個作る。

③ POINTを参考に9ピンにⒽ、②の丸カン、Ⓗの順に通し、先端を丸める（→P15）。これを2個作る。

④ ③と同様に、9ピンにⒾ、②の丸カン、Ⓘの順に通し、先端を丸める（→P15）。これを2個作る。

⑤ POINTを参考に、④、Ⓐ、③、Ⓐ、③、Ⓐ、④の順につなぐ。

⑥ ⑤の両端にⓅとⓆのチェーンをつなぐ。

⑦ ⑥のⓅのチェーンの一方の先にⓄ1個をつなぐ。

⑧ ⑥のⓆのチェーンの先にカニカンをⓃの丸カンでつなぐ（→P16）。

POINT

②の両端にⒽがくるように9ピンに通す。

ARRANGE
アレンジ

Ⓐをメタルパーツ（リーフ・ゴールド）に、Ⓑ～Ⓖ（計30個）をすべてパープルジェード（6mm）に、Ⓗ、Ⓘ（計8個）をすべてガラスビーズ（ボタンカット・3mm）に変えて作る。

POINT

イラストのような並びでつなぐ。

No.33 カラフルビジューの幾何学ブレスレット

▶ 完成写真 P148

材料

- Ⓐ メタルフープ（27㎜・三角・ゴールド）…1個
- Ⓑ メタルフープ（18㎜・ゴールド）…1個
- Ⓒ メタルフープ（13㎜・スクエア・ゴールド）…1個
- Ⓓ メタルフープ（13㎜・ゴールド）…1個
- Ⓔ 連爪（#101・スワロフスキー・スカーレット）…4コマ×2本、3コマ×2本
- Ⓕ 連爪（#101・ガラス・シルク）…11コマ×1本
- Ⓖ 連爪（#101・スワロフスキー・エメラルド）…10コマ×2本、8コマ×1本
- Ⓗ 連爪（#101・ガラス・タンザナイト）…17コマ×1本
- Ⓘ 連爪（#101・スワロフスキー・ホワイトオパール）…18コマ×1本
- Ⓙ デザインCカン（10×8㎜・ゴールド）…4個
- Ⓚ 丸カン（1.0×5㎜・ゴールド）…1個
- Ⓛ 丸カン（0.8×4㎜・ゴールド）…1個
- Ⓜ フック（シャイニープラス）…1個
- Ⓝ チェーンエンド（#101・ゴールド）…1ペア

道具

- 平ヤットコ
- 丸ヤットコ
- 接着剤
- つまようじ
- ヤスリ

作り方

① Ⓐ、Ⓑ、Ⓒ、Ⓓの表面をヤスリがけする。
② ①を厚紙の上に両面テープを貼って固定し、表面に接着剤を塗り、Ⓔ、Ⓕ、Ⓖ、Ⓗを貼りつける（→P17）。
③ 下の完成イラストを参考に、②をすべてデザインCカンでつなぐ（→P16）。
④ ③の一方の先（Ⓒ側）に、ⒾをⓀの丸カンでつなぐ（→P16）。
⑤ ④のⒾの先にフックをⓁの丸カンでつなぐ（→P16）。
⑥ ④のもう一方の先にチェーンエンドをデザイン丸カンでつなぐ（→P16）。

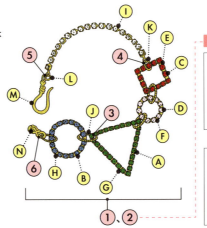

POINT

メタルパーツの表面をサンドペーパーや金属ヤスリでヤスリがけし、ザラザラに荒らす。こうすることで、接着面が小さくても強度が増す。

連爪が動かない程度に固まったら、横向きにしてメタルパーツと連爪の隙間に再度接着剤を塗ると、さらに強度が増す。

No.34 カラフルビーズのイルミネーション・ブレスレット

▶ 完成写真 P148

材料

- Ⓐ ガラスビーズ（8×4㎜・長角形・オリーブ）…2個
- Ⓑ スペーサー（4×2㎜・ゴールド）…3個
- Ⓒ メタルパーツ ノット（ツイスト・10㎜・ゴールド）…1個
- Ⓓ スキ玉（6㎜・ジェット）…2個
- Ⓔ アクリルビーズ（20㎜・コイン型・シャドウブルー）…1個
- Ⓕ アクリルビーズ（20㎜・コイン型・ライトオリーブ）…1個
- Ⓖ アクリルビーズ（20㎜・コイン型・ライトアメジスト）…1個
- Ⓗ アクリルビーズ（13×9㎜・チューブ型・ブラック）…1個
- Ⓘ アクリルビーズ（20×4㎜・チューブ型・ブラック）…1個
- Ⓙ チェコビーズ（12×8㎜・テーブルカット・レクタングル・Lt.サファイヤトラバーチン）…1個
- Ⓚ チェコビーズ（10㎜・テーブルカット・フラットフラワースクエア・クリスタルピカソライラック）…1個
- Ⓛ チェコビーズ（5㎜・ボタンカット・アメジスト）…1個
- Ⓜ ナイロンコードワイヤー（0.3㎜）…20㎝×1本
- Ⓝ ボールチップ（3㎜・ゴールド）…2個
- Ⓞ つぶし玉（2㎜・ゴールド）…2個
- Ⓟ Tピン（0.5×20㎜・ゴールド）…2本
- Ⓠ 丸カン（1.0×6㎜・ゴールド）…1個
- Ⓡ 丸カン（0.8×4㎜・ゴールド）…2個
- Ⓢ マンテル（ダブルリング・ゴールド）…1ペア

道具

- 平ヤットコ
- 丸ヤットコ
- ニッパー
- 接着剤
- つまようじ

作り方

① POINTを参考に、テグスにⒶ〜Ⓘ、Ⓚ、Ⓛを通し、ボールチップとつぶし玉で固定する（→P18）。
② TピンにⒹ1個、Ⓙ1個をそれぞれ通し、先端を丸める（→P15）。
③ ①の両端にマンテルを丸カンでつなぐ（→P16）。
④ ③のマンテルのリングに②をⓆの丸カンでつなぐ（→P16）。

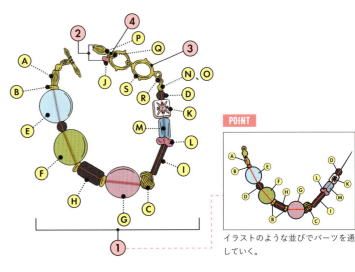

POINT

イラストのような並びでパーツを通していく。

Chapter 5

Hair accessories

ヘアアクセサリー

Daily style
デイリースタイル —————— 160

Dress style
ドレススタイル —————— 162

Idea style
アイデアスタイル —————— 178

Up style
アップスタイル —————— 186

Down style
ダウンスタイル —————— 187

Daily style

デイリースタイル

カジュアルにつけられるのに、さりげなくこなれ感を演出してくれる、優秀アイテムをピックアップ。作り方もシンプルなので、はじめてさんもチャレンジしてみて。

01
ビッグパールとバブルストーンのヘアゴム
P164

02
ラウンドストーンのバレッタ
P164

ARRANGE

ARRANGE

04
ビジューバレッタ
P165

03
シェルのシャンデリアピン
P165

05
ビジューのピン
P166

Chapter 5 Hair accessories

06 キラキラコーム
P166

07 モコモコヘアゴム
P167

08 天然石のヘアポニー
P168

09 メタルリーフと
ビーズの揺れるヘアゴム
P168

11 さざれストーンのヘアフォーク
P169

10 ターコイズチェーンの
マジェステ
P169

161

12

フェザーのパーティー
ヘッドドレス
P170

素材に羽根を取り入れたヘッドドレスは
パーティーシーンでも大活躍。
クラシカルな色合いで大人っぽく。

Dress *style*

ドレススタイル

パーティーシーンで差を
つけるなら、エッジの効い
たヘアアクセサリーを。
大ぶりなモチーフやビ
ジューなど、ちょっぴり大
胆くらいでちょうどいい。

Chapter 5 Hair accessories

13 三つ編みビーズの
ヘアバンド
P171

14 大粒パールの
クラシックバレッタ
P172

15 スパンコール
カチューシャ
P172

16 お花のカケラのバレッタ
P173

17 チュールヘッドアクセ
P173

ARRANGE

18 ナイトスター
P174

19 パールクリップ
P174

20 ホワイトフラワー
ビーズコーム
P175

21 つぶつぶ小枝の
ヘアコーム
P175

22 パールカラーの
バレッタ
P176

23 ベロアチェーンヘッドリボン
P176

24 あじさいたっぷり
ヘアコーム
P177

25 パールカラーの
マジェステ
P177

No.01 ビッグパールとバブルストーンのヘアゴム

▶ 完成写真 P160

材料
- Ⓐ ハウライト（10㎜・ラウンドカット）…2個
- Ⓑ ラブラドライト（10㎜・ラウンドカット）…1個
- Ⓒ グレームーンストーン（12㎜・ラウンド）…1個
- Ⓓ オレンジムーンストーン（12㎜・ラウンド）…1個
- Ⓔ 樹脂パール（25㎜・クリーム）…1個
- Ⓕ メタルビーズ（2×2㎜・ゴールド）…4個
- Ⓖ 座金（4㎜・ゴールド）…2個
- Ⓗ Tピン（0.5×35㎜・ゴールド）…4本
- Ⓘ Tピン（0.8×65㎜・ゴールド）…1本
- Ⓙ 丸カン（1.2×8㎜・ゴールド）…1個
- Ⓚ ヘアゴム金具（カンつき・ゴールド）…1個

道具
- 平ヤットコ
- 丸ヤットコ
- ニッパー

作り方
1. ⒽのTピン1本にⒻ1個、Ⓐ1個の順に通して、メガネ留めする（→P16）。
2. ⒽのTピン1本にⒻ1個、Ⓑ1個の順に通して、メガネ留めする（→P16）。
3. ⒽのTピン1本にⒻ1個、Ⓒ1個の順に通して、メガネ留めする（→P16）。
4. ⒽのTピン1本にⒻ1個、Ⓓ1個の順に通して、メガネ留めする（→P16）。
5. ⒾのTピンにⒼ、Ⓔ、Ⓖの順に通し、先端を丸める（→P15）。
6. 丸カンに①～⑤をすべて通し、ヘアゴム金具のカンとつなぐ（→P16）。

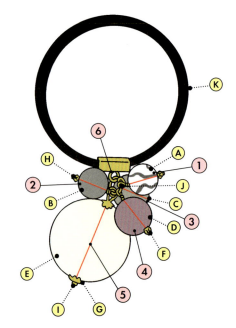

No.02 ラウンドストーンのバレッタ

▶ 完成写真 P160

材料
- Ⓐ ソーダライト（6㎜・ラウンド）…15個
- Ⓑ メタルビーズ（2×2㎜・ゴールド）…12個
- Ⓒ アーティスティックワイヤー（#28・ノンターニッシュブラス）…50㎝×1本
- Ⓓ バレッタ金具（100×60㎜・ゴールド）…1個

道具
- ニッパー

作り方
1. バレッタ金具の端にある穴にアーティスティックワイヤーを5回ほど巻きつけたら、余分なワイヤーをカットする。
2. ①のワイヤーにⒶを1個通したら、バレッタ金具の土台に巻きつける。
3. ②を3回繰り返したら、Ⓑを3個通し、バレッタ金具の土台に巻きつける。
4. ②～③を繰り返し、バレッタ金具の端までワイヤーを巻きつけたら、バレッタ金具の端の穴に5回ほどワイヤーを巻きつけて、余分なワイヤーをカットする。

ARRANGE アレンジ

Ⓐをレモンジェイド（6㎜・ラウンド）に変えて作る。

No.03　シェルのシャンデリアピン

▸完成写真 P160

材料
- Ⓐ シェル（8㎜・ホワイト）…9個
- Ⓑ チェーン（ゴールド）…5コマ（約0.7㎝）×2本
- Ⓒ チェーン（ゴールド）…11コマ（約1.5㎝）×1本
- Ⓓ チェーン（ゴールド）…25コマ（約3.5㎝）×1本
- Ⓔ 丸カン（0.6×3㎜・ゴールド）…11個
- Ⓕ ヘアピン金具（57㎜・カンつき・ゴールド）…1個

道具
- 平ヤットコ
- 丸ヤットコ
- ニッパー

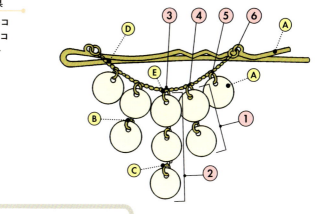

作り方
① Ⓐ1個をⒷのチェーンの1コマ目に、もう1個を5コマ目にそれぞれ丸カンでつなぐ（→P16）。これを2本作る。
② Ⓐ1個をⒸのチェーンの1コマ目、もう1個を5コマ目、さらにもう1個を11コマ目にそれぞれ丸カンでつなぐ（→P16）。
③ ②のⒸのチェーンの1コマ目につないだ丸カンを、Ⓓのチェーンの中央につなぐ。
④ ①のⒷのチェーンの1コマ目につないだ丸カンを③のⒹのチェーンにつなぐ。位置は、③でつないだⒸのチェーンの左右2コマずつ隣。
⑤ Ⓑ2個を④のⒹのチェーンの端から5コマ目にそれぞれ丸カンでつなぐ（→P16）。
⑥ ⑤のⒹのチェーンの両端をヘアピンのカンにそれぞれ丸カンでつなぐ（→P16）。

ARRANGE
アレンジ

Ⓐをシェル（8㎜・ブラック）に変えて作る。

No.04　ビジューバレッタ

▸完成写真 P160

材料
- Ⓐ ビジュー（14×10㎜・石座つき・レクタングル・エアーブルーオパール）…3個
- Ⓑ ビジュー（14×10㎜・石座つき・レクタングル・ホワイトオパール）…2個
- Ⓒ パールチェーン（6㎜・ホワイト/ゴールド）…10㎝×1本
- Ⓓ アーティスティックワイヤー（#24）…30㎝×1本
- Ⓔ Tピン（0.6×20㎜・ゴールド）…2本
- Ⓕ バレッタ金具（80㎜・ゴールド）…1個

道具
- 平ヤットコ
- 丸ヤットコ
- ニッパー

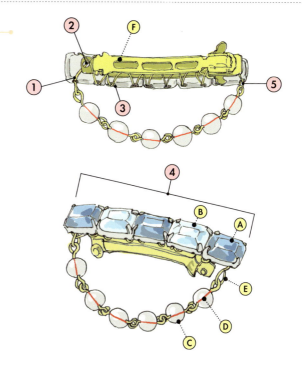

作り方
① アーティスティックワイヤーをⒶの石座の穴に通す。
② ①のワイヤーの先をバレッタ金具の端の穴に通し、1回巻きつける。
③ ②のワイヤーをⒷの石座の穴に通し、バレッタ金具の土台に巻きつける。
④ ③と同様に、Ⓐ、Ⓑを交互に計2個ずつバレッタ金具に固定する。さらにⒶ1個を巻きつけたら、ワイヤーの先をバレッタ金具の端の穴に通し、1回巻きつけて余分なワイヤーをカットする。
⑤ Tピン2本を、④の両端に固定したⒶの石座の穴にそれぞれ通したら、パールチェーンをメガネ留めしながらつなぐ（→P16）。

No.05　ビジューのピン

▶完成写真 P160

材料
- Ⓐ シェルパーツ（14㎜・スクエア・ホワイト）…1個
- Ⓑ ビジュー（6㎜・スクエア・ブルー）…2個
- Ⓒ ビジュー（6㎜・スクエア・ミルキーブルー）…2個
- Ⓓ ヘアピン金具（10×60㎜・丸皿・ゴールド）…1個

道具
・接着剤
・つまようじ

作り方
① ヘアピンに接着剤でⒶを貼りつける（→P17）。
① ②の上にさらにⒷとⒸを、互い違いになるように接着剤で貼りつける（→P17）。

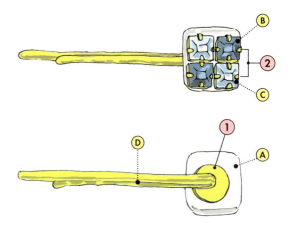

No.06　キラキラコーム

▶完成写真 P161

材料
- Ⓐ 連爪（3㎜・クリスタル）…14コマ
- Ⓑ スワロフスキー・クリスタル
  （#5328・4㎜・クリスタルABゴールデンシャドウ）…7個
- Ⓒ アーティスティックワイヤー（#24）…30㎝×1本
- Ⓓ チェーン（ゴールド）…9㎝×1本
- Ⓔ 9ピン（0.6×30㎜・ゴールド）…7本
- Ⓕ ヘアコーム（35×55㎜・15山・ゴールド）…1個

道具
・平ヤットコ
・丸ヤットコ
・ニッパー

作り方
① ヘアコームにⒶをアーティスティックワイヤーで巻きつけて固定していく。
② 9ピンにⒷを通し、先端を丸める（→P15）。これを7個作る。
③ 右の完成イラストを参考に、チェーンに②を等間隔につなぐ。
④ ①のヘアコームの両端に③のチェーンの端のコマを通してつなぐ。

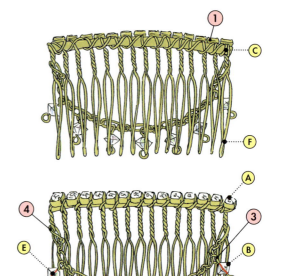

No.07 モコモコヘアゴム

▶ 完成写真 P161

材料

- Ⓐ ミンクボール（約30㎜・カンつき・ブルーグレー）…1個
- Ⓑ ミンクボール（約30㎜・カンつき・グレー）…1個
- Ⓒ コットンパール（6㎜・両穴・ホワイト）…3個
- Ⓓ つぶし玉（2㎜・ゴールド）…3個
- Ⓔ つぶし玉カバー（3㎜・ストライプ・ゴールド）…3個
- Ⓕ 9ピン（0.6×40㎜・ゴールド）…3本
- Ⓖ 丸カン（0.7×3.5㎜・ゴールド）…2個
- Ⓗ ヘアゴム金具（カンつき・ブラック）…1個

道具

- 平ヤットコ
- 丸ヤットコ
- ニッパー

作り方

① ヘアゴムのカンにⒶを丸カンでつなぐ（→P16）。
② ①のヘアゴムのカンにⒷを丸カンでつなぐ（→P16）。
③ 9ピンにⒸを通す。
④ ③につぶし玉を通してつぶしたら、つぶし玉カバーをつけて固定する。③〜④を繰り返し、これを3本作る。
⑤ ④の9ピンの先端を丸め、ヘアゴム金具のカンとつなぐ（→P15）。

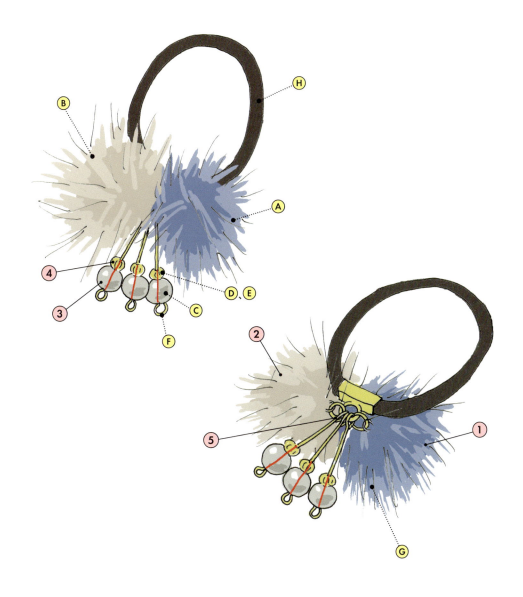

167

No.08 天然石のヘアポニー

▶完成写真 P161

材料

Ⓐ レジンパーツ
　UVレジン…適量
　クリスタル（2.5～3㎝・クリア）…4個
Ⓑ ポニーフック（丸皿・シルバー）…1個

道具

・UVライト（またはUV-LEDライト）
・クリアファイル
・調色スティック（またはつまようじ）

作り方

① クリアファイルの上にUVレジンを流したら、2㎝角ほどにのばし、その上にクリスタルを4個並べる。UVライトを照射する（2～4分）。
② クリアファイルを裏返し、反対側もUVライトを照射する（2～4分）。
③ クリアファイルからクリスタルをはがす。裏側のクリスタルの間にできた溝にUVレジンを少量流し、UVライトを照射する（2～4分）。これでレジンパーツは完成。
④ ポニーフックの丸皿にUVレジンをつけ、③のレジンパーツを乗せる。UVライトを照射して固める（2～4分）。

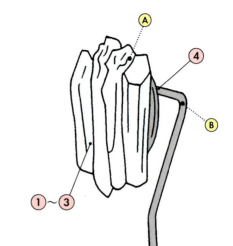

No.09 メタルリーフとビーズの揺れるヘアゴム

▶完成写真 P161

材料

Ⓐ アクリルビーズ（25×16㎜・変型・ブルー）…1個
Ⓑ ガラスビーズ（5㎜・クリア）…1個
Ⓒ メタルパーツ（リーフ・ゴールド）…1個
Ⓓ 樹脂パール（6㎜・ホワイト）…1個
Ⓔ Tピン（0.6×15㎜・ゴールド）…2本
Ⓕ Tピン（0.8×30㎜・ゴールド）…1本
Ⓖ 丸カン（0.7×4㎜・ゴールド）…3個
Ⓗ ヘアゴム金具（カンつき・ブラック）…1個

道具

・平ヤットコ
・丸ヤットコ
・ニッパー

作り方

① ⒻのTピンにⒶを通し、先端を丸める（→P15）。
② ⒺのTピンにⒷを通し、先端を丸める（→P15）。
③ ⒺのTピンにⒹを通し、先端を丸める（→P15）。
④ Ⓒをヘアゴム金具のカンと丸カンでつなぐ（→P16）。
⑤ ④のヘアゴム金具のカンと③をつなぐ。
⑥ 丸カン2個をつなげ、下の丸カンに①を、上の丸カンに②をつなぐ。
⑦ ⑤のヘアゴム金具のカンに⑥の上の丸カンをつなぐ。

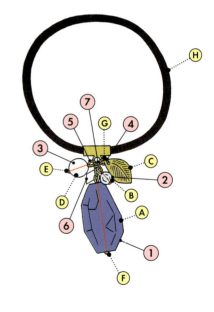

ARRANGE
アレンジ

Ⓐをアクリルビーズ（25×16㎜・変型・ブラウン）に変えて作る。

No.10 ターコイズチェーンのマジェステ

▶ 完成写真 P161

材料
- Ⓐ ターコイズ（4㎜・ラウンド）…5個
- Ⓑ メタルリング（ラウンド・45㎜・ゴールド）…1個
- Ⓒ チェーン（ゴールド）…2㎝×6本
- Ⓓ アーティスティックワイヤー
  （#26・ノンターニッシュブラス）5㎝…5本
- Ⓔ 丸カン（0.5×3.5㎜・ゴールド）…2個
- Ⓕ かんざし金具（10㎝・カンつき・ゴールド）…1個

道具
- 平ヤットコ
- 丸ヤットコ
- ニッパー

作り方
① アーティスティックワイヤー1本とチェーン1本をメガネ留めでつなぐ（→P16）。
② ①のワイヤーにⒶ1個を通し、別のチェーン1本とメガネ留めでつなぐ（→P16）。①〜②を計5回繰り返し、Ⓐとチェーンをすべてつなぐ。
③ ②の両端にⒷとかんざし金具をそれぞれ丸カンでつなぐ（→P16）。

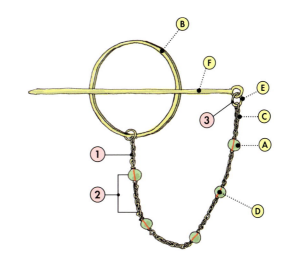

No.11 さざれストーンのヘアフォーク

▶ 完成写真 P161

材料
- Ⓐ オレンジムーンストーン（サザレ）…8個
- Ⓑ タイガーアイ（サザレ）…8個
- Ⓒ メタルパーツ（ラウンド・1穴・ゴールド）…3個
- Ⓓ アーティスティックワイヤー
  （#28・ノンターニッシュブラス）…40㎝×1本
- Ⓔ かんざし金具（10㎝・二又・ゴールド）…1個

道具
- ニッパー

作り方
① アーティスティックワイヤーを巻き始めは3㎝ほど残す。かんざし金具に1回巻きつける。
② ①にⒶを2個通したら1回巻きつけ、Ⓑを2個通したら1回巻きつけ、Ⓒを1個通したら1回巻きつける。これを計3回繰り返したあと、Ⓐ2個、Ⓑ2個の順にそれぞれ同様に巻きつけ、Ⓐ、Ⓑ、Ⓒすべてのパーツをかんざし金具に固定する。
③ 巻き始めと巻き終わりに余ったワイヤーをそれぞれかんざしに5回ほど巻きつけ、余分なワイヤーをカットする。

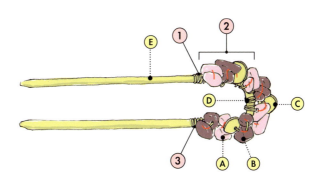

No.12 フェザーのパーティーヘッドドレス

▶ 完成写真 P162

材料

- Ⓐ フェザー（5.5〜8.5㎝・キジ）…6枚
- Ⓑ フェザー（4〜7㎝・キンケイ）…3枚
- Ⓒ レースリボン（幅20㎜・グレー）…9㎝×1本
- Ⓓ サテンリボン（幅50㎜・カーキ）…100㎝×1本
- Ⓔ サテンリボン（幅50㎜・カーキ）…9㎝×1本
- Ⓕ メタルビーズ（3㎜・両穴・ゴールド）…12個
- Ⓖ シードビーズ（3㎜・両穴・グリーン）…48個
- Ⓗ シードビーズ（3㎜・両穴・オフホワイト）…40個
- Ⓘ シードビーズ（2×11㎜・両穴・グリーン）…6個
- Ⓙ シードビーズ（2×11㎜・両穴・ブラウン）…8個
- Ⓚ フェルト（55×90㎜の楕円形・黒）…3枚

道具

- ハサミ
- 布用接着剤
- 針
- 糸（黒）

作り方

① フェルトの上から2/3くらいまでを埋めるようにⒶとⒷをすべて接着剤で貼りつける（→P17）。
② POINTを参考に、もう1枚のフェルトを半分にカットしたら、①で貼ったⒷの先が隠れるように接着剤で貼りつける。その上にさらにレースリボンを接着剤で貼りつける（→P17）。
③ POINTを参考に、Ⓔのサテンリボンを②のレースリボンの中央に重ねる。リボンの先に接着剤をつけ、裏側に巻きつけて固定する（→P17）。
④ 接着剤が乾いたら表にし、POINTを参考に、Ⓕ〜Ⓙを縫いつけていく。全部縫いつけたら裏側で玉止めし、固定する。
⑤ ④の裏側全体に接着剤を塗り、Ⓓのサテンリボンの端から50㎝くらいをのせる。もう1枚のフェルトではさんで接着する（→P17）。

POINT
Ⓐのフェザー　6枚
Ⓑのフェザー　3枚
Ⓐのフェザーをフェルトの上部に6枚並べて貼りつけたら、その下にⒷのフェザーを3枚並べて貼りつける。

POINT
裏側は見えなくなるので、レースリボンとⒺのサテンリボンの長さはそろっていなくてOK。

POINT
Ⓑのフェザーの下側をはさむように、半分に切ったフェルトを重ねて貼る。レースリボンはこの段階では左右がはみ出していてOK。

POINT
ブロックごとに①〜③の順番でビーズを縫いつけていく。針は裏から出し、ビーズを通し終えたら裏で玉留めする。

No.13 三つ編みビーズのヘアバンド

▶完成写真 P163

材料

- Ⓐ ビーズ（3㎜・ピンク）…220個
- Ⓑ ビーズ（2.5㎜・マットピンク）…140個
- Ⓒ メタルビーズ（10㎜・ゴールド）…2個
- Ⓓ ボールチップ（2㎜・ゴールド）…6個
- Ⓔ つぶし玉（1.5㎜・ゴールド）…6個
- Ⓕ つぶし玉カバー（2.3㎜・ゴールド）…6個
- Ⓖ テグス（2号）…50㎝×6本
- Ⓗ ヒモ留め（10㎜・ゴールド）…2個
- Ⓘ リボン（幅9㎜・ブラック）…51㎝×2本

道具

- 平ヤットコ
- 丸ヤットコ
- ニッパー
- ハサミ

作り方

① テグスを6本まとめてつぶし玉とボールチップに通し、端を固定する（→P18）。
② ①のテグス6本にまとめてⒸ1個を通したら、テグスを2本ずつ3束にしてつぶし玉とボールチップに通し、端を固定する（→P18）。
③ ②で3束にしたテグスのうち、左右のテグス（2本×2束）に、Ⓐをそれぞれ55個ずつ通す。2本1セットにして、端をボールチップとつぶし玉で固定する（→P18）。
④ ②で3束にまとめたテグスのうち、中央のテグス（2本×1束）に、Ⓑをそれぞれ70個ずつ通す。2本1セットにして、端をボールチップとつぶし玉で固定する（→P18）。
⑤ POINTを参考に、③、④で作った3束を三つ編みにする。
⑥ 編み終えたらすべてのテグスをまとめてⒸを通し、ボールチップとつぶし玉で端を固定する（→P18）。
⑦ リボン2本の一方の端にそれぞれヒモ留めをつける。
⑧ ⑦のヒモ留めと⑥のボールチップのフックをそれぞれつなぐ。

POINT
2本ずつまとめる
つぶし玉カバー
2本ずつワイヤーをまとめたものを3束作る。

POINT
上部をセロハンテープなどで固定すると編みやすい。

No.14 大粒パールのクラシックバレッタ

▶完成写真 P163

材料

- Ⓐ スカシパーツ（16㎜・花六弁・ゴールド）…3個
- Ⓑ 淡水パール（12㎜・オレンジ）…3個
- Ⓒ 淡水パール（4㎜・ホワイト）…21個
- Ⓓ 淡水パール（3㎜・ホワイト）…適量
- Ⓔ 竹ビーズ（4㎜・ゴールド）…1個
- Ⓕ 極小ビーズ（1㎜・クリーム）…適量
- Ⓖ 極小ビーズ（1㎜・ホワイト）…適量
- Ⓗ 極小ビーズ（1㎜・ゴールド）…適量
- Ⓘ メタルビーズ（2㎜・ゴールド）…24個
- Ⓙ テグス（1号）…適量
- Ⓚ バレッタ金具（60㎜・ゴールド）…1個

道具

- ・ニッパー
- ・接着剤
- ・つまようじ

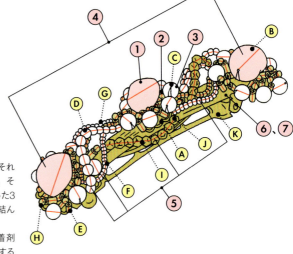

作り方

① テグスにⒷを通し、スカシパーツの中央に結んで留める（→P17）。

② ①のテグスにⒺとⒽをランダムに通し、①で留めたⒷの周りに結んで留める（→P17）。

③ ②のテグスにⒸを通し、②のⒺ、Ⓗ周りの隙間を埋めるように結んで留める（→P17）。

④ ①～③を繰り返し、計3個のパーツをスカシパーツに等間隔に結んで留める（→P17）。

⑤ 別のテグスにⒻ、Ⓖ、Ⓗ、Ⓘをそれぞれ通す。各2本ずつ作ったら、それぞれテグスの両端をⒶで作った3つのパーツの間にねじるように結んで留める（→P17）。

⑥ ⑤のスカシパーツの裏側に接着剤を塗り、余分なテグスをカットする（→P17）。

⑦ バレッタ金具の土台に接着剤を塗り、⑥を貼りつける（→P17）。

No.15 スパンコールカチューシャ

▶完成写真 P163

材料

- Ⓐ フェルト（6.5×3.5㎝・ブラック）…8枚
- Ⓑ スパンコールテープ（ブラック）…13㎝×1本
- Ⓒ グログランリボン（幅2㎝・ブラック）…10㎝×1本
- Ⓓ リーフリボン（幅5㎜・ブラック）…34㎝×1本
- Ⓔ カチューシャ（ブラック）…1個

道具

- ・接着剤
- ・つまようじ
- ・針
- ・糸（黒）

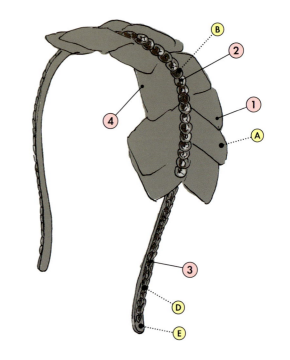

作り方

① フェルトをランダムに重ねて縫いつなげる。

② ①の中心を通るようにスパンコールテープを接着剤で貼りつける（→P17）。

③ カチューシャの表面にリーフリボンを接着剤で貼りつける（→P17）。

④ ③の表面に②を接着剤で貼りつけたら、貼りつけた部分が裏側から見えないように、②の裏側にグログランリボンを接着剤で貼りつける（→P17）。

No.16 お花のカケラのバレッタ

▶完成写真 P163

材料

Ⓐ レジンパーツ
UVレジン…適量
空枠（2×2㎜・スクエア・ゴールド）…1個
空枠（1.5×1.5㎜・スクエア・ゴールド）…1個
空枠（1.2×2㎜・長方形・ゴールド）…1個
空枠（2㎜・ラウンド・ゴールド）…1個
空枠（1.5㎜・ラウンド・ゴールド）…1個
押し花、ドライフラワーなどをちぎったもの…適量
レジン用着色料（ゴールド、パールグレージュ、グリーン、ブラック、ブラウン）…適量
※着色料は単色のほか各色を混ぜて使用。
Ⓑ パールビーズ（6㎜・両穴・ホワイト）…9個
Ⓒ チェーン（ゴールド）…11㎝×1本
Ⓓ カンつきプレート（ゴールド）…2個
Ⓔ テグス（2号）…14㎝×1本
Ⓕ ボールチップ（3㎜・ゴールド）…2個
Ⓖ つぶし玉（2㎜・ゴールド）…2個
Ⓗ 丸カン（0.8×3㎜・ゴールド）…4個
Ⓘ バレッタ金具（6㎝・ゴールド）…1個

作り方

① 作業用シート（→P20）に空枠を置く。
② UVレジンを着色し、5色のUVレジンを作る。
③ ①の空枠に、②で着色したUVレジンをそれぞれ薄く流し、空枠に底を作る。UVライトを照射する（2～4分）。
④ ③にさらにUVレジンを流し、押し花、ドライフラワーを入れる。UVライトを照射する（2～4分）。
⑤ さらに④にUVレジンを表面がぷっくりするくらいまで流し、UVライトを照射する（2～4分）。
⑥ ⑤を作業用シートからはがし、裏面にUVライトを照射する（2～4分）。これでレジンパーツは完成。
⑦ バレッタ金具の土台に接着剤を塗り、⑥を貼りつける（→P17）。
⑧ 乾いたら⑥のバレッタ金具を裏返し、両端にカンつきプレート2個を接着剤で貼りつける（→P17）。
⑨ テグスにⒷを通し、ボールチップとつぶし玉で固定する（→P18）。
⑩ ⑨とチェーンの両端をそれぞれ⑧のカンつきプレートにつなぐ。
⑪ ⑥で貼りつけた空枠の裏面のバレッタの周りとカンつきプレートの上にUVレジンを少量塗り、UVライトを照射する（2分～4分）。

道具

・UVライト（またはUV-LEDライト）
・クリアファイル
・マスキングテープ
・調色スティック（またはつまようじ）
・平ヤットコ
・丸ヤットコ
・接着剤

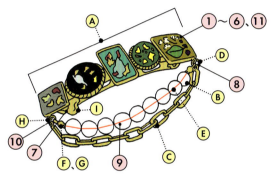

No.17 チュールヘッドアクセ

▶完成写真 P163

材料

Ⓐ グリッターラインリボン（幅4㎝・ゴールド／ブラック）…15㎝×1本
Ⓑ ドットチュールレース（15×10㎝・ブラック）…1枚
Ⓒ チュールレース…（10×10㎝・ブラック）…1枚
Ⓓ ブローチ金具（丸皿・クリップつき ロジウム）…1個

道具

・針
・糸
・接着剤
・つまようじ

作り方

① ドットチュールレースとチュールレースを蛇腹折りにし、少しずらして半分に折り、それぞれ縫い留める。
② グリッターラインリボンを横にゆるくヒダを作るように縫い留める。
③ チュールレース、ドットチュールレース、グリッターラインリボンの順に少しずつずらしながら重ねて縫い留める。
④ ③をブローチの丸皿に接着剤で貼りつける。

ARRANGE アレンジ

Ⓐをグリッターラインリボン（幅4㎝・シルバー／ブラック）に変えて作る。

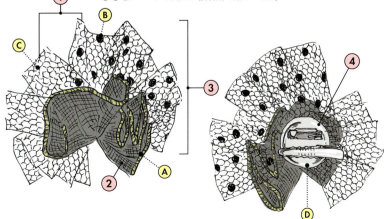

No.18 ナイトスター

▸完成写真 P163

材料

- Ⓐ スパンコール（4㎜・サークル・ゴールド）…適量
- Ⓑ スパンコール（12㎜・星形・ゴールド）…9枚
- Ⓒ スワロフスキー・クリスタル
  （7×3㎜・長方形・ゴールド）…2個
- Ⓓ ガラスビーズ（14×10㎜・ブラック）…2個
- Ⓔ アクリルパール（1.5㎜・両穴・ゴールド）…9個
- Ⓕ メタルビーズ（0.8㎜・ゴールド）…11個
- Ⓖ メタルパーツ（大・星・ゴールド）…1個
- Ⓗ メタルパーツ（小・星・ゴールド）…5個
- Ⓘ ジェット（3㎜・ラウンドカット）…1個
- Ⓙ 布（10×10㎝・ブラック）…1枚
- Ⓚ 網目布（10×10㎝・ブラック）…1枚
- Ⓛ 裏地用布（10㎝×10㎝・ゴールド）…1枚
  ※厚手のものなら何でも可。
- Ⓜ バレッタ金具（60㎜・ゴールド）…1個

道具

- ・接着剤
- ・つまようじ
- ・針
- ・糸（黒）

作り方

① 布にⒶをランダムに縫いつける。布地が少し見えるくらいが目安。
② ①の上に網目布をかぶせる。
③ ②の上にⒸ、Ⓓをランダムに接着剤で貼りつける（→P17）。
④ 下の完成イラストを参考に、③の布にⒶ、Ⓑ、Ⓔ、Ⓕ、Ⓖ、Ⓗ、Ⓘを隙間がなくなるまでランダムに縫いつける。Ⓑのスパンコール2個には中央にⒻ、Ⓘがくるように縫いつける。
⑤ ④の布を六角形にカットして形を整え、はみ出た布は接着剤で裏側に貼りつける（→P17）。
⑥ 裏地用布を⑤と同じ形に切り、バレッタ金具を縫いつける。
⑦ ⑤の裏側に接着剤を塗り、⑥を貼りつける（→P17）。

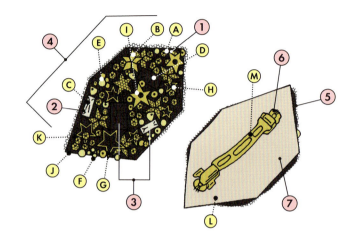

No.19 パールクリップ

▸完成写真 P163

材料

- Ⓐ アクリルパール（8㎜・半丸・ホワイト）…12個
- Ⓑ ヘアクリップ（10×60㎜・メタル）…2個

道具

- ・接着剤
- ・つまようじ

作り方

① ヘアクリップに接着剤でⒶ12個を一列に貼りつける（→P17）。

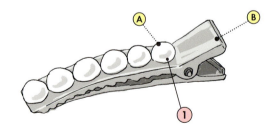

No.20 ホワイトフラワービーズコーム

▸ 完成写真 P163

材料

- Ⓐ スワロフスキー・クリスタル
  （10㎜・#4470・アイボリークリーム）…3個
- Ⓑ 石座（#4470用・ゴールド）…3個
- Ⓒ スカシパーツ（15㎜・花六弁・ゴールド）…3個
- Ⓓ 極小ビーズ（1㎜・ホワイト）…適量
- Ⓔ テグス（1号）…適量
- Ⓕ ヘアコーム（3.5㎝・10山・ゴールド）…1個

道具

- 平ヤットコ
- ニッパー
- 接着剤
- つまようじ

作り方

① Ⓐを石座に留める（→P19）。
② テグスを①の石座に通し、スカシパーツの中央に結んで留める（→P17）。
③ ②のテグスにⒹを約30個通し、②で留めたⒷの石座の周りに半周結んで留める（→P17）。これを3回ほど繰り返す。①～③を繰り返し、半分花びらがついた状態の花のモチーフを計3個作る。
④ ヘアコーム金具に③のスカシパーツを、花びらが重ならないように接着剤で貼りつける（→P17）。

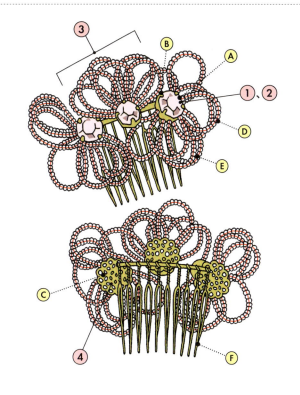

No.21 つぶつぶ小枝のヘアコーム

▸ 完成写真 P163

材料

- Ⓐ 淡水パール（約3～4㎜・ホワイト）…40～50個
- Ⓑ チェコビーズ（5×7・横穴・シズク・シャンパンラスター）…20～30個
- Ⓒ アーティスティックワイヤー（#28・ゴールド）…適量
- Ⓓ ヘアコーム（3.5㎝・10山・ゴールド）…1個

道具

- ニッパー

作り方

① アーティスティックワイヤーの中央にⒶを通したら、5㎜ねじって留める。これをⒷもランダムに混ぜながら繰り返し、小枝を作る（→P31）。小枝は7～8個ほど作る。
② ①の小枝のワイヤーを、バランスを見ながらヘアコームに巻きつけて固定する。余分なワイヤーはカットする。

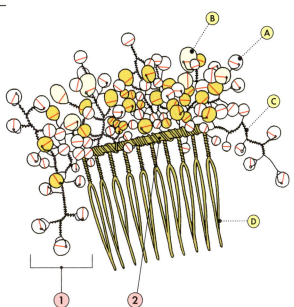

175

No.22 パールカラーのバレッタ

▸完成写真 P163

材料

- Ⓐ レジンパーツ
  UVレジン…適量
  空枠（約1.2×2㎝・ゴールド）…7個
  レジン用着色料（パールキスカ・パールピンクベージュ・パールグレージュ・パールマリンブルー・グリーン・ブラウン・ゴールド・ブラック・パープル）…適量
  ※着色料は単色のほか各色を混ぜて7色作って使用。
- Ⓑ ラインストーン（1㎜・石座つき・クリスタル）…1個
- Ⓒ コットンパール（10㎜・両穴・ホワイト）…1個
- Ⓓ カンつきプレート（ゴールド）…1個
- Ⓔ Tピン（0.7×2.5㎜・ゴールド）…1個
- Ⓕ 丸カン（0.8×3㎜・ゴールド）…1個
- Ⓖ バレッタ金具（6㎝・ゴールド）…1個

道具

- UVライト（またはUV-LEDライト）
- クリアファイル
- マスキングテープ
- 調色スティック（またはつまようじ）
- 平ヤットコ
- 丸ヤットコ
- 接着剤

作り方

① 作業用シート（→P20）に空枠を置く。
② UVレジンを着色し、好みの7色のUVレジンを作る。
③ ①の空枠に、②で着色したUVレジンをそれぞれ流す。UVライトを照射する（2〜4分）。
④ ブラックで着色したUVレジンを流したパーツは表面に薄くUVレジンを塗り、Ⓑを置いてUVライトを照射する（2〜4分）。
⑤ ③と④を作業用シートからはがし、裏面にUVライトを照射する（2〜4分）。これでレジンパーツは完成。
⑥ バレッタ金具の土台に接着剤を塗り、⑤を貼りつける（→P17）。
⑦ 乾いたら⑥のバレッタ金具の裏面にカンつきプレートを接着剤で貼りつける（→P17）。
⑧ TピンにⒸを通し、先端を丸める（→P15）。
⑨ ⑦のカンつきプレートと⑧を丸カンでつなぐ（→P16）。
⑩ 乾いたら裏返し、⑥で貼りつけた空枠の裏面のバレッタの周りとカンつきプレートの上にUVレジンを少量塗り、UVライトを照射する（2分〜4分）。

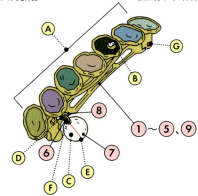

No.23 ベロアチェーンヘッドリボン

▸完成写真 P163

材料

- Ⓐ チェーン（ゴールド）…18㎝×1本
- Ⓑ ベロアリボン（幅7㎜・ブラック）…210㎝×1本
- Ⓒ サテンリボン（幅5㎜・ブラック）…28㎝×2本

道具

- 針
- 糸（黒）

作り方

① チェーンにサテンリボンを波状に通したら、POINTを参考に両端を輪にしてチェーンに縫い留める。
② ベロアリボンを②のチェーンの両端に通し、①と同様に輪にしてチェーンに縫い留める。

POINT リボンはどちらもチェーンのコマに巻きつけて縫い留める。

No.24 あじさいたっぷりヘアコーム

▶ 完成写真 P163

材料

Ⓐ レジンパーツ
UVレジン…適量
あじさいのプリザーブドフラワー…20枚程度
着色剤（ピンク・オレンジ・イエロー・ブルー・グリーン・パープル・ブラック・ホワイト）…適量
アクリルパール（5㎜・穴なし・ホワイト）…5個
アクリルパール（3㎜・穴なし・ホワイト）…6個
アクリルパール（3㎜・穴なし・ゴールド）…9個
ラインストーン（石座つき・クリスタル）…9個
ラメ（パール）…適量
Ⓑ ヘアコーム（8㎝・20山・金古美）…1個

道具

・UVライト（またはUV-LEDライト）
・クリアファイル
・マスキングテープ
・調色スティック（またはつまようじ）
・筆
・平ヤットコ
・丸ヤットコ
・接着剤

作り方

① UVレジンを着色してラメを混ぜ、8色のUVレジンを作る。
② あじさいのプリザーブドフラワーをクリアファイルの上に置き、表裏ともに①で着色したUVレジンを筆で塗る。UVライトを照射する（2～4分）。このパーツを10個作る。
③ ②の中央にそれぞれ無着色のUVレジンを少量つけ、アクリルパールとラインストーンをランダムに2～3個ずつ乗せる。UVライトを照射する（2～4分）。これでレジンパーツは完成。
④ ヘアコームに接着剤をつけ、③をバランスを見ながら貼りつける。
⑤ 乾いたら裏返し、接着面にUVレジンを流し、UVライトを照射する（2～4分）。

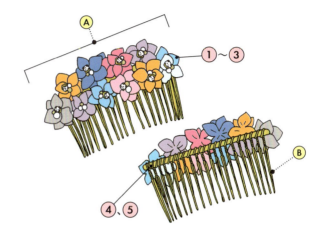

No.25 パールカラーのマジェステ

▶ 完成写真 P163

材料

Ⓐ レジンパーツ
UVレジン…適量
あじさいのプリザーブドフラワー…2個
レジン用着色剤（パールピンクベージュ、パールローズ、パールキスカ）…適量
※着色料は単色のほか各色を混ぜて使用。
アクリルパール（3㎜・穴なし・ホワイト）…2個
アクリルパール（3㎜・穴なし・ゴールド）…2個
ラインストーン（4㎜・石座つき・クリスタル）…2個
Ⓑ コットンパール（10㎜・ピンク）…1個
Ⓒ Tピン（0.7×2.5㎝・ゴールド）…1本
Ⓓ かんざしスティック（カンつき・ゴールド）…1本

道具

・UVライト（またはUV-LEDライト）
・クリアファイル
・調色スティック（またはつまようじ）
・筆
・平ヤットコ
・丸ヤットコ
・接着剤

作り方

① クリアファイルの上に、調色スティック（またはつまようじ）を使ってUVレジンで円を描き、すぐにUVライトを照射する（2～4分）。
② ①をクリアファイルからはがす。
③ UVレジンを着色し、計3色のUVレジンを作る。
④ ②のパーツの裏に③で着色した3色のUVレジンを、何か所かに分けて流す。自然と隣り合う色が混ざるように調色スティックで各色の境界線をなじませながら塗る。UVライトを照射する（2～4分）。これでサークルのレジンパーツは完成。
⑤ あじさいのプリザーブドフラワーに③で着色した3色のUVレジンを混ぜて塗り、UVライトを照射する（2～4分）。
⑥ ⑤の中央にそれぞれ無着色のUVレジンを少量つけ、ホワイトとゴールドのアクリルパールを1個ずつとラインストーンを1個ずつ乗せる。UVライトを照射する（2～4分）。これであじさいのレジンパーツは完成。
⑦ ④のレジンパーツの表面に⑥のレジンパーツを接着剤で貼りつける。
⑧ TピンにⒷを通し、先端を丸める（→P15）。
⑨ ⑧をかんざしスティックのカンとつなぐ（→P16）。

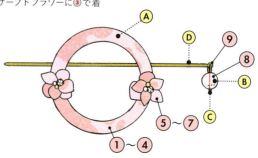

26
小花のバレッタ
P180

プラバンで作った小さなお花を、バレッタに並べました。白と透明のカラーリングで、清楚な雰囲気に。

27
樹脂粘土の
お花ヘアゴム
P181

28
ファーのヘアゴム
P182

Idea style

アイデアスタイル

ファーやプラバンなどの個性的な素材や、キッチュなモチーフをアクセントに。難しいヘアアレンジをしなくても、つけるだけでたちまちおしゃれさんに！

34
もくもくヘアゴム
P185

プラバンで作ったモチーフは雲をイメージして。色の合わせ方で印象がグッと変わります。

29
揺れるハートの
ポニーフック
P182

30
2WAYヘアバトン
P183

31
カラフルファー
のバレッタ
P183

32
ツバメとビジュー
のヘアピン
P184

33
クラウンヘアコーム
P184

No.26 小花のバレッタ

▶完成写真 P178

材料
- Ⓐ プラバン（0.4㎜厚）…適量
- Ⓑ ビーズ（ゴールド）…49個
- Ⓒ バレッタ金具（8㎝・ゴールド）…1個

道具
- ・ポスターカラーマーカー（白）
- ・ハサミ
- ・目打ち
- ・トースター
- ・マスキングテープ
- ・クッキングシート
- ・紙ヤスリ
- ・接着剤
- ・つまようじ
- ・ニス
- ・筆
- ・重し用の本
- ・綿手袋
- ・セロハンテープ
- ・ティッシュペーパー

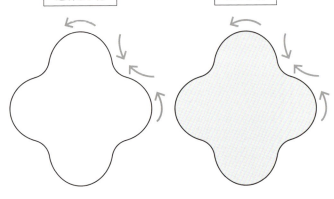

型紙

透明な小花　白の小花

→ …ハサミを入れる方向

☐ …白

作り方
① プラバンを型紙の上にのせ、マスキングテープで留める。透明な小花はアウトラインを目打ちでなぞり、白い小花はポスターカラーマーカーで塗りつぶし、図案を写す。透明な小花を3個、白い小花を4個作る。
② ①の外周をハサミでカットする。
③ ②をクッキングシートにのせ、1個ずつトースターに入れて焼く。縮み切ったらクッキングシートごと取り出し、小さくたたんだティッシュの上にのせる。
④ POINTを参考に、③の中央につまようじ（7本を束ねたもの）のお尻側を押し当ててくぼみをつける。プラバンが柔らかいうちに花びらを整える。②〜④を繰り返し、計7個作る（透明3個、白4個）。
⑤ ④の白い小花の着色面にニスを塗る。
⑥ すべての小花の中央に接着剤を塗り、Ⓑを7個ずつ貼りつける（→P17）。
⑦ バレッタ金具に⑥を透明の小花と白い小花が交互になるように貼りつける。

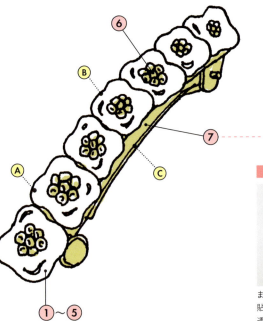

POINT

最初に配置する

まずバレッタの中央に透明の小花を貼り、そこから左右に、白の小花と透明の小花が交互になるように貼っていく。

POINT

花びらの先が上に向くように、下の手で押し上げるように形を調整する。

No.27 樹脂粘土のお花ヘアゴム

▶ 完成写真 P178

材料

- Ⓐ 樹脂粘土（ピンク）…10g
- Ⓑ パール（8㎜・無穴もしくは片穴・クリーム）…1個
- Ⓒ 連爪（2.4㎜・クリスタル）…10コマ×1本
- Ⓓ アーティスティックワイヤー（#24）…5㎝×1本
- Ⓔ ヘアゴム金具（丸皿13㎜・ゴールド）…1個

道具

- クリアファイル
- プラスチックケース
- ニッパー
- ヘラ
- ニス
- 筆
- 接着剤
- つまようじ

作り方

① POINTを参考に、Ⓓを丸く接着剤で固定する（→P17）。
② POINTを参考に、①の中央の穴にⒷを接着する（→P17）。
③ 樹脂粘土で1.5㎝玉×3個、5㎜玉×1個を作る。
④ ③の樹脂粘土（1.5㎝玉×3個）をクリアファイルの上でプラスチックケースなどで平たくつぶす。
⑤ ④をそれぞれ花びら形に手で整える。
⑥ POINTを参考に、アーティスティックワイヤーの先に接着剤を塗り、⑤の先端に刺す。
⑦ ⑥のワイヤーに⑤で作った花びら形の樹脂粘土をもう2枚重ねて刺したら、③で作った樹脂粘土（5㎜玉）をさらに刺す。
⑧ ⑦の樹脂粘土（5㎜玉）をヘラなどでつぶして平らにし、はみ出した余分なワイヤーをカットする。
⑨ ⑧の中心に接着剤を塗り、②をつける。1日ほど乾かす。完全に乾いたら、花びら部分にニスを塗る。
⑩ ⑨の裏側の余分なワイヤーをカットする。ヘアゴム金具の皿に接着剤を薄く塗り、⑨を貼りつける（→P17）。

POINT 2

Ⓒの内側に接着剤を塗って接着する。
Ⓑが片穴の場合は、穴を下に向け、見えないようにする。

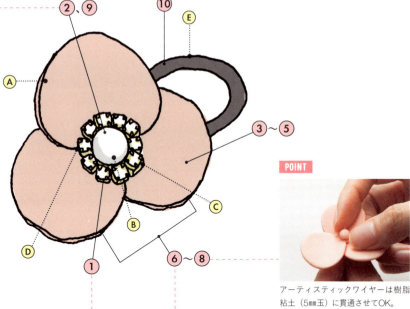

POINT
アーティスティックワイヤーは樹脂粘土（5㎜玉）に貫通させてOK。

ARRANGE アレンジ

Ⓐを樹脂粘土（ホワイト）、Ⓑをスワロフスキー・クリスタル（6㎜・#1068・ホワイトオパール）、Ⓒを花芯のメタルパーツ（12㎜・ゴールド）に変えて作る。

POINT
Ⓒをクリアファイルの上などに丸めた状態で置き、隙間につまようじで接着剤を塗って接着する。

POINT
⑤で作った花びら形の樹脂粘土の先端に下からワイヤーを刺す。

No.28 ファーのヘアゴム

▸完成写真 P178

材料
- Ⓐ ミンクボール（約30㎜・カンつき・ホワイト）…1個
- Ⓑ メタルチャーム（星・ゴールド）…1個
- Ⓒ シャイニーパール（6㎜・両穴・ホワイト）…3個
- Ⓓ Tピン（0.5×20㎜・ゴールド）…3個
- Ⓔ デザイン丸カン（5㎜・ツイスト・ゴールド）…1個
- Ⓕ 丸カン（10×10㎜・ゴールド）…3個
- Ⓖ ヘアゴム（グレー）…1個

道具
- 平ヤットコ
- 丸ヤットコ
- ニッパー

作り方
① TピンにⒸを通し、先端を丸める（→P15）。これを3個作り、デザイン丸カンでそれぞれをつなぐ（→P16）。
② ヘアゴムとⒷを丸カンでつなぐ（→P16）。
③ ②に①で作ったパーツとⒶを、それぞれ丸カンでつなぐ（→P16）。

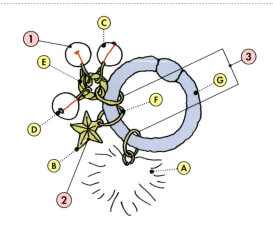

ARRANGE アレンジ

Ⓖをブラウンに、Ⓐをブラウンに、Ⓑをメタルチャーム（星・クリスタル）に変えて、さらにメタルチャーム（イニシャル・ホワイト）をプラスして作る。

No.29 揺れるハートのポニーフック

▸完成写真 P179

材料
- Ⓐ スカシパーツ（ハート・ゴールド）…1個
- Ⓑ 淡水パール（4×3㎜・両穴・オレンジ）…7個
- Ⓒ Tピン（0.5×20㎜・ゴールド）…7本
- Ⓓ 丸カン（0.8×4㎜・ゴールド）…2個
- Ⓔ ポニーフック（カンつき・ゴールド）…1個

道具
- 平ヤットコ
- 丸ヤットコ
- ニッパー

作り方
① TピンにⒷを通し、先端を丸める（→P16）。これを7個作る。
② 右の完成イラストを参考に、①をⒶの下につなぐ。
③ ②とポニーフックを丸カン2個でつなぐ（→P16）。

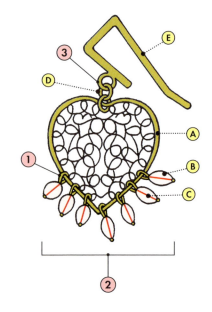

No.30 | 2 WAY ヘアバトン

▶ 完成写真 P179

材料

- Ⓐ メタルパーツ（15㎜・ラウンド・ゴールド）…1個
- Ⓑ 3段タッセル（35㎜）…1個
- Ⓒ アクリルコスモビーズ（12㎜・片穴）…1個
- Ⓓ コットンパール（6㎜・両穴・ホワイト）…5個
- Ⓔ チェーン（ゴールド）…7㎝×1本
- Ⓕ チェーン（ゴールド）…5㎝×1本
- Ⓖ つぶし玉（2㎜・ゴールド）…5個
- Ⓗ 丸カン（9㎜・スターダスト）…1個
- Ⓘ 丸カン（1.0×6㎜・ゴールド）…1個
- Ⓙ 丸カン（0.8×4㎜・ゴールド）…1個
- Ⓚ 丸カン（0.5×2.3㎜・ゴールド）…2個
- Ⓛ ヘアバトン（50㎜・16㎜樹脂玉つき）…1本

道具

- 平ヤットコ
- 丸ヤットコ
- 目打ち
- 接着剤
- つまようじ

作り方

① ヘアバトンの芯立に接着剤を塗り、Ⓒを差し込んで接着する（→P17）。
② チェーンにつぶし玉を通してつぶしたら、Ⓓを通す。これをⒻのチェーンは2回、Ⓔのチェーンは3回繰り返す。
③ ②のチェーン2本の先端のコマを目打ちで広げる（→P18）。
④ ③のチェーン2本の先にⓀの丸カンを通したら、Ⓙの丸カンで1つに束ねる（→P16）。
⑤ Ⓑの先端にⒾの丸カンを通したら、④のⒿの丸カンとつなぐ（→P16）。
⑥ ⑤とⒶをⒽの丸カンに通し、Ⓛにつなぐ（→P16）。

ARRANGE アレンジ

Ⓛを50㎜・16㎜ゴールド玉つきに、Ⓐを星・ゴールドに、Ⓑをタッセル（60㎜・ライトネイビー）に、Ⓓを樹脂パーツ（5㎜・星・ゴールド）10個に変えて作る。

No.31 | カラフルファーのバレッタ

▶ 完成写真 P179

材料

- Ⓐ ミンク玉（カンつき・30㎜・エメラルドグリーン／マスタード／グレー／ボルドー／エアーブルー）…各1個
- Ⓑ コットンパール（10㎜・両穴・ホワイト）…3個
- Ⓒ アーティスティックワイヤー（ノンターニッシュプラス・#26・ゴールド）…8㎝×1本
- Ⓓ ナイロンコードワイヤー（0.3㎜・ゴールド）…20㎝×1本
- Ⓔ つぶし玉（2㎜・ゴールド）…2個
- Ⓕ バレッタ金具（80㎜・シャワー金具つき・ゴールド）…1個

道具

- ニッパー
- 接着剤
- つまようじ

作り方

① アーティスティックワイヤーにⒷをすべて通し、両端をメガネ留めする（→P16）。
② ナイロンコードワイヤーにつぶし玉を通し、Ⓕのシャワー金具に通したら裏側でつぶす。
③ POINTを参考に、②のワイヤーにⒶと①を順に通し、Ⓕのシャワー金具に固定していく。
④ すべてパーツを通したら、シャワー金具の裏にワイヤーを通す。つぶし玉を通して裏側でつぶす。余分なワイヤーをカットする。
⑤ ④のⒻのシャワー金具の裏側にバレッタ金具のふたを固定する（→P17）。

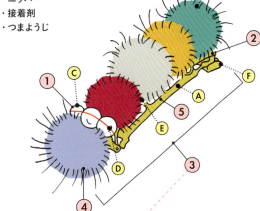

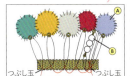

POINT

まず、シャワー金具の左側から、Ⓐ（エメラルドグリーン、マスタード、グレー、ボルドー、エアーブルー）の順にナイロンコードワイヤーを通したら、Ⓑの両端のメガネ留めした穴に左、右と順に通し、Ⓐのボルドーとエアーブルーの間に巻きつける。ワイヤーの両端はシャワー金具の裏側にある状態で、つぶし玉をつぶして固定する。

No.32 ツバメとビジューのヘアピン

▶完成写真 P179

材料
- Ⓐ 空枠パーツ（12㎜・両カン・ゴールド）…1個
- Ⓑ スワロフスキー・クリスタル
  （#1088・PP24・クリスタルAB）…2個
- Ⓒ スワロフスキー・クリスタル
  （#1088・PP24・サファイヤ）…1個
- Ⓓ スワロフスキー・クリスタル
  （#1088・PP14・クリスタル）…4個
- Ⓔ デザインコネクター（鳥・ライトゴールド）…1個
- Ⓕ メタルチャーム（星・ゴールド）…1個
- Ⓖ 丸カン（0.8×4㎜・ゴールド）…2個
- Ⓗ 丸カン（0.6×3㎜・ゴールド）…2個
- Ⓘ ヘアピン金具（57㎜・カンつき・ゴールド）…1本

道具
・平ヤットコ
・丸ヤットコ
・接着剤
・つまようじ

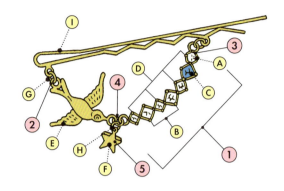

作り方
① Ⓐの内側に接着剤を塗り、Ⓑ、Ⓒ、Ⓓをそれぞれ貼りつける（→P17）。
② Ⓔの一方のカンとヘアピン金具のカンをⒼの丸カンでつなぐ（→P16）。
③ Ⓐの一方のカンともう一方のヘアピン金具のカンをⒼの丸カンでつなぐ（→P16）。
④ ②のもう一方のカンと③のもう一方のカンをⒽの丸カンでつなぐ（→P16）。
⑤ ④のⒽの丸カンとⒻをもう1個のⒽの丸カンでつなぐ（→P16）。

No.33 クラウンヘアコーム

▶完成写真 P179

材料
- Ⓐ カイヤナイト（スティックチップ）…14個
- Ⓑ 淡水パール（4-5㎜・ホワイト…6個
- Ⓒ アーティスティックワイヤー（#28・ノンターニッシュブラス）…40㎝×1本
- Ⓓ アーティスティックワイヤー（#28・ノンターニッシュブラス）…15㎝×1本
- Ⓔ ヘアコーム（35×75㎜・20山・ゴールド）…1個

道具
・ニッパー
・接着剤
・つまようじ

作り方
① Ⓓのアーティスティックワイヤーをヘアコームの最初の山に2回ほど巻きつける。
② ①のワイヤーにⒶ2個とⒷ1個が交互になるように通したら、ヘアコームの最後の山に2回ほど巻きつける。
③ Ⓒのワイヤーをヘアコームの最初の山に2回ほど巻きつける。
④ ②で通したⒶとⒷをヘアコームに固定するように、③のⒺのワイヤーをⒶとⒷの隙間に巻きつけていく。巻き終わりは最後の山に2回ほど巻きつける。
⑤ ④のヘアコームの両端に接着剤をつけ、②と④のワイヤーを束ねて3回ほど巻きつける。余分なワイヤーをカットする。

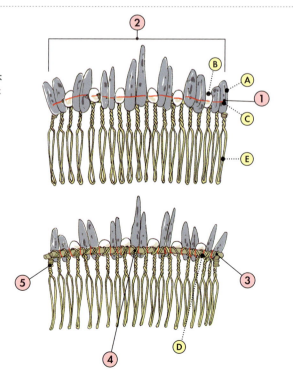

184

No.34 もくもくヘアゴム

▶ 完成写真 P179

材料
- Ⓐ プラバン（0.4㎜厚）…適量
- Ⓑ ヘアゴム金具（丸皿13㎜・ゴールド）…1個

道具
- ポスターカラーマーカー（青、白、灰、コーラルピンク）
- ハサミ
- オーブントースター
- マスキングテープ
- クッキングシート
- 紙ヤスリ
- 接着剤
- つまようじ
- ニス
- 筆
- 重し用の本
- 綿手袋

作り方
① プラバンに図案を写す。色が混ざるのを防ぐため、一色が乾いてから他の色を塗る。
② POINTを参考に、①の外周をハサミでカットする。
③ ①で描いたほうを下にしてプラバンをクッキングシートにのせ、オーブントースター（600W）で焼く（→P41）。プラバンが縮みきったら取り出し、本などの重しをのせて30秒ほど待つ。ふちのざらつきが気になる場合は、ヤスリで整える。
④ ③の着色面にニスを塗り、乾かす。
⑤ POINTを参考に、接着剤をメインのパーツの中央に塗り、サブのパーツを上に貼りつける。
⑥ ヘアゴム金具の丸皿に薄く接着剤を塗り、⑤を貼りつける（→P17）。

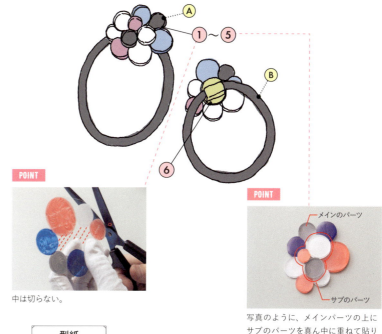

POINT 中は切らない。

POINT 写真のように、メインパーツの上にサブのパーツを真ん中に重ねて貼りつける。

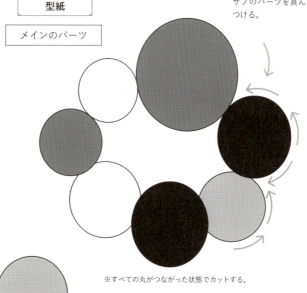

型紙
メインのパーツ
サブのパーツ
※すべての丸がつながった状態でカットする。

→ …ハサミを入れる方向
■ …青
■ …コーラルピンク
□ …白
■ …グレー

ARRANGE アレンジ

ポスターカラーマーカーの色を白、黄、パステルグリーン、グレーに変えて作る。

Up style
アップスタイル

ロングヘアのアレンジにぴったりのヘアアクセサリー。シュシュや大ぶりのバレッタなら、サッとまとめてつけるだけでOK。いつものコーデが華やかに。

36
シルキーパールのシュシュ
P188

パールチェーンをシュシュに巻きつけるだけ！初心者さんにもおすすめです。

35
クラシカルモードなリボンクリップ
P188

Down style
ダウンスタイル

小ぶりなヘアピンやワンポイントのカチューシャは、ヘアスタイル問わず使える優秀アイテム。上品なデザインで、重ねづけもおすすめ。

37 トライアングルヘアピン P189

38 カラフルタッセルのヘアピン P190

39 2種のヘアピン P191

40 ビジューのカチューシャ P192

弧を描くチェーンが印象的なヘアピン。さりげなく留めるだけでもおしゃれにきまります。

Chapter 5 Hair accessories

No. 35 クラシカルモードなリボンクリップ

▸ 完成写真 P186

材料
- Ⓐ サテンリボン（幅約12㎜・パープル）
  …100㎝×1本
- Ⓑ アクリルビーズ（17㎜・パープル）…1個
- Ⓒ メタルパーツ（約25㎜・空洞型・ゴールド）
  …1個
- Ⓓ ヘアクリップ（20㎜×80㎜・シルバー）
  …1個

道具
- ホチキス
- ハサミ
- 布用接着剤

作り方
① POINTを参考にサテンリボンを蛇腹折りにする。
② POINTを参考に①の中央をホチキスで2か所ほど留める。リボンを裏返し、余分なリボンをカットする。
③ Ⓑの裏側に接着剤を塗り、②で留めたホチキスを隠すように貼りつける。
④ Ⓒに接着剤を塗り、③のⒷを囲むように貼りつける（→P16）。
⑤ ヘアクリップに接着剤を塗り④を貼りつける（→P16）。

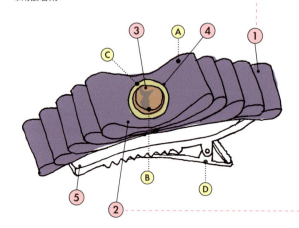

POINT
両端の長さを約1㎝ずつ変えながらたたみ、蛇腹折りにする。

POINT
リボンのヒダに対して垂直に留める。

No. 36 シルキーパールのシュシュ

▸ 完成写真 P186

材料
- Ⓐ パールチェーン
  （6㎜・ゴールド）…47㎝×1本
- Ⓑ パールチェーン
  （4㎜・ゴールド）…47㎝×1本
- Ⓒ シュシュ（サテン・ベージュ）…1個

道具
- 平ヤットコ
- 丸ヤットコ

作り方
① ⒶとⒷのパールチェーンをまとめて持ち、シュシュにぐるぐると巻きつける。
② ②巻き終わったら、ⒶとⒷのパールチェーンのそれぞれ巻き始めと巻き終わりをつなぐ。
③ シュシュを左右に軽く広げて、パールチェーンをなじませる。

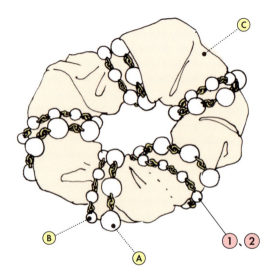

ARRANGE アレンジ

シュシュの色をブラック、ブラウン、ネイビーに変えて作る。

No.37 トライアングルヘアピン

▸完成写真 P187

材料

- Ⓐ カットガラス（14×10㎜・ツメ枠つき・スモーキーブラウン）…1個
- Ⓑ カットガラス（10×5㎜・ツメ枠つき・クリア）…2個
- Ⓒ カットガラス（5㎜・ツメ枠つき・ホワイトオパール）…1個
- Ⓓ カットガラス（6㎜・ツメ枠つき・ブラックダイアモンド）…2個
- Ⓔ カットガラス（5㎜・ツメ枠つき・オパールピンク）…1個
- Ⓕ カットガラス（4㎜・ツメ枠つき・ホワイトオパール）…2個
- Ⓖ カットガラス（3㎜・ツメ枠つき・クリスタル）…2個
- Ⓗ コットンパール（6㎜・片穴・ホワイト）…2個
- Ⓘ ヘアピン金具（28×33㎜・クリップつき・トライアングル型）…1個

道具

- ピンセット
- 接着剤
- つまようじ

作り方

① POINTを参考に、ヘアピン金具のトライアングル部分の頂点に接着剤をつけ、Ⓐ、Ⓑ、Ⓒを貼りつける（→P17）。

② POINTを参考に、①のパーツの隙間を埋めるように、Ⓔ、Ⓕ、Ⓖ、Ⓗを接着剤で貼りつける（→P17）。

③ ②と同様に、POINTを参考にしてⒹ、Ⓕ、Ⓖを接着剤で貼りつける（→P17）。

④ ②、③と同様に、POINTを参考にしてⒷ、Ⓓ、Ⓗを接着剤で貼りつける（→P17）。

写真のような並びでⒺ、Ⓕ、Ⓖ、Ⓗを貼りつける。

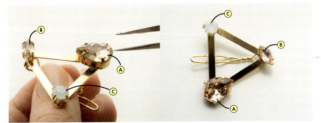

写真のような並びでⒷ、Ⓓ、Ⓗを貼りつける。

写真のような並びでⒶ、Ⓑ、Ⓒを貼りつける。

写真のような並びでⒹ、Ⓕ、Ⓖを貼りつける。

No.38 カラフルタッセルのヘアピン

▶ 完成写真 P187

材料
- Ⓐ コットンパール（6㎜・両穴・ホワイト）…5個
- Ⓑ タッセル（カンつき・レインボー）…1個
- Ⓒ アーティスティックワイヤー（#26）…10㎝×1本
- Ⓓ 丸カン（0.6×3㎜・ゴールド）…2個
- Ⓔ ヘアピン金具（カンつき・ゴールド）…1個

道具
- 平ヤットコ
- 丸ヤットコ
- ニッパー

作り方
① アーティスティックワイヤーにⒶ5個を通してメガネ留めする（→P16）。
② ①とヘアピン金具の一方のカンを丸カンでつなぐ（→P16）。
③ Ⓑのカンと②のヘアピン金具のもう一方のカンを丸カンでつなぐ（→P16）。

ARRANGE アレンジ

左はⒷの色をブルー、右はターコイズに変えて作る。

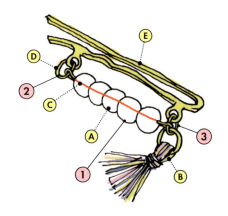

手作りタッセルの作り方

① 作りたいサイズの倍の長さに糸を25～30回ほど巻きつけ、厚紙から外し、中心を丸カンで束ねる。

② 上から4分の1程度のところを糸で結ぶ。

③ 下部の輪になっているところをハサミで切り、糸を切りそろえて完成。

No.39 2種のヘアピン

▶完成写真 P187

a の材料

- Ⓐ シルキーパール（4㎜・両穴・ホワイト）…7個
- Ⓑ メタルチャーム（星・ゴールド）…1個
- Ⓒ 9ピン（0.7×50㎜・ゴールド）…1個
- Ⓓ 丸カン（0.6×3㎜・ゴールド）…1個
- Ⓔ ヘアピン金具（57㎜・カンつき・ゴールド）…1個

a の材料

- Ⓐ 連爪（3㎜）…9コマ分×1本
- Ⓑ チェーン（ゴールド）…9㎝×1本
- Ⓒ チェーンエンド（1連・ゴールド）…2個
- Ⓓ メタルチャーム（スノー・ゴールド）…1個
- Ⓔ 丸カン（0.6×3㎜・ゴールド）…3個
- Ⓕ ヘアピン（57㎜・カンつき・ゴールド）…1個

道具

- 平ヤットコ
- 丸ヤットコ
- ニッパー

a の作り方

① POINTを参考に9ピンのカンとヘアピン金具のカンをつないだら、そのピンにⒶ7個を通し、先端を丸めてつなぐ（→P15）。

② ①の9ピンのカンにⒷを丸カンでつなぐ（→p16）。

b の作り方

① POINTを参考にⒶの両端にチェーンエンドをはめる。

② ①のチェーンエンドのカンとチェーンの両端を1つの丸カンにつなぎ、ヘアピン金具のカンとつなぐ（→P16）。

③ ②のヘアピン金具の一方のカンにⒹを丸カンでつなぐ（→P16）。

POINT
9ピンのカンを用いて、ヘアピン金具のカンにつなぐ。

POINT
平ヤットコでチェーンエンドのツメを折って固定する。

No.40 ビジューのカチューシャ

▸ 完成写真 P187

材料

- Ⓐ グログランリボン（幅18㎜・ブラック）…30㎝×1本
- Ⓑ スワロフスキー・クリスタル
（14×10㎜・#4527・ゴールデンシャドウ）…1個
- Ⓒ 石座（#4527用・ゴールド）…1個
- Ⓓ スワロフスキー・クリスタル
（10×5㎜・#4228・LT.コロラドトパーズ）…2個
- Ⓔ 石座（#4228用・ゴールド）…2個
- Ⓕ スワロフスキー・クリスタル
（ss29・#1088・LT.コロラドトパーズ）…6個
- Ⓖ 石座（#1088用・ゴールド）…6個
- Ⓗ 樹脂パール（4㎜・半丸・ホワイト）…14個
- Ⓘ スカシパーツ（ひし形・ゴールド）…1個
- Ⓙ スカシパーツ（ラウンド・ゴールド）…2個
- Ⓚ 鉄芯カチューシャ（4㎜・ゴールド）…1個

道具

- 平ヤットコ
- 接着剤
- クリップ
- ピンセット
- つまようじ

作り方

① POINTを参考に、鉄芯カチューシャに接着剤をつけ、グログランリボンを貼りつける。

② Ⓑ、Ⓓ、Ⓕをそれぞれ石座に留める（→P19）。

③ Ⓘのスカシパーツに接着剤を薄く塗り、POINTを参考に②のパーツを貼りつける（→P17）。

④ Ⓙのスカシパーツに薄く接着剤を塗り、②のⒼの石座に留めたⒻ1個と、その周りを囲むようにⒽを7個貼りつける（→P17）。これを2個作る。

⑤ ③と④の裏側に接着剤を塗り、下の完成イラストを参考に①に貼りつける（→P17）。

POINT
写真のような並びでスカシパーツに貼りつける。

POINT
鉄芯カチューシャにつまようじで接着剤をつけたら、グログランリボンを左右からたたむ。中央で重なるようにして、重なった部分をクリップなどで挟んで乾かす。

リボンの留め終わりは、内側に織り上げて接着する。ややハリのある素材なので、しっかり接着して乾かす。

Chapter 6
Charm Brooch
チャーム ブローチ

KiraKira
きらきら ——————— 194

Yurayura
ゆらゆら ——————— 196

Wakuwaku
わくわく ——————— 210

01
―
リボンとビジュー
のブローチ
P198

メタリックなグログランリボンとビジューをブローチ金具に縫い留めました。フォーマルな雰囲気も漂う、重厚感のある仕上がりです。

Kirakira
きらきら

ビジューやメタルビーズ、ラメやホロが輝くチャーム＆ブローチは、小さくても存在感たっぷり。キラキラ輝き、いつものコーディネートがグッと華やかになるはず。

Yurayura
ゆらゆら

チェーンやビーズが動くたびにゆらゆら揺れるデザインです。ブローチは洋服につけるのはもちろん、バッグや帽子のアクセントとして使っても素敵。

連なるパールが存在感を放つハットピン。
モノトーンでまとめてエレガントに。

19

リボン×コットンパールのハットピン

P209

No.01 リボンとビジューのブローチ

▶▶ 完成写真 P194

材料

- Ⓐ メタリックグログランリボン（25㎜幅・黒）…12㎝×1本
- Ⓑ メタルビーズ（4㎜・両穴・金古美）…6個
- Ⓒ メタルビーズ（2.5×3㎜・両穴・ゴールド）…10個
- Ⓓ スワロフスキー・クリスタル（10×8㎜・#4600・モンタナ）…1個
- Ⓔ 石座（#4600用・金古美）…1個
- Ⓕ スワロフスキー・クリスタル（10×5㎜・#4228・パパラチア）3個
- Ⓖ 石座（#4228用・金古美）…3個
- Ⓗ ブローチ金具（38㎜・ドーナツ型シャワー金具つき・金古美）…1個

道具

- 平ヤットコ
- 針
- 糸（黒）

作り方

① ⒹとⒻ3個を石座にそれぞれ留める（→P19）。
② POINTを参考に、Ⓗのシャワー金具にヒダを作りながらリボンを縫い留めていく。縫い留めたあとは玉留めして糸を切る。
③ POINTを参考に、①の石座の穴に糸を通し、シャワー金具の内側に3個縫い留めていく。縫い留めたあとは玉留めして糸を切る。
④ POINTを参考に、Ⓑ3個、①のⒹ、Ⓑ3個の順に糸を通し、③で留めたⒻ3個の外側に添わせるようにシャワー金具にそのつど縫い留めていく。縫い留めたあとは玉留めして糸を切る。
⑤ POINTを参考に、Ⓒを5個ずつ糸に通し、④で縫い留めたⒹの左右にくるように縫い留める。縫い留めたあとは玉留めして糸を切る。
⑥ ⑤の裏側にブローチ金具のふたを固定する（→P17）。

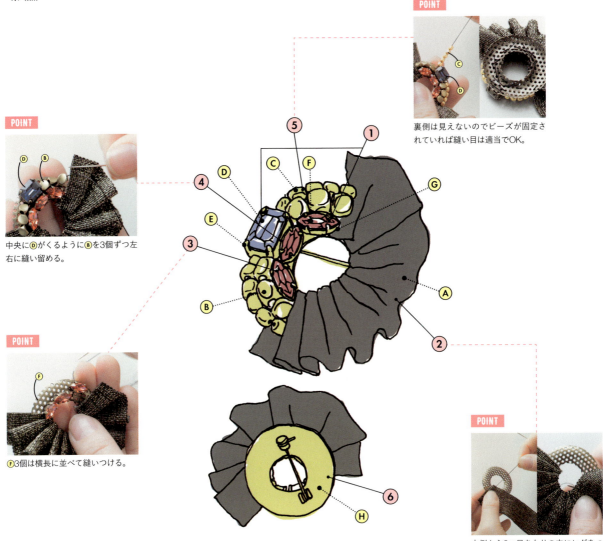

POINT 裏側は見えないのでビーズが固定されていれば縫い目は適当でOK。

POINT 中央にⒹがくるようにⒷを3個ずつ左右に縫い留める。

POINT Ⓕ3個は横長に並べて縫いつける。

POINT 内側から2つ目あたりの穴にヒダをつけながら縫う。

No.02 ダイヤレーンのビーズ刺繍風ブローチ

▶完成写真 P195

材料

Ⓐ レジンパーツ
　UVレジン…適量
　空枠a（直径3.5cm・ゴールド）…1個
　空枠b（直径2cm・ゴールド）…1個
　ダイヤレーン（3mm・クリスタル）…13.5cm×1本、5.5cm×1本
　パールビーズ（3mm・無穴・ホワイト）…25個
　パールビーズ（3mm・無穴・ブロンズ）…1個
　パールビーズ（2mm・無穴・ホワイト）…8個
　パールビーズ（3mm・無穴・ホワイト）…25個
　メタルビーズ（2mm・無穴・ゴールド）…12個
Ⓑ フロッキービーズ（12mm・レッド）…1個
Ⓒ カンつきプレート（ゴールド）…1個
Ⓓ Tピン（0.7×4.5mm・ゴールド）…1本
Ⓔ ブローチピン（ゴールド）…1個

道具

・UVライト（またはUV-LEDライト）
・クリアファイル
・マスキングテープ
・調色スティック（またはつまようじ）
・平ヤットコ
・丸ヤットコ
・接着剤
・つまようじ

作り方

① 作業用シート（→P20）に空枠a、bを置く。bはaの内側に置く。
② ①の空枠にそれぞれUVレジンを流したら調色スティックで薄くのばし、下の完成イラストを参考に、ダイヤレーン、パールビーズ、メタルビーズを空枠にそって丸く配置する。UVライトを照射する（2〜4分）。
③ 作業用シートから空枠をはずす。裏側にUVレジンを薄くのばし、UVライトを照射する（2〜4分）。これでレジンパーツは完成。
④ ③の裏側にカンつきプレート、ブローチピンを接着剤で貼りつける（→P17）。
⑤ 接着剤が乾いたら、④の裏面にUVレジンを薄く塗り、UVライトを照射する（2〜4分）。
⑥ TピンにⒷを通し、先端を丸める（→P15）。
⑦ ⑥のTピンをカンつきプレートとつなぐ。

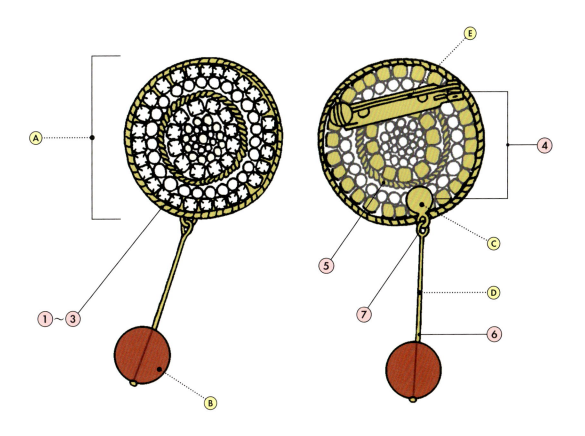

No. 03 ワイヤーメッセージボトル

▶ 完成写真 P195

材料

Ⓐ レジンパーツ
UVレジン…適量
アーティスティックワイヤー（0.64㎜・ゴールド）
　…17㎝×1本、3㎝×1本
アクリルビーズ（2㎜・無穴・ブロンズ）…10個
メタルパーツ（ゴールド）…1.5㎝×1本
スパンコール（ゴールド）…適量
洋書の切れはし…1枚
スタンプした紙…1枚
アクリル絵の具（ゴールド）…適量
Ⓑ デザイン丸カン（0.2×15㎜・ゴールド）…1個
Ⓒ 丸カン（0.7×5㎜・ゴールド）…1個
Ⓓ バッグチャーム（ゴールド）…1個

道具

・UVライト（またはUV-LEDライト）
・クリアファイル
・マスキングテープ
・調色スティック（またはつまようじ）
・平ヤットコ
・丸ヤットコ
・接着剤
・ピンセット

作り方

① アーティスティックワイヤー（17㎝）を手で曲げ、ボトル形のフレームを作ったら、作業用シート（→P20）に置く。
② ①のフレームにUVレジンを流したら調色スティックで薄くのばし、UVライトを照射する（2〜4分）。
③ 硬化したUVレジンの上に、下の完成イラストを参考に、アクリルビーズ、メタルパーツ、スパンコール、洋書の切れはし、スタンプした紙をバランスを見ながら入れ、UVライトを照射する（2〜4分）。
④ さらに表面がぷっくりするくらいまでUVレジンを流し込み、UVライトを照射する（2〜4分）。
⑤ 作業用シートから④をはがす。これでレジンパーツは完成。
⑥ 裏返し、上部にデザイン丸カンを接着剤で貼りつける（→P17）。
⑦ アクリル絵の具で⑥のデザイン丸カンまわりのレジンパーツを着色する。
⑧ ボトルのフレームのくびれた部分にワイヤー（3㎝）を巻きつける。
⑨ 絵の具と接着剤が乾いたら、裏面にUVレジンを薄く塗り、UVライトを照射する（2〜4分）。
⑩ ⑥で貼りつけたデザイン丸カンとバッグチャームを丸カンでつなぐ（→P16）。

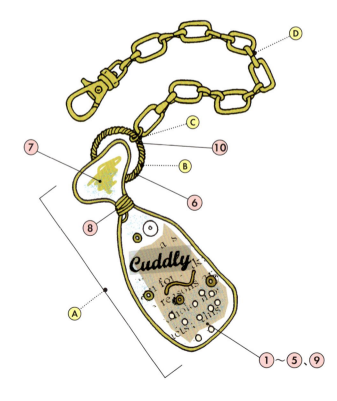

No. 04 クリアツリーのブローチ

▶ 完成写真 P195

材料

- Ⓐ レジンパーツ
  UVレジン…適量
  ラメ…適量
- Ⓑ 丸カン（1×8㎜・ゴールド）…1個
- Ⓒ カブトピン（ゴールド）…1個

道具

- ・UVライト（またはUV-LEDライト）
- ・クリアファイル
- ・調色スティック（またはつまようじ）
- ・ピンバイス
- ・平ヤットコ
- ・丸ヤットコ

作り方

① クリアファイルにフリーハンドでツリーの形をUVレジンで描き、すぐにUVライトを照射する（2～4分）。
② クリアファイルから①をはがす。
③ 裏返し、裏側に薄くUVレジンを薄く塗り、ラメをかける。UVライトを照射する（2～4分）。これでレジンパーツは完成。
④ ピンバイスで③の上部に穴をあけて丸カンを通し、カブトピンとつなぐ（→P16）。

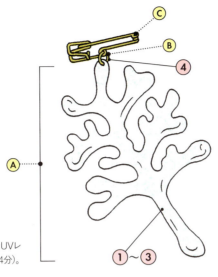

ARRANGE アレンジ

作り方③でUVレジンを着色料（パールホワイト）で着色したものを薄く塗って作る。金具はカブトピンをブローチピンに変え、裏面に接着剤で貼りつける。

No. 05 ビジューとブーケブローチ

▶ 完成写真 P195

材料

- Ⓐ シルキーパール（6㎜・両穴・ホワイト）…1個
- Ⓑ シルキーパール（4㎜・両穴・ホワイト）…3個
- Ⓒ メタルパーツ（17㎜・フラワー・ゴールド）…1個
- Ⓓ メタルパーツ（12㎜・フラワー・ゴールド）…3個
- Ⓔ ツメつきビジュー（5㎜・クリスタル／ゴールド）…2個
- Ⓕ ツメつきビジュー（3㎜・クリスタル／ゴールド）…1個
- Ⓖ 座金（6㎜・ゴールド）…1個
- Ⓗ テグス（3号）…90㎝×1本
- Ⓘ ブローチ金具（20㎜・シャワー金具つき・ゴールド）…1個

道具

- ・平ヤットコ
- ・ニッパー
- ・接着剤
- ・つまようじ

作り方

① テグスにⒶを通し、Ⓘのシャワー金具の中央に結んで留める（→P17）。
② ①のテグスにⒹ、Ⓑの順に通して花のパーツを作り、①で留めたⒶの上部に結んで留める（→P17）。これを3回繰り返す。
③ ②のテグスにⒸ、Ⓖ、Ⓕの順に通して花のパーツを作り、①で留めたⒶの下に結んで留める（→P17）。
④ ③のテグスにⒺを通し、③で留めた花のパーツの左右に結んで留める（→P17）。
⑤ ④の裏側に接着剤をつける（→P17）。接着剤が乾いたら、余分なテグスをカットする。
⑥ ⑤のシャワー金具の裏側に、ブローチ金具のふたを固定する（→P17）。

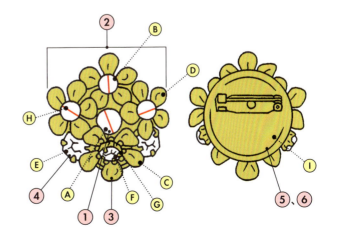

No.06 ビジューのサークルブローチ

▶完成写真 P195

材料

- Ⓐ ツメつきビジュー（6㎜・クリスタル／ゴールド）…2個
- Ⓑ ツメつきビジュー（4㎜・クリスタル／ゴールド）…1個
- Ⓒ ツメつきビジュー（6㎜・ホワイトオパール／ゴールド）…1個
- Ⓓ ツメつきカットガラス（10㎜・マーキス・クリア／ゴールド）…1個
- Ⓔ ツメつきカットガラス（10㎜・マーキス・オパールライトブルー／ゴールド）…2個
- Ⓕ ツメつきカットガラス（10㎜・マーキス・ホワイトオパール／ゴールド）…1個
- Ⓖ ツメつきカットガラス（1.5㎜・マーキス・アンバーブラウン／ゴールド）…1個
- Ⓗ コットンパール（8㎜・片穴・ホワイト）…1個
- Ⓘ コットンパール（6㎜・片穴・ホワイト）…2個
- Ⓙ ブローチ金具（30㎜・リング型・ゴールド）…1個

道具

- 接着剤
- つまようじ
- ピンセット

作り方

① ブローチ金具に接着剤を塗り、イラストを参考にⒶ～Ⓙのパーツを貼りつける。

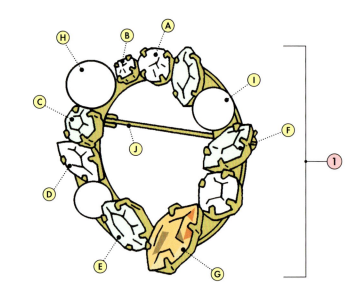

No.07 パールとスワロフスキーのタックピン

▶完成写真 P195

材料

- Ⓐ 淡水パール（3.5～4㎜・片穴・ホワイト）…1個
- Ⓑ スワロフスキー（2㎜・#1088・クリスタル）…15個
- Ⓒ スワロフスキー（2㎜・#1088・クリスタルAB）…11個
- Ⓓ メタルパーツ（24㎜・花芯・ゴールド）…1個
- Ⓔ メタルスティック（40㎜・カーブ・ゴールド）…2本
- Ⓕ メタルスティック（55㎜・カーブ・ゴールド）…1本
- Ⓖ キャッチ（コイルリング用・ゴールド）…3個
- Ⓗ 丸カン（0.5×3.5㎜・ゴールド）…2個
- Ⓘ タックピン（おわんつき・ゴールド）…1個

道具

- 平ヤットコ
- 丸ヤットコ
- ニッパー
- 接着剤
- つまようじ

作り方

① Ⓓの中央に接着剤をつけ、Ⓐを穴を隠すように貼りつける（→P17）。
② ①のⒹの先端に接着剤をつけ、POINTを参考に、Ⓑ、Ⓒをすべて貼りつける（→P17）。
③ タックピンのおわんに接着剤をつけ、②を貼りつける（→P17）。
④ Ⓔのうち、1本は先端を1㎝カットする。もう1本のⒺ、Ⓕとともに、先端に接着剤をつけ、キャッチを貼りつける（→P17）。
⑤ ④を丸カンで束ね、さらにもう1つ丸カンをつなぐ（→P16）。
⑥ タックピンのピンに⑤を通し、キャッチを留める。

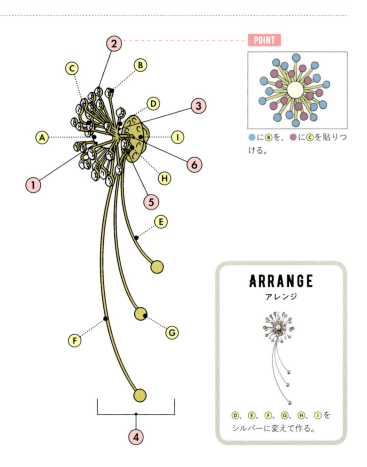

POINT

Ⓑに🔵を、Ⓒに🔴を貼りつける。

ARRANGE アレンジ

Ⓓ、Ⓔ、Ⓕ、Ⓖ、Ⓗ、Ⓘをシルバーに変えて作る。

No. 08 バイカラーのスターブローチ

▸完成写真 P195

材料

- Ⓐ マザーオブパール（3㎜・ラウンド）…15個
- Ⓑ 樹脂カラーパール（3㎜・ゴールド）…15個
- Ⓒ メタルリング（スター・ゴールド）…1個
- Ⓓ チェーン（ゴールド）…6㎝×1本
- Ⓔ チェーン（ゴールド）…7㎝×1本
- Ⓕ アーティスティックワイヤー
  （#28・ノンターニッシュブラス）…50㎝×1本
- Ⓖ 丸カン（1.0×10㎜・ゴールド）…1個
- Ⓗ 丸カン（0.5×3.5㎜・ゴールド）…3個
- Ⓘ カブトピン（ゴールド）…1個

道具

- 平ヤットコ
- 丸ヤットコ
- ニッパー

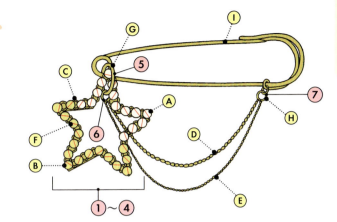

作り方

① アーティスティックワイヤーをⒸに3周ほど巻きつける。
② ①のワイヤーにⒶ1個を通したらⒸに巻きつける。これを個数分繰り返し、Ⓒの半周分まで留める。
③ ②と同様にⒷをすべて留める。
④ ③のワイヤーの余りは始点のワイヤーに重ねて3周ほど巻きつけてカットする。
⑤ ④とカブトピンをⒼの丸カンでつなぐ。
⑥ ⑤のⒼの丸カンに、さらにⒹ、ⒺのチェーンをⒽの丸カンでつなぐ（→P16）。
⑦ ⑥のⒹ、Ⓔのチェーンのもう一方の先をⒽの丸カンで束ね、カブトピンとつなぐ（→P16）。

ARRANGE
アレンジ

Ⓐをヘマタイトに、Ⓑを樹脂カラーパール（3㎜・シルバー）に変えて作る。

No. 09 フェザーとビジューのブローチ

▸完成写真 P195

材料

- Ⓐ フェザー（鶏ミックス・ブラウン）…3枚
  ※先の羽根のついていない部分はカットして使う。
- Ⓑ スワロフスキークリスタル
  （15×7㎜・#4288・CRY.ゴールデンシャドウ）…3個
- Ⓒ 石座（15×7㎜・ゴールド）…3個
- Ⓓ スワロフスキークリスタル
  （7×3㎜・#4501・Lt.サファイヤ）…3個
- Ⓔ 石座（7×3㎜・ゴールド）…3個
- Ⓕ スワロフスキークリスタル
  （6×4㎜・#4120クリスタル）…2個
- Ⓖ 石座（6×4㎜・ゴールド）…2個
- Ⓗ スワロフスキークリスタル
  （6×3㎜・#4228・モンタナ）…2個
- Ⓘ 石座（6×3㎜・ゴールド）…2個
- Ⓙ ブローチ金具（菱形スカシ台つき・ゴールド）…1個

道具

- 平ヤットコ
- 接着剤
- つまようじ

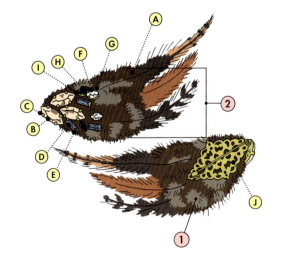

作り方

① ブローチ台に薄く接着剤を塗り、フェザーを貼りつける。1枚を貼りつけたら、2枚目からは、羽根が重なる部分に接着剤を塗り、ブローチ台が見えなくなるように配置しながら貼りつける。
② Ⓑ、Ⓓ、Ⓕ、Ⓗを石座にそれぞれ留める（→P19）。
③ POINTを参考に、バランスを見ながら①に②を貼りつける。

No.10 ターコイズのエスニックブローチ

▸完成写真 P196

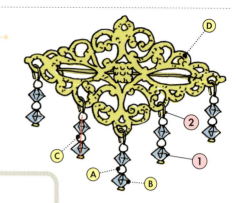

材料
- Ⓐ シルキーパール（2㎜・ホワイト）…10個
- Ⓑ スワロフスキー・クリスタル（3㎜・#5328・ターコイズサテン）…10個
- Ⓒ Tピン（0.6×30㎜・ゴールド）…5本
- Ⓓ ブローチ金具（ひし形・スカシ台つき・ゴールド）…1個

道具
- 平ヤットコ
- 丸ヤットコ
- ニッパー

作り方
① Tピンに Ⓑ、Ⓐ の順で交互に2個ずつ通し、先端を丸める（→P15）。これを5個作る。
② 右のイラストを参考に、①をブローチ金具の下部に等間隔につなぐ。

ARRANGE アレンジ

シューズクリップ金具に変えて作る。

【材料】
- Ⓐ…24個
- Ⓑ…24個
- Ⓒ…12本
- 布（5×5㎝・ブラック）…2枚
- スカシパーツ（三角・本金メッキ）…2個
- シューズクリップ金具（フェルトつき・ゴールド）…1ペア

【作り方】
① 上記の①と同様にしてパーツを6個作る。
② 左の完成写真を参考にスカシパーツに①をつなぐ。
③ スカシパーツの形にカットした布を、②の裏に接着剤で貼りつける（→P17）。
④ ③の裏にシューズクリップ金具を接着剤で貼りつける（→P17）。①～④を繰り返し、計2個作る。

No.11 タッセルのバッグチャーム

▸完成写真 P196

材料
- Ⓐ 糸（太さ約0.8㎜・カラシ／カーキ／ベージュ）…15㎝×カラシ18本、カーキ18本、ベージュ36本
- Ⓑ フィリグリーパイプ（16×9㎜・マットゴールド）…2個
- Ⓒ コットンパール（10㎜・両穴・ホワイト）…2個
- Ⓓ コットンパール（8㎜・両穴・ホワイト）…2個
- Ⓔ 菊座（8㎜・ゴールド）…2個
- Ⓕ 菊座（6㎜・ゴールド）…2個
- Ⓖ ジョイントパーツ4弁花（23×16㎜・マザーオブパールゴールド）…2個
- Ⓗ ジョイントパーツ4弁花（18×13㎜・マザーオブパールゴールド）…2個
- Ⓘ デザイン丸カン（6㎜・ツイスト・ゴールド）…8個
- Ⓙ Tピン（0.5×25㎜・ゴールド）…4本
- Ⓚ バッグチャーム金具（約12㎝・ゴールド）…1個

道具
- 平ヤットコ
- 丸ヤットコ
- ハサミ
- ニッパー

作り方
① カラシ18本とベージュ18本、カーキ18本とベージュ18本の糸を束ねてそれぞれデザイン丸カンを中央に通して、2つ折りにする。
② ①に Ⓑ をそれぞれ通したらPOINTを参考に糸の頭を8㎜ほど出し、タッセルのすその糸を切りそろえる。
③ Tピンに Ⓒ 1個と Ⓔ 1個を通して、先端を丸めたら（→P15）、Ⓖ とつなぐ。これを2個作る。
④ Tピンに Ⓓ 1個と Ⓕ 1個を通して、先端を丸めたら（→P15）、Ⓗ とつなぐ。これを2個作る。
⑤ ②、③、④とバッグチャーム金具をデザイン丸カンでつなぐ（→P16）。

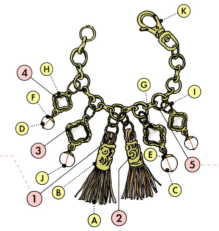

POINT

①で通したデザイン丸カンを丸ヤットコで引っ張って糸の頭を出す。

POINT

写真のように②、③、④を丸カンでつなぐ。

№12 オーガンジーリボンのシューズクリップ

▶完成写真 P196

材料

- Ⓐ オーガンジーリボン（幅25㎜・ライトグレー）…20㎝×2本
- Ⓑ オーガンジーリボン（幅25㎜・ライトグレー）…6㎝×2本
- Ⓒ コットンパール（10×14㎜・両穴・ツユ・キスカ）…2個
- Ⓓ メタルパーツ（デイジー・ゴールド）…2個
- Ⓔ スワロフスキー・クリスタル（6㎜・#1028・クリスタル）…2個
- Ⓕ 石座（#1028用・ゴールド）…2個
- Ⓖ 糸（3号・ゴールド）…約30㎝×2本
- Ⓗ 丸ピン（0.6×30㎜・ゴールド）…2個
- Ⓘ シューズクリップ金具（ゴールド）…1ペア

道具

- 平ヤットコ
- 丸ヤットコ
- ハサミ
- 接着剤
- つまようじ

作り方

① 丸ピンにⒸとⒹを通し、先端を丸める（→P15）。
② Ⓔを石座に留める（→P19）。
③ Ⓐのオーガンジーリボンを、POINTを参考に端を内側に向けて8の字にする。形を整えたら、横から押さえて、リボンのヒダを作る。
④ POINTを参考にⒷのリボンも③と同様に折りたたみ、③のⒶのリボンを後ろに重ねる。
⑤ ④で重ねたリボンに糸を3回ほど巻きつけて結び、形を整える。
⑥ ⑤の糸に②と①を通し、リボンの中央に配置する。裏面で糸を固く結ぶ。
⑦ シューズクリップ金具に接着剤を薄く塗り、⑥の裏に貼りつける（→P17）。①～⑦を繰り返し、計2個作る。

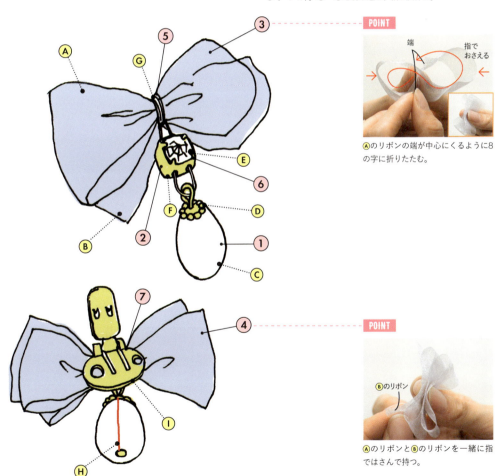

POINT

Ⓐのリボンの端が中心にくるように8の字に折りたたむ。

POINT

ⒶのリボンとⒷのリボンを一緒に指ではさんで持つ。

No. 13 ビジューハットピン

▶完成写真 P196

材料
- Ⓐ ツメつきガラスビジュー（14㎜・クリア/シルバー）…1個
- Ⓑ アクリルビーズ（5㎜・クリア）…1個
- Ⓒ Tピン（0.5×20㎜・ゴールド）…2本
- Ⓓ ハットピン（皿つき・ゴールド）…1個

道具
- 平ヤットコ
- 丸ヤットコ
- ニッパー
- 接着剤
- つまようじ

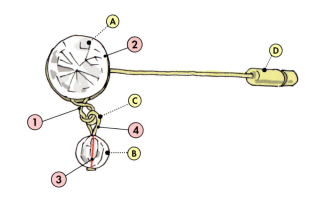

作り方
① Ⓐのツメ側面の穴にTピンを通し、ねじりながら輪を作る。
② ①をハットピンの皿に接着剤で貼りつける（→P17）。
③ TピンにⒷを通し、先端を丸める（→P15）。
④ ①で作った輪に③をつなぐ。

ARRANGE アレンジ

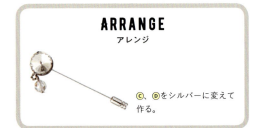

Ⓒ、Ⓓをシルバーに変えて作る。

No. 14 カメオブローチ

▶完成写真 P196

材料
- Ⓐ アクリル製カメオカボション（ブラック）…1個
- Ⓑ アクリル製カボション（15㎜・ラウンド・ブラック）…1個
- Ⓒ ミール皿（15㎜・カンつき・ゴールド）…1個
- Ⓓ チェーン（ゴールド）…7㎝×1本
- Ⓔ 丸カン（1.0×5㎜・ゴールド）…2個
- Ⓕ 丸カン（0.7×4㎜・ゴールド）…2個
- Ⓖ ブローチ金具（皿つき・ゴールド）…1個

道具
- 平ヤットコ
- 丸ヤットコ
- ニッパー
- 接着剤
- つまようじ

作り方
① ブローチ金具の皿にⒶを接着剤で貼りつける（→P17）。
② ミール皿にⒷを接着剤で貼りつける（→P17）。
③ ②のカンにⒻの丸カン2個を通し（→P16）、チェーンを通す。
④ ③のチェーンの両端を①の下部にそれぞれⒺの丸カンでつなぐ（→P16）。

206

No. 15 ベリーカラーブローチ

▶完成写真 P196

材料
- Ⓐ アクリル製カボション（18㎜・ラズベリー）…1個
- Ⓑ アクリルファンシービジュー（5×15㎜・ホワイト）…2個
- Ⓒ スカシパーツ（ムーン・ゴールド）…1個
- Ⓓ チェーン（ゴールド）…6㎝×1本
- Ⓔ チェーン（ゴールド）4㎝×1本
- Ⓕ 丸カン（0.7×4㎜・ゴールド）…5個
- Ⓖ ミール皿（20㎜・カンつき・ゴールド）…1個
- Ⓗ ウラピン（ゴールド）…1個

道具
- 平ヤットコ
- 丸ヤットコ
- ニッパー
- 接着剤
- つまようじ

作り方
① ミール皿の裏にウラピンを接着剤で貼りつける（→P17）。
② ①のミール皿の表に接着剤を塗り、中央にⒶ、その周りにⒹのチェーンをぐるりと一周貼りつける（→P17）。
③ スカシパーツにⒷを接着剤で貼りつける（→P17）。
④ ③のスカシパーツの両端に丸カンを通し、それぞれⒺのチェーンとつなぐ（→P16）。
⑤ ④のⒺのチェーンのもう一方の先を丸カンで束ねる。さらに②のミール皿のカンと丸カン2個でつなぐ（→P16）。

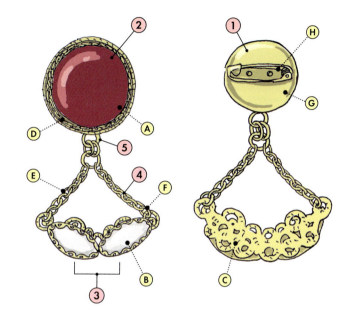

No. 16 モビール風バッグチャーム

▶完成写真 P196

材料
- Ⓐ メタルプレート（ムーン・ゴールド）…1個
- Ⓑ メタルプレート（サークル・ゴールド）…1個
- Ⓒ メタルボール（1.2㎜・両穴・ゴールド）…1個
- Ⓓ スワロフスキー・クリスタル（11×5.5㎜・#6000・クリスタル）…1個
- Ⓔ デザインチェーン（スネーク・ゴールド）…13㎝×1本
- Ⓕ カシメ（ゴールド）…1個
- Ⓖ 9ピン…（0.5×12㎜・ゴールド）…1本
- Ⓗ 丸カン（0.7×5㎜・ゴールド）…4個
- Ⓘ バッグチャーム金具（ゴールド）…1個

道具
- 平ヤットコ
- 丸ヤットコ
- ニッパー
- 接着剤
- つまようじ

作り方
① デザインチェーンをⒸの穴に通す。
② ①のデザインチェーンの両端を束ね、カシメで留める（→P19）。
③ 9ピンにⒹを通し、先を丸める（→P15）。
④ ③とⒶを丸カンでつなぐ（→P16）。
⑤ ②、④、Ⓑをそれぞれ右の完成イラストを参考に、バッグチャーム金具に丸カンでつなぐ（→P16）。

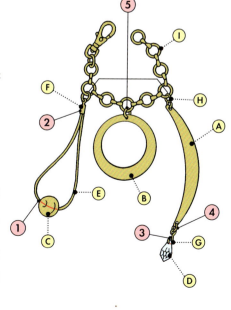

ARRANGE アレンジ

Ⓓ以外のパーツをすべてシルバーに変えて作る。

No. 17 宇宙ブローチ

▶ 完成写真 P196

材料

- Ⓐ スワロフスキー クリスタル（12×6㎜・ジェット）…1個
- Ⓑ スワロフスキー クリスタル
  （7×3㎜・#6000・ゴールデンシャドウ）…2個
- Ⓒ メタルボール（12㎜・ゴールド）…1個
- Ⓓ メタルフレーム（15㎜・スター・ゴールド）…1個
- Ⓔ メタルフレーム（10㎜・スター・ゴールド）…6個
- Ⓕ チェコビーズ
  （5×7㎜・シズク・シャンパンクラスタ）…約10粒
- Ⓖ テグス（1号）…60㎝×1本
- Ⓗ チェーン（ゴールド）…5.5㎝×1本
- Ⓘ 9ピン（0.6×15㎜・ゴールド）…2個
- Ⓙ 丸カン（0.7×5㎜・ゴールド）…2個
- Ⓚ 丸カン（0.6×3㎜・ゴールド）…2個
- Ⓛ ハットピン
  （15㎜・シャワー金具つき・ゴールド）…1個

道具

- ・平ヤットコ
- ・ニッパー
- ・接着剤

作り方

① Ⓛのシャワー金具にテグスを通し、下の完成イラストを参考にⒶ、Ⓒ、Ⓓ、Ⓔ、Ⓕをバランスを見ながら1つずつ結び留めていく（→P17）。各パーツは通すたびに⒧のシャワー金具の裏で結んで留める（→P17）。
② ①の裏側に接着剤をつける（→P17）。接着剤が乾いたら、余分なテグスをカットする。
③ ⑤のシャワー金具の裏側に、ハットピンのふたを固定する（→P17）。
④ 9ピンにⒷを通し、先を丸める（→P15）。これを2個作る。
⑤ 下の完成イラストを参考に、チェーンにⒹをⓀの丸カンでそれぞれつなぐ（→P16）。
⑥ ③のハットピンの両端に⑤をⒿの丸カンでつなぐ（→P16）。

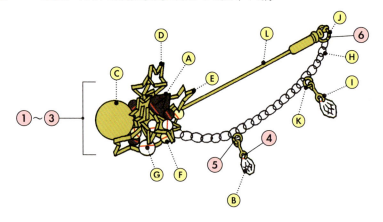

No. 18 ゴールドカラーのお花とパールのチャーム

▶ 完成写真 P196

材料

- Ⓐ メタルパーツ（フラワー・ゴールド）…1個
- Ⓑ メタルパーツ（リーフ・ゴールド）…1個
- Ⓒ 竹ビーズ（ゴールド）…12個
- Ⓓ 極小ビーズ（1㎜・クリア）…4個
- Ⓔ メタルビーズ（1.2㎜・ゴールド）…38個
- Ⓕ カラーパール（4㎜・ゴールド）…4個
- Ⓖ シルキーパール（4㎜・シャンパンゴールド）…24個
- Ⓗ テグス（1号）…10㎝×2本、15㎝×1本
- Ⓘ 丸カン（0.6×3㎜・ゴールド）…1個
- Ⓙ ペンダント金具
  （15㎜・1カンつき・シャワー金具つき・ゴールド）…1個
- Ⓚ バッグチャーム金具（ゴールド）…1個

道具

- ・平ヤットコ
- ・丸ヤットコ
- ・ニッパー
- ・接着剤
- ・つまようじ

作り方

① Ⓙのシャワー金具の中央あたりにテグスを通したら、Ⓐを通し、さらにⒸ、Ⓓ、Ⓕをすべてランダムに通して結び留める（→P17）。各パーツは通すたびにⒿのシャワー金具の裏で結んで留める。
② ①のテグスをⒶの下部から出し、さらにⒷとⒼをすべて通したら、Ⓖが輪になるように①で留めたⒷの下部のシャワー金具の穴に通し、裏側で結んで留める（→P17）。
③ ②のテグスにⒺをすべて通したら、②と同様に、輪になるようにⒷの下部のシャワー金具の穴に通し、裏側で結んで留める（→P17）。
④ ③の裏側に接着剤をつける（→P17）。接着剤が乾いたら、余分なテグスをカットする。
⑤ ⑤のⒿのシャワー金具の裏側に、ペンダント金具のふたを固定する（→P17）。
⑥ ⑤とバッグチャームを丸カンでつなぐ（→P16）。

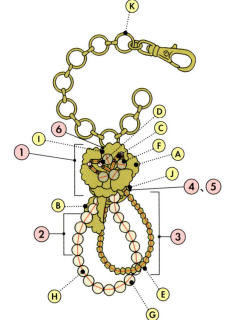

No.19 リボン×コットンパールのハットピン

▶ 完成写真 P197

材料
- Ⓐ リボン（幅15㎜・ブラック）…15㎝
- Ⓑ コットンパール（10㎜・両穴・ホワイト）…3個
- Ⓒ ハットピン金具（皿つき、チェーンつき・ゴールド）…1個

道具
- ・ハサミ
- ・接着剤
- ・つまようじ
- ・針
- ・糸（黒）

作り方
① POINTを参考にリボンに接着剤を5㎝ほど塗り、筒状に丸めて留める。
② POINTを参考に①を重ね合わせ、中央にⒷを3個並べて縫い留める。
③ ハットピン金具の丸皿全体に接着剤をたっぷりつけ、②のパーツを貼りつける。

POINT

リボンの裏で玉結び、玉留めして固定する。

針に糸を通して玉結びし、①の布の端から1/3のところに裏から針を刺して糸を出し、Ⓑ3個をすべて通す。

POINT

ハットピンの丸皿に②のリボンの中心がくるように貼りつける。

POINT

写真のようにリボンを貼り合わせる。

20
―
リボンとボタンの
ブローチ
P212

21
―
カラーレジンバーの
ブローチ
P213

22
―
アネモネ風
レジンフラワーブローチ
P213

23
―
いろいろリボンのカラフル
バッグチャーム
P214

24
―
ラビットファーの
バッグチャーム
P215

思わず触れたくなるふわふわのポンポン。赤いハートも目を引きます。バッグや財布にぶら下げて。

Wakuwaku
わくわく

眺めているだけで元気が出てくる、個性的なデザインのチャーム＆ブローチ。ベーシックなコーディネートの主役に、オフの日のイメチェンにと、活躍すること間違いなし。

25
―
チェリーとコットンパール
のバッグチャーム
P216

ARRANGE

26
―
ツバメと星の
襟ブローチ
P216

27
―
エスニックビーズの
バッグチャーム
P217

28
―
星とカラフル・ファーの
バッグチャーム
P218

29
―
3色ファーの
キルトピン
P218

30
―
フェザーの
バッグチャーム
P219

フェザーやパールがたくさんついた
チャーム。シンプルなバッグも
一気に華やかになります。

Chapter 6 Charm Brooch

211

No. 20 リボンとボタンのブローチ

▸▸ 完成写真 P210

材料
- Ⓐ ボタン（直径23㎜・2穴）…1個
- Ⓑ パール（5㎜・両穴・ホワイト）…1個
- Ⓒ パール（3㎜・両穴・ホワイト）…6個
- Ⓓ サテンリボン（幅12㎜・ブラック）…10㎝×2本
- Ⓔ テグス（2号）…30㎝×1本
- Ⓕ ウラピン（ゴールド）…1個

道具
- ・ハサミ
- ・布用接着剤
- ・針
- ・糸（黒）

作り方
① サテンリボンの両端を少し重ねて接着剤で貼り合わせ、輪にしたものを2本作る。2本を交差させて重なっている部分を2〜3度縫う。
② POINTを参考に、テグスにⒷを中央まで通し、ボタンの両穴にテグスの端からそれぞれ通す。
③ POINTを参考に、②のテグスを裏で交差させ、再びボタン穴を通して表に出し、Ⓑにそれぞれ外側からテグスを通す。
④ Ⓒ3個を③の一方のテグスに通し、Ⓑに通す。反対側も同じようにⒸ3個をⒷに通し、テグスをボタンの穴を通して後ろに出して、裏側で固く結んで固定する。余分なテグスはカットする。
⑤ ①のリボンの中央に接着剤を塗り、④を貼りつける。乾いたら、ウラピンに接着剤をつけ、リボンの裏側に貼りつける（→P17）。

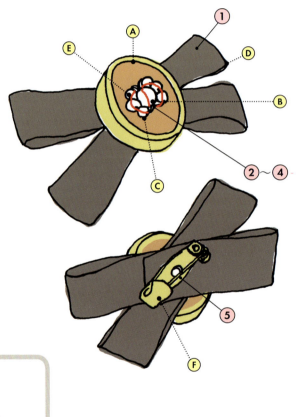

ARRANGE
アレンジ

リボンとボタンのブローチの①〜④と同様にしてパーツを2個作り、裏側にシューズクリップ金具をつけて作る。

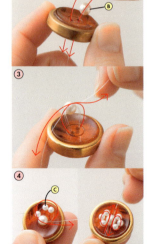

POINT

テグスにⒷ、Ⓒを写真のように通していき、ボタン中央にⒷ1個、その左右にⒸ3個ずつを固定する。

No. 21 カラーレジンバーのブローチ

▶ 完成写真 P210

材料

Ⓐ レジンパーツ
UVレジン…適量
UVレジン用着色料（オレンジ、イエロー、ブルー、ブラウン、グリーン、レッド）…適量
Ⓑ ブローチピン金具（ゴールド）…1個

道具

・UVライト（またはUV-LEDライト）
・型（シリコーンモールド・スティック形）
・調色パレット
・調色スティック（またはつまようじ）
・接着剤

作り方

① UVレジンに各色の着色料を混ぜ、6色のUVレジンを作る。
② ①のUVレジンを型に流し込み、UVライトを照射する（2～4分）。色が濃いものは2～3回に分けて流し込み、その都度UVライトを照射する。
③ 型から外す。これでレジンパーツは完成。
④ それぞれを少しずつずらして並べ、側面を接着剤で貼りつける（→P17）。
⑤ ④の裏側にブローチピン金具を接着剤で貼りつける（→P17）。
⑥ 接着剤が乾いたら、⑤の裏側に薄く無着色のUVレジンを流し、UVライトを照射する（2～4分）。

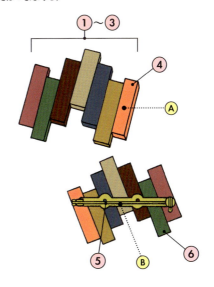

No. 22 アネモネ風レジンフラワーブローチ

▶ 完成写真 P210

材料

Ⓐ レジンパーツ
UVレジン…適量
ツメつきラインストーン
　（4㎜・パープル／ゴールド）…1個
極小ビーズ（1㎜・レッド）…適量
丸小アクリルビーズ（1.5㎜・ゴールド）…適量
竹ビーズ（ブロンズ）…18個
ブリオン（シルバー）…適量
UVレジン用着色料（ホワイト）…適量
アクリル絵の具（ゴールド）…適量
Ⓑ ブローチピン金具（ゴールド）…1個

道具

・UVライト（またはUV-LEDライト）
・クリアファイル
・作業用シート
・調色パレット
・調色スティック（またはつまようじ）
・接着剤
・ピンセット

作り方

① クリアファイルにフリーハンドで花のフレームをUVレジンで描き、すぐにUVライトを照射する（2～4分）。
② クリアファイルから①をはがす。
③ ②の裏側をアクリル絵の具で着色する。
④ ③を作業用シート（→P20）の上に固定し、UVレジン用着色料でホワイトに着色したカラーレジンを薄く流し込む。UVライトを照射する（2～4分）。
⑤ さらに無着色のUVレジンを薄く流し込んだら、イラストを参考にツメつきラインストーンをフレームの中央に、そのまわりにブリオンと丸小アクリルビーズ、極小ビーズをのせる。さらに竹ビーズを3本ずつ、花のしべのように置く。UVライトを照射する（2～4分）。
⑥ さらに無着色のUVレジンを表面がぷっくりするくらい流し込み、UVライトを照射する（2～4分）。これでレジンパーツは完成。
⑦ ⑥の裏側にブローチピン金具を接着剤で貼りつける（→P17）。
⑧ 接着剤が乾いたら、⑦の裏側に薄く無着色のUVレジンを流し、UVライトを照射する（2～4分）。

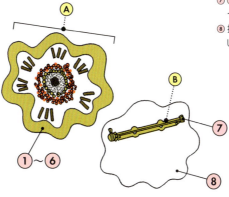

№23 いろいろリボンのカラフルバッグチャーム

▶ 完成写真 P210

材料
- Ⓐ レジンパーツ
  UVレジン…適量
  リボン（幅1.5㎝・好みの柄）…2㎝×7本
- Ⓑ メタルチャーム（アンティークキー・ゴールド）…1個
- Ⓒ 丸カン（0.8×5㎜・ゴールド）…8個
- Ⓓ バッグチャーム金具（ゴールド）…1個

道具
- UVライト（またはUV-LEDライト）
- クリアファイル
- 調色スティック（またはつまようじ）
- ピンバイス
- ハサミ
- 接着剤

作り方
① リボンをイラストのような形にカットし、クリアファイルの上に置く。
② ①の上にUVレジンを薄く流し、UVライトを照射する（2～4分）。
③ クリアファイルから②をはがし、裏面にもUVレジンを薄く流す。UVライトを照射する（2～4分）。
④ ③の上部にピンバイスで穴をあけたら、下の完成イラストを参考に、バッグチャーム金具に丸カンでそれぞれつなぐ（→P16）。
⑤ Ⓑと④のバッグチャーム金具を丸カンでつなぐ（→P16）。

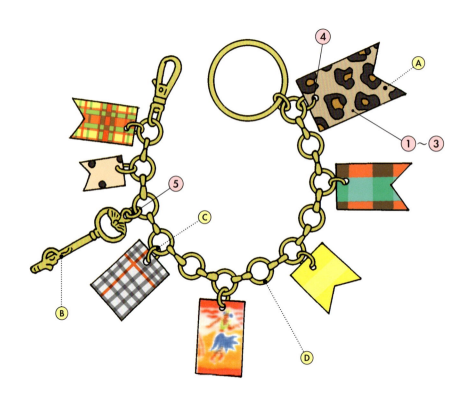

24 ラビットファーのバッグチャーム

▶ 完成写真 P210

材料
- Ⓐ ラビットボール（10㎝・カンつき・ブラウン）…1個
- Ⓑ ハートのチャーム（11×9.5㎜）…1個
- Ⓒ スワロフスキー・クリスタル
  （12㎜・#6240・クリスタルレッドマグマ）…1個
- Ⓓ 連爪（2㎜・ホワイトオパール）…15コマ×3本
- Ⓔ チェーン（ゴールド）…約5㎝×1本
- Ⓕ 丸カン（0.6×3㎜・ゴールド）…1個
- Ⓖ 丸カン（0.8×6㎜・ゴールド）…1個
- Ⓗ デザイン丸カン（5㎜・ツイスト・ゴールド）…2個
- Ⓘ デザインAカン（8×2.5㎜・ゴールド）…1個
- Ⓙ チェーンエンド（3連・ゴールド）…1個
- Ⓚ バッグチャーム金具
  （ニコイルつき・ゴールド）…1個

道具
- 平ヤットコ
- 丸ヤットコ

作り方
① Ⓓ3本をチェーンエンドにはめて固定する。
② Ⓒにデザインaカンをはめる。
③ チェーンを②のデザインAカンに通し、チェーンの両端をⒻの丸カンでつなぐ（→P16）。
④ バッグチャーム金具のチェーンとⒶをⒼの丸カンでつなぐ（→P16）。
⑤ ①のⒹと④のバッグチャーム金具の二重カンリングをデザイン丸カンでつなぐ（→P16）。
⑥ ③とⒷをデザイン丸カンに通し、バッグチャーム金具のニコイルにつなぐ（→P16）。

No. 25 チェリーとコットンパールのバッグチャーム

▶完成写真 P211

材料
- Ⓐ メタルチャーム（チェリー・レッド／ゴールド）…2個
- Ⓑ メタルパーツ（リーフ二葉・ゴールド）…1個
- Ⓒ コットンパール（8㎜・両穴・ホワイト）…16個
- Ⓓ チェコシード ファルファーレ
  （2×4㎜・クリスタルシルバーライン）…15個
- Ⓔ ジョイントパーツ パヴェ
  （ラウンド・カンなし・クリスタル／ゴールド）…1個
- Ⓕ ジョイントパーツ パヴェ
  （ラウンド・カンなし・クリスタル／ゴールド）…1個
- Ⓖ つなぎカン（3×7×15㎜・甲丸・ゴールド）…1個
- Ⓗ ボールチップ（3㎜・ゴールド）…2個
- Ⓘ つぶし玉（2㎜・ゴールド）…2個
- Ⓙ 丸カン（1.0×6㎜・ゴールド）…3個
- Ⓚ 丸カン（0.8×4㎜・ゴールド）…1個
- Ⓛ ナイロンコードワイヤー（0.3㎜）…20㎝×1本
- Ⓜ カニカン（15×8㎜・ゴールド）…1個

道具
- 平ヤットコ
- 丸ヤットコ
- ニッパー
- 接着剤
- つまようじ

作り方
① ナイロンコードワイヤーにⒸ16個とⒹ15個を交互に通し、ボールチップとつぶし玉で両端を固定する（→P18）。
② Ⓐ2個をⓀの丸カンでつないだら（→P16）、Ⓑ、ⒺのジョイントパーツをあわせてⒿの丸カンにつなぐ（→P16）。
③ ②のⒺのジョイントパーツとⒻのジョイントパーツをつなぎカンでつなぐ。
④ ①の一方のボールチップと③のⒺのジョイントパーツをⒿの丸カンでつなぐ（→P16）。
⑤ ①のもう一方のボールチップとカニカンをⒿの丸カンでつなぐ（→P16）。

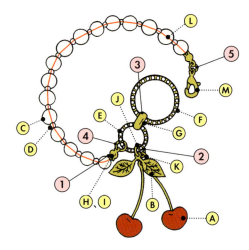

No. 26 ツバメと星の襟ブローチ

▶完成写真 P211

材料
- Ⓐ メタルチャーム（スワロー・ブロンズ）…1個
- Ⓑ メタルチャーム
  （スター・クリスタル／ゴールド）…1個
- Ⓒ ガラスビーズ
  （2㎜・ボタンカット・ライトグレー）…49個
- Ⓓ ボールチップ（3㎜・ゴールド）…2個
- Ⓔ つぶし玉（2㎜・ゴールド）…2個
- Ⓕ 丸カン（0.7×4㎜・ゴールド）…4個
- Ⓖ ナイロンコードワイヤー（0.24㎜）…20㎝×1本
- Ⓗ タイタック（カンつき・ゴールド）…1ペア

道具
- 平ヤットコ
- 丸ヤットコ
- ニッパー
- 接着剤
- つまようじ

作り方
① ナイロンコードワイヤーにⒸをすべて通し、ボールチップとつぶし玉で固定する（→P18）。
② ①の両端にタイタックをそれぞれ丸カンでつなぐ（→P16）。
③ ②のタイタックの一方にⒶを丸カンでつなぐ（→P16）。もう一方のタイタックにも同様にして、Ⓑを丸カンでつなぐ（→P16）。

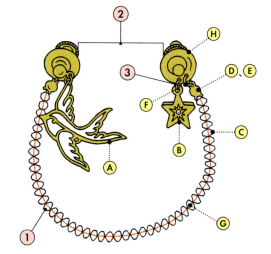

ARRANGE アレンジ

Ⓐをムーン・ラインストーン／ゴールドに、Ⓑをスター・ラインストーン／ゴールドに、Ⓒをシルキーパール（4㎜・ホワイト）18個に変えて作る。

№27 エスニックビーズのバッグチャーム

▶完成写真 P211

材料

- Ⓐ トルコ製チャーム（コイン・マットゴールド）…4個
- Ⓑ トルコ製チャーム（ハムサの手／スター・マットゴールド）…1個
- Ⓒ トルコ製チャーム（ハムサの手／3・マットゴールド）…1個
- Ⓓ トルコ製パーツ（フィッシュ・マットゴールド）…2個
- Ⓔ 染サンゴ（2×4㎜・紅染）…10個
- Ⓕ チェコビーズ（6㎜・ラウンド・トルコモンタナラスター）…5個
- Ⓖ チェコビーズ（6㎜・ラウンド・Lt.ローズ）…3個
- Ⓗ チェコビーズ（6㎜・ラウンド・ホワイトオパール）…3個
- Ⓘ チェコビーズ（6㎜・ラウンド・トルコW.ラスター）…3個
- Ⓙ チェコビーズ（6㎜・ラウンド・ブルーフレアー）…3個
- Ⓚ チェコビーズ（6㎜・ラウンド・グリーンカーキ）…3個
- Ⓛ Tピン（0.5×20㎜・ゴールド）…18本
- Ⓜ 9ピン（0.5×30㎜・ゴールド）…3本
- Ⓝ デザインピン丸（0.5×20㎜・ゴールド）…4本
- Ⓞ 丸カン（1.0×6㎜・マットゴールド）…13個
- Ⓟ 丸カン（0.8×4㎜・ゴールド）…3個
- Ⓠ バッグチャーム金具（ゴールド）…1個

道具

- 平ヤットコ
- 丸ヤットコ
- ニッパー

作り方

① デザインピンにⒺ1個とⒻ1個を通し、先端を丸める（→P15）。これを2個作る。

② デザインピンにⒺを通して先端を丸め（→P15）、Ⓓの下のカンにつなぐ。これを2個作る。

③ 残りのⒻ〜Ⓚ（計18個）をそれぞれ1個ずつTピンに通し、先端を丸める（→P15）。

④ ③を6色1セットとし、丸カンⓅでつなぐ。これを3個作る。

⑤ ④の丸カンに9ピンを通し、Ⓔ2個を通して先端を丸める（→P15）。

⑥ 下の完成イラストを参考に、①、②、⑤、Ⓐ、Ⓑ、Ⓒをバッグチャーム金具のチェーンにⓄの丸カンでつなぐ（→P16）。

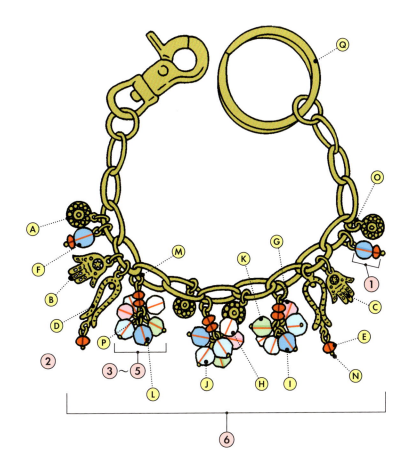

28 星とカラフル・ファーのバッグチャーム

▸ 完成写真 P211

材料

- Ⓐ ミンク玉（40㎜・カンつき・エメラルドグリーン）…1個
- Ⓑ ミンク玉（40㎜・カンつき・マスタード）…1個
- Ⓒ ミンク玉（40㎜・カンつき・ライトレッド）…1個
- Ⓓ ミンク玉（40㎜・カンつき・グレー）…1個
- Ⓔ ミンク玉（40㎜・カンつき・クリーム）…1個
- Ⓕ ミンク玉（40㎜・カンつき・ボルドー）…1個
- Ⓖ ミンク玉（40㎜・カンつき・アンティークピンク）…1個
- Ⓗ ミンク玉（40㎜・カンつき・ネイビーブルー）…1個
- Ⓘ グラスパール（10㎜・両穴・ホワイト）…10個
- Ⓙ メタルパーツ（スター・ゴールド）…1個
- Ⓚ Tピン（0.5×40㎜・ゴールド）…5本
- Ⓛ 丸カン（1.0×6㎜・ゴールド）…1個
- Ⓜ 丸カン（0.8×4㎜・ゴールド）…10個
- Ⓝ チェーン（マットゴールド）…22㎝×1本
- Ⓞ キーホルダーカラビナ（スター・ゴールド）…1個

道具

- 平ヤットコ
- 丸ヤットコ
- ニッパー

作り方

① TピンにⒾ2個を通し、先端を丸める（→P16）。これを5個作る。
② ⒶとⒷ、ⒸとⒹ、ⒺとⒻ、ⒼとⒽがセットになるように、それぞれⓂの丸カンでまとめる。
③ 下の完成イラストを参考に、①と②のパーツをチェーンにⓂの丸カンでつなぐ（→P16）。
④ ③のチェーンの一方の先とキーホルダーカラビナをⓁの丸カンでつなぐ（→P16）。
⑤ ④のチェーンのもう一方の先にⒿをⓂの丸カンでつなぐ（→P16）。

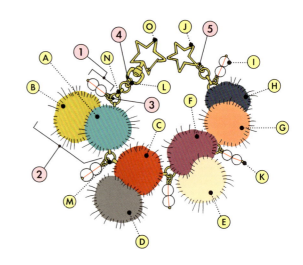

29 3色ファーのキルトピン

▸ 完成写真 P211

材料

- Ⓐ ファー・ラビット玉
（60㎜・カンつき・マスタード）…1個
- Ⓑ ファー・ラビット玉
（60㎜・カンつき・スモーク）…1個
- Ⓒ ファー・ラビット玉
（60㎜・カンつき・エメラルドグリーン）…1個
- Ⓓ チェーン（マットゴールド）…5.5㎝×1本
- Ⓔ ジョイントパーツ パヴェ
（スター・クリスタル／ゴールド）…1個
- Ⓕ 丸カン（1.0×6㎜・ゴールド）…6個
- Ⓖ カブトピン（3カンつき・真鍮古美）…1個

道具

- 平ヤットコ
- 丸ヤットコ

作り方

① Ⓐ、Ⓑ、Ⓒをそれぞれカブトピンのカンに丸カンでつなぐ（→P16）。
② チェーンの両端をカブトピンの外側の2つのカンにそれぞれ丸カンでつなぐ（→P16）。
③ Ⓔをカブトピンの輪に丸カンでつなぐ（→P16）。

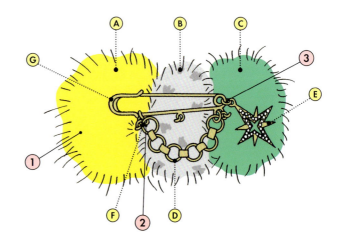

No.30 フェザーのバッグチャーム

▶完成写真 P211

材料

- Ⓐ フェザー（約6～9㎝・キジ・ストライプシルバー）…2枚
- Ⓑ フェザー（約5.5～7.5㎝・ガチョウ・グレー）…3枚
- Ⓒ シャイニーパール（8㎜・両穴・ホワイト）…10個
- Ⓓ 連爪（3㎜・クリスタル）…10㎝×1本
- Ⓔ 星のチャーム（12㎜・ロジウムカラー）…1個
- Ⓕ スワロフスキー・クリスタル（5㎜・#4745・クリスタル）…1個
- Ⓖ キャスト石座（#4745用・カンつき・ロジウムカラー）…1個
- Ⓗ チェーン（ロジウムカラー）…8㎝×1本
- Ⓘ チェーンエンド（1連・ロジウムカラー）…1個
- Ⓙ カシメ（1.2㎜・ロジウムカラー）…5個
- Ⓚ 丸カン（0.6×3㎜・ロジウムカラー）…5個
- Ⓛ 丸カン（0.8×6㎜・ロジウムカラー）…3個
- Ⓜ 9ピン（0.5×20㎜・ロジウムカラー）…10個
- Ⓝ バッグチャーム金具（約90×25㎜・ニコイルつき・シルバー）…1個

道具

- 平ヤットコ
- 丸ヤットコ
- ハサミ
- 接着剤
- つまようじ

作り方

① Ⓐ、Ⓑは根本が2㎜ほど出るようにハサミでカットし、調節する。
② ①のⒶ、Ⓑの先にすべてカシメを留める（→P19）。
③ ②のⒶ、Ⓑが交互になるように、チェーンの先端から2㎝間隔でⓀの丸カンでつなぐ（→P16）。
④ Ⓓをチェーンエンドにはめて固定する。
⑤ Ⓒ1個に9ピンを通し、先端を丸める（→P15）。これを10個作る。
⑥ ⑤をすべて1本につなぐ。
⑦ Ⓕを石座に留める（→P19）。
⑧ ⑥と⑦をつなげる。
⑨ POINTを参考に、Ⓝのニコイルに④、⑧をそれぞれⓁの丸カンでつなぐ（→P16）。
⑩ 残ったⓁの丸カンにⒺと③を通し、ニコイルにつなぐ（→P16）。

ツメを平ヤットコで折る

フェザーの根元にカシメを平ヤットコで片方ずつ折りたたみ、固定する（→P19）。

Ⓝのニコイル
Ⓛの丸カン
Ⓛの丸カン

写真のようにⒷのニコイルに、④、⑧をⓁの丸カンでつなぐ。

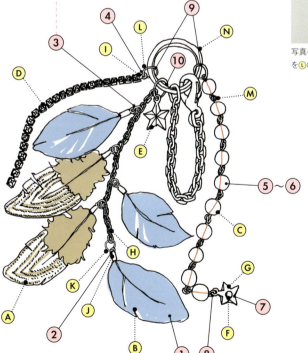

Accessory Design point

おしゃれなアクセサリーデザインのポイント

たくさんあるパーツのなかから、どれをどんな風に使えば
おしゃれなアクセサリーになるのか、デザインのコツをまとめました。
セット使いを意識した、パーツの選び方、組み合わせ方も紹介します。

1 メインのパーツを決める！

「これは絶対に使いたい！」というパーツを1種類もしくは1素材に絞って購入し、それを主役にデザインします。セット使いするなら、主役以外のパーツのサイズ感や色合いを統一させると、スッキリとまとまります。

三角のメタルパーツを
セット使い！

三角メタルプレートの
ブレスレット＆ピアス（P122）

2 色数をしぼる！

1つのアイテムに使う色は2〜3にしぼるとごちゃごちゃせず、大人っぽいデザインになります。あえてカラフルに仕上げたいなら色数は気にしなくてもOKですが、色のトーン（濃度）を合わせるときれいです。

色数は
しぼる！

チェコビーズとパールの
フラワーピアス（P66）

トーンを
合わせる！

あじさいたっぷり
ヘアコーム（P177）

はじめてのアクセサリー作りのコツ No. 3 column

> **3** 同じパーツを使ってアシンメトリーデザインにする！

ピアスやイヤリングなどペアで使うアクセサリーは、アシンメトリーデザインにするとおしゃれに。素材や形は同じものに統一するか、左右で1か所は共通のデザインにするのがポイントです。

ウッドビーズのアシンメトリー
幾何学ピアス（P45）

＼ ピアス＆イヤリングに おすすめ！ ／

タツノオトシゴの
ノンホールピアス（P44）

> **4** 手づくりパーツでワンランクアップ！

インパクトのあるアクセサリーを作るなら、パーツから手作りするというテクニックも。本書ではUVレジンやプラバン、樹脂粘土をはじめ、糸やリボン、布といったアイテムも紹介しています。

＼ プラバン ／

もくもくヘアゴム
（P185）

＼ 樹脂粘土 ／

小花のバレッタ
（P180）

＼ UVレジン ／

ゴールドとパールの
ダイヤ形ピアス（P56）

Designer's Profile

本書での掲載作品を考案した作家さんを
ご紹介します。(順不同)

Iida Chinami

アクセサリーブランド『UNDA(ウンダ)』を主宰。UNDAとは、ラテン語で「波」の意。「波のように自由な女性のためのアクセサリー」をテーマに、心が自由になる大人のデザインアクセサリーを展開。上品ながらもエッジを効かせたデザインは幅広い世代の女性に支持されている。

https://www.unda-luxe.com/

作品番号

ピアス イヤリング …………	17、34、36、44
ネックレス ………………	24、25、27、28
ブレスレット …………………………	02
ヘアアクセサリー …………………	12、35
チャーム ブローチ …………………	01
セットアクセサリー ………………	01

北村紫

「Violett」デザイナー。旅先で出会ったヴィンテージアクセサリーに魅了され、製作を始める。「繊細でありながらも紡ぎだす印象は深く。こだわりながらも、主張はさりげなく」をモットーに、気品あふれるアクセサリーを生み出す。

http://violett.theshop.jp

作品番号

ピアス イヤリング…………………	
……	01、02、03、38、41、42、58
ネックレス ………………	13、14、15
リング ……………………………	20、21
ブレスレット ……	01、04、08、09、14、21、29
ヘアアクセサリー …………………	
……	04、05、06、07、13、36、40
チャーム ブローチ …………	10、11、19、20
セットアクセサリー ………………	09

Mika Ishii

「amo*」デザイナー。「上品に大人っぽく」をコンセプトに、ほどよくトレンド感がありつつ、さりげなく身につけられるアクセサリーを展開。華奢で繊細なものからコーディネートのアクセントになるものまで、デザインの幅は広い。

http://www.creema.jp/creator/43588

作品番号

ピアス イヤリング …………………	
…	15、22、23、30、33、35、37、65、66
リング ………………………	03、27
ブレスレット ……………………	20
ヘアアクセサリー …………………	28、39
チャーム ブローチ ………………	24、30

西岡沙織

2015年5月より自身のブランド「LAMECH」をスタート。「物語が浮かぶ作品」をコンセプトに、海外から仕入れたパーツを使い、小物からアクセサリーまでジャンルを問わず製作する。見ていて楽しくなるような、パッと目を引くデザインが魅力。

https://lamech.shopinfo.jp

作品番号

ピアス イヤリング …………	32、43、64
ネックレス ………………………	29
リング …………………	17、22、26
ブレスレット ……………………	31
ヘアアクセサリー …………………	27
チャーム ブローチ ………………	12

北山薫

「Cherry Red Pieces」デザイナー。1996年よりシルバーやデトックスビーズ、オリジナルパーツを使ったアクセサリーを製作・販売している。シンプルでありながらも個性的で、長く使えるデザインを心がけている。初心者から学べるレッスンも不定期で開催している。

http://www.cherryredpieces.com

作品番号

ネックレス …………………………	19、20
ブレスレット ……………………	04

タニヤナギユウ

プラバンを使ったアクセサリーブランド「merico works」デザイナー。自由度が高く奥深いプラバンという素材に惹かれ、製作を開始。かわいいけれど、ちょっと気になる愛嬌を持った色と形作りを目指して、日々トースターに向かっている。

http://www.mericoworks.com

作品番号

ピアス イヤリング ………………	26、27
ヘアアクセサリー ………………	26、34

emimyu

「Emimyu」デザイナー。元モデルという経歴を持ち、ファッション業界に携わった経験を活かして、シンプルながら個性を発揮できる表情豊かな作品を展開している。

http://www.creema.jp/c/emimyu

作品番号

ピアス イヤリング …………………	
……	04、05、06、57、59
リング …………………	01、02、13
ヘアアクセサリー …………………	37
セットアクセサリー ………………	08

SHAYE

「SHAYE」デザイナー。「カジュアルだけどグラマラス」をコンセプトに、ボヘミアンやロック、モードなど幅広いジャンルを丹念に織り交ぜ、独創性豊かな作品を目指している。

http://shayedesigns.com/

作品番号

ピアス イヤリング …………………	
……	07、08、09、10、11、40、60
ネックレス ………………………	21、22
リング ……	06、07、15、16、18、25
ブレスレット ……	10、11、16、17、18
ヘアアクセサリー ………	01、02、03、10、11
チャーム ブローチ ………………	07、08
セットアクセサリー ………………	03、06

MAKI.

「Len Vlastni」ビーズデザイナー。毎日のコーディネートが楽しくなるよう、素材や色合わせなど、ディテールにこだわって制作。女性らしい丸みをおびたフォルムに繊細さをにじませる。

https://www.iichi.com/shop/len-vlastni

作品番号

ネックレス ……………………………… 26

権藤真紀子

「Boite de maco」デザイナー。Boiteとはフランス語で「箱」を意味し、大切な人や自分へのプレゼントにぴったりのアクセサリーを制作。デイリー使いはもちろん、華やかな場所でも目を惹くデザインが魅力。

http://boitedemaco.ocnk.net/

作品番号

ピアス イヤリング ……… 12、21、24、28、39
ネックレス ……………………………………
01、02、03、04、05、06、07、08、09、10、11、12
リング ……………………………… 14、19
ブレスレット ………………………03、05
ヘアアクセサリー ………………… 09
チャーム ブローチ ………………05、06
セットアクセサリー ………05、10

田坪彩

「aya tatsubo」デザイナー。「和洋どちらでもない美しいかたち、いろ」をテーマに、パールやヴィンテージビーズ、ボタンなどを独特のセンスで組み合わせ、他にはない世界観を作り上げている。

http://ayatatsubo.com

作品番号

ブレスレット ……………………… 19
セットアクセサリー ……………… 04

まりんご

「ColoRife」デザイナー。布やリボンを主体にしたアクセサリーは、センスの良いビビッドな色合いで1点使いでも華やか。見た目だけでなく、つけ心地や質感にもこだわっている。

http://minne.com/colorife

作品番号

セットアクセサリー ……………… 07

おのまゆみ

「Youuumu Couture*」デザイナー。「普段着ジュエリー」をテーマに、ワイヤーやチェーンにパーツを自在にあしらったアクセサリーは、普段のファッションをさりげなくアップデートしてくれる。

http://youuumu.com

作品番号

ピアス イヤリング ……………………… 25
ヘアアクセサリー ……………………… 38
セットアクセサリー ……………………… 02

yukari.k

コレクションしていたヴィンテージパーツを現代のファッションに合うアクセサリーにしたい！という気持ちから活動をスタート。斬新でインパクトのあるデザインは、アーティストやスタイリストからも支持されている。

作品番号

ピアス イヤリング ………… 13、14、19、20
ネックレス ……………………… 23
リング ………………………04、05
ブレスレット …… 12、13、15、22、23、24
ヘアアクセサリー ………… 15、17、19、23
チャーム ブローチ ……………… 13、14、15
セットアクセサリー ……………… 11

Mika Kato

∞ un. beau. lapin ∞ のデザイナー。芸大生時代、刺繍中心のテキスタイルの制作中にさまざまな素材を使うことに興味を持つ。大学卒業後、アクセサリー制作を開始。現在は、淡水パール、ビーズ、真鍮などの材料を中心に、幅広いシーズンに合わせやすい作品を制作している。

https://un-beau-lapin.com

作品番号

ピアス イヤリング ………… 18、61、62、63
リング ………………………08、09、10、11、12
ブレスレット ……06、07、25、26、27、28
ヘアアクセサリー ………… 14、18、20、21
チャーム ブローチ ………… 16、17、18

みちくさアートラボ

ハンドメイドワークショップ「みちくさアートラボ」オーナー。毎月40回ほどのワークショップを開催する。UVレジンのほか、素材にデコパージュやプラバン、布や紙類を組み合わせ、オリジナリティを活かせる手法を提供。

http://michikusaartlab.com

作品番号

ピアス イヤリング ……………………………
45、46、47、48、49、50、51、52、53、54、55、56
ネックレス ……………………… 18
ヘアアクセサリー ………… 16、22、24、25
チャーム ブローチ ……02、03、04、21、22、23

福島絵美

「leap」デザイナー。世界各地から集めたヴィンテージのパーツやビーズを取り入れたアクセサリーや、動物モチーフのデザインが特徴。「絵を描くように、自由に」をモットーに、身につけるだけで、心と体がleapする（はずむ）ようなアクセサリー作りを目指している。

http://www.leap-jewellery.com

作品番号

ピアス イヤリング ……………… 16、29、31
ネックレス ……………………… 16、17
リング ………………………23、24
ブレスレット ……… 30、32、33、34
ヘアアクセサリー ………… 29、30、31、32
チャーム ブローチ ……09、25、26、27、28、29
セットアクセサリー ……………… 12

撮影	【カバー・巻頭口絵】横田裕美子 (STUDIO BAN BAN)
	【口絵】下村しのぶ
	【キリヌキ・プロセス】八田政玄、横田裕美子 (STUDIO BAN BAN)
スタイリング	【口絵】串尾広枝
	【カバー・巻頭口絵】瀬戸冬実
ヘアメイク	AKI
モデル	小谷実由 (CV management)、芽生 (株式会社ガンズ)
デザイン	瀬戸冬実
イラスト	上坂じゅりこ、さいとうあずみ
DTP	株式会社センターメディア
編集協力	三好史夏　後藤加奈 (株式会社ロビタ社)
校正・執筆協力	大田仁美、兼子梨花
撮影協力	finestaRt、キチカ、ノゥティー、ピープルツリー、AWABEES、
	UTUWA、evaloren、FLAMINGO 原宿店

本書に掲載の作品を複製して、許可なしに店頭及びネットオークションなどで販売すること、作り方を画像や動画にして公開することを禁じます。個人の楽しみの範囲でのみ、ご利用ください。

※本書は、当社刊『はじめてでもかんたん、かわいい! ハンドメイド アクセサリー事典140』(2016年6月発行)、『はじめてでもかんたん、かわいい! ハンドメイドセット アクセサリー事典160』(2017年4月発行) を再編集し、新規作品を大幅に追加して書名・価格等を変更したものです。

人気作家のとっておきレシピ
ハンドメイドアクセサリーBOOK303

編 者	Tink Create [てぃんく くりえいと]
発行者	若松和紀
発行所	株式会社 西東社
	〒113-0034　東京都文京区湯島2-3-13
	http://www.seitosha.co.jp/
	営業　03-5800-3120
	編集　03-5800-3121〔お問い合わせ用〕
	※本書に記載のない内容のご質問や著者等の連絡先につきましては、お答えできかねます。

落丁・乱丁本は、小社「営業」宛にご送付ください。送料小社負担にてお取り替えいたします。
本書の内容の一部あるいは全部を無断で複製 (コピー・データファイル化すること)、転載 (ウェブサイト・ブログ等の電子メディアも含む) することは、法律で認められた場合を除き、著作者及び出版社の権利を侵害することになります。代行業者等の第三者に依頼して本書を電子データ化することも認められておりません。

ISBN 978-4-7916-2815-5